Belt & Road

# 一帯一路から
## ユーラシア新世紀の道

進藤榮一・周瑋生
一帯一路日本研究センター編

日本評論社

# まえがき

**なぜいま21世紀シルクロードなのか**

　一帯一路構想の提唱以来早や５年有余。日本のメディアや論壇は正面から十分に取り上げてきませんでした。中国鉄鋼過剰生産の解消手段だといった国内経済政策論に矮小化するか、中国の「赤い爪」膨張主義論に誇大化するか、あるいは、天空に輝く星座のようなものでしかないという空想論で切り捨てるかの、いずれかでした。

　しかし現実の構想は、日本のメディアや中国専門家たちの「解説」よりもはるかに急速かつ現実に、陸上と海上、さらには氷上で着実に、多国間協力で建設が続いています。構想から建設へのいわば第二段階に入っているのです。

　創設以来12年を経て国際アジア共同体学会は、2017年11月、その豊潤なネットワークを基盤に、内外の強い要請を受けて日本記者クラブで、「一帯一路日本研究センター」設立発表に踏み切りました。幸い福田康夫元首相が最高顧問に、谷口誠元国連大使以下の著名人士が顧問にご就任下さいました。

　ただこの国の内側ではいまでも情報齟齬が続いています。その典型が、本書序章でも触れる「債務国の罠」論でしょう。

　すなわち中国は、たとえばスリランカのハンバントタ港建設協力の見返りに巨額の借金を貸し付け、99年間の租借権を勝ち取っている。中国流の新植民地主義の展開ではないか、という俗耳に入り易い批判です。

　加えて中国は、バングラデシュ、モルディブ、ソマリアの港湾開発を進め、「真珠の首飾り」戦略を展開し、東南アジアからインド洋、中東、アフリカを制覇しようとしている。一帯一路構想は、赤い海軍拡大戦略の一環だというのです。「債務」漬けにし、事実上の植民地に変える膨張戦略、別名、「債務国の罠」論です。

　しかしスリランカの（日本を含めた）対外債務総額は2017年518億ドルで、うち対中債務額は10.6％、55億ドル、ハンバントタ港建設債務は11億ドルで中国が経営権を取得します。それをなぜ、習近平政権下の新植民地政策と切り捨てるこ

とができるのでしょうか。そもそも「真珠の首飾り」なる戦略自体、米国製概念です。2005年イラク戦争遂行中の米国ペンタゴンが、海軍予算拡張の正当化のためにつくり出したものなのです。

## 変貌する現場との交流

　「木を見て森を見ない」短絡的発想が、私たちの一帯一路論や中国観自体をも歪めているように思えます。とはいえ私自身、一帯一路構想に関して、確たる全体像を当初から持っていた訳ではありません。

　「考えながら走る。是是非非の中立的立場がセンターの基本方針です。」──。センター発起人会の挨拶冒頭で私自身が使った言葉です。

　発足後、フォーラムやシンポジウムを重ね、研究者や産業人と対話を進めてきました。去る9月には、10名からなる第一次訪中団を結成。瀋陽、大連、庄河、北京で現地視察し、11大学・研究機関・民間団体と国際会合を持ち、4機関と研究交流協定を交わしました。「一億光年の星座」などとうそぶくのではなく、近隣アジア諸国で官民協力で建設推進するいわば「地上の星々」と交流しながら知的交流協定を結びました。

　手探りのような実態調査と相互交流活動の中で、一帯一路の建設進行中の実態が、私たちにも明確に見えてきました。その成果の一端が本書です。

　ただ日本では、私たち訪中団帰国後、北京の民間団体「シルクロード都市連盟」との交流協定調印式記念写真を、本センターホームページから無断転載し、事実錯誤の上に組み上げた無署名中傷記事──「一帯一路「親中派」工作の深謀──中国に『懐柔』される日本学術界」と題する非難記事──を、「一帯一路」批判とともに繰り出していることを知りました。(『選択』2018年11月号)。

　「訪中団は中国の招待による親中派シンパ作り」の一環というくだりが、事実錯誤の最たるものです。現実の訪中団は、現地移動タクシー代や院生通訳代まで、すべて参加者持ち寄りの自前の民間学術調査団なのです。この消し去り得ない事実をここで強調し、併せて、同都市連盟会長、張燕玲中国銀行元副総裁が、黒田日銀総裁の知友であることをあえて付記しておきたいと思います。

## 大逆転する世界へ

　壁崩壊後、世界は確実に変わりました。「アメリカ世界」が終わり「アジア力

の世紀」が登場している。その現実をトランプ登場が象徴し、中国の台頭と一帯一路の現実が示しています。

　しかしいまだ人々は、その現実を認めることができないようです。2014年IMF報告によれば、GDP購買力平価で中国は米国を抜き、新興E7（中・露・印・墨など）総額（38兆1410億ドル）が、先進G7（米日独など）総額（34兆7400億ドル）を凌駕しました。南北逆転と東西逆転が同時進行し、大逆転する世界が展開しています。IMF報告の衝撃です。

　それなのにわが国では、若者が世界に出たがらないだけでなく、知識人やメディアが、変貌する世界を直視したがらない。民間市民交流すら、忌避し論難し続けています。150年前の「脱亜入欧」の世界像にいまだ取り込まれ、21世紀情報革命と「パクス・アシアーナ」の波をつかみ損ねているようです。

　10月初旬に訪れた、内モンゴル自治区、呼和浩特（フフホト）の透き通る蒼穹下で広がる、アカシアに覆われた近代都市の光景は、11年前の砂嵐にまみれた田舎都市の光景と一変していました。その変貌は、10月下旬に訪れた四川省の辺境の省都—陸のシルクロードの拠点都市—成都の、いくつもの"銀座通り"を思わせる華麗な賑わいぶりについてもいえました。

　グローバル化する都市化の波が、中国先端科学技術の進展と同時進行しています。その実態を、成都の世界最先端グリーンエネルギー電機産業「東方電機（ドンファン）」本社や、南京の世界最大鉄道車輌メーカー「中車（ツォンツエ）」の世界最先端を切る「ものづくり超大国」の現実が垣間見せていました。

　案内役の幹部の方々が、技術先進国日本との提携を進めること、そして一帯一路建設を通じて相互協力の実をユーラシア大に広めることを期待し続けていました。モノとカネだけでなくヒトの移動と相互協力が、地域と世界に豊かさと平和をつくり出していく現実を痛感させられたものです。

　21世紀情報革命下でいま第三の地域統合が、第三のグローバル化とともに進展しています。第二次世界大戦後の欧州地域統合の第一の波、冷戦終結後、アジア金融危機後のアジア地域統合の第二の波、そしていま世界金融危機後の「一帯一路構想」の第三の波が、ユーラシア新世紀の世界を作り続けています。多極化世界の登場です。

　ただ幸いにも、本センター立ち上げと前後して、潮目が変わり始めました。

　10月下旬、私たち第二次訪中と時を同じくして、安倍首相一行が、450名の経

済人大型訪中団を引連れ北京を訪問し、李総理、習主席と相次いで会談。一帯一路への日本の原則協力参加の方針を打ち出し、第三国日中協力で合意しました。首脳会談では、東シナ海ガス田共同開発合意の「完全堅持」、両国通貨スワップ協定の再開などに合意しました。

同時に北京「第三国市場協力フォーラム」では1,400人の日中企業集団が参加し、「タイのスマートシティー開発」など52案件に調印しました。一帯一路を軸に日中関係の雪解けが始まったのです。

本書が、動き始めた日中関係と一帯一路建設への理解の一助となることを期待する所以です。

以下、ユーラシア新世紀の波をつくる「地上の星々」を、グローバルパワーシフトという天空の目で、斯界一級の国境を超えた25名の研究者諸氏が、前編全4部で明らかにします。後編では全19名の有数の政治家、産業人、教授たちが、貴重な時代の証言を語り継ぎます。一般社会人への理解の一助として、最後に専門用語解説を掲載しました。

20年ぶりでお世話になる串崎浩社長との再会の僥倖に謝し、丁寧な本づくりを導いて下さった斎藤博第二編集部長に深謝申し上げます。

本書中国訳は、周教授の紹介により大連外国語大学共訳で、中国名門出版社、商務印書館より近々刊行予定です。

最後に、稲山元経団連会長の下で日中経済交流の草分けとなり、本センターの設立運営に御協力を頂いている丹羽裕子事務局長に心よりの謝辞を呈し。

一帯一路日本研究センター各位を代表し

2018年晩秋

代表　進藤榮一

注：「債務国の罠」問題に関して、唱新教授に貴重な情報を教示頂いたことを謝します。出典は、寧勝男「スリランカ債務の現状、実質と問題」『インド洋経済体研究』2018年第4期。

# 目 次

まえがき　進藤榮一　iii

序　章　**グローバルパワーシフトと一帯一路**
　　　　：連亜連欧からユーラシア新世紀への道　進藤榮一……………… 1

## 第1部　一帯一路がひらくユーラシア新世紀の道

第1章　**「一帯一路」からユーラシア新秩序へ**　河合正弘……………… 10
第2章　**一帯一路が進めるユーラシア・コンセンサス**　江原規由…………… 20
第3章　**ユーラシア・バリューチェーンと中国・新成長メカニズムの解明**
　　　　：中国製造2025、自由貿易試験区、一帯一路建設の融合　朽木昭文…… 27
第4章　**一帯一路とユーラシア新金融秩序の台頭**　田代秀敏……………… 34
第5章　**一帯一路と「新時代」の中国経済**　大西康雄………………… 40
第6章　**勃興する中国デジタル経済と**
　　　　**日中経済協力の新たな可能性を探る**　矢吹晋………………… 46

## 第2部　一帯一路とアジア地域協力の諸相

第7章　**シルクロード経済ベルトにおける中欧班列**
　　　　：新しい国際基幹輸送モードとして成り立つ条件　李瑞雪…………… 56
第8章　**「一帯一路」の進展と北東アジア物流**　朱永浩………………… 63
第9章　**地域公共財から見るインフラ投資への日中協力の構築**　徐一睿…… 70
第10章　**中国企業の一帯一路事業の進展と日本企業の参画**　朱炎………… 77
第11章　**「一帯一路」と東アジア海上国際物流の進展と課題**
　　　　：国際ロジスティクスの高度化と効率化で日中韓連携を　唱新……… 84
第12章　**氷上シルクロードの展開**
　　　　：氷海の新物流・エネルギールートの出現　大塚夏彦……………… 90
第13章　**日中協力でTPP11と「一帯一路」構想の両立を**　金堅敏………… 98

## 第3部　一帯一路とサステナブルな発展の道

第14章　**一帯一路における都市の形成**　後藤康浩……………106
第15章　**一帯一路エネルギー環境共同体の構築**　周瑋生……………112
第16章　**「一帯一路」構想と日中環境協力の展開**　范云涛……………119
第17章　**一帯一路の進展と先端農業・健康医療特区構想への参画**
　　　　：陸の「西安」と海の「天津」より考察する　中川十郎……………125
第18章　**中国のエネルギー・自動車革命と「一帯一路」協力への示唆**　李志東……131
第19章　**東アジアにおける電力貿易の展望**
　　　　：日本も国際連系の実現を　高橋洋……………138
第20章　**一帯一路を先導するエネルギー連結のネットワーク**　渋谷祐……………144

## 第4部　一帯一路ガバナンス協力を求めて

第21章　**パックス・シニカの世紀へ**　大西広……………152
第22章　**機能不全の「インド太平洋戦略」：中国包囲の行き詰まり**　岡田充……158
第23章　**一帯一路のガバナンス強化への道**　井川紀道……………165
第24章　**一帯一路と東南アジア**　竹内幸史……………171
第25章　**一帯一路構想と日本**
　　　　：地政学と地経学を繋ぐ地技学的観点からの考察　山本武彦……………177

終　章　**一帯一路における文化の多元共生とサスティナビリティ**　周瑋生……185

コラム編……………193
　1　一帯一路から連亜連欧の道　鳩山友紀夫　194
　2　一帯一路への参加を勧める　西原春夫　195
　3　「一帯一路」構想への日中協力提案　谷口誠　196
　4　米中経済戦争を日本の転機に　麻生渡　198
　5　米中経済戦争の力学　萩原伸次郎　200
　6　一帯一路を日中科学技術協力の深化へ　岸輝雄　202
　7　日中の科学技術と一帯一路　沖村憲樹　203
　8　ヤマルＬＮＧ基地と氷上シルクロード　川名浩一　204

| | | |
|---|---|---|
| 9 | アジアスーパーグリッド構想の実現へ　三輪茂基 | 205 |
| 10 | 一帯一路と日韓トンネル　野沢太三 | 206 |
| 11 | 韓国のユーラシアイニシアティブ構想と一帯一路構想　郭洋春 | 207 |
| 12 | 「一帯一路」をめぐる様々な議論と日本の対応　小原雅博 | 208 |
| 13 | 「TPPゾンビ」に決別しアジアを軸にした共生に活路を　鈴木宣弘 | 209 |
| 14 | 「一帯一路」と日本の中小企業のwin-win関係を　黒瀬直宏 | 210 |
| 15 | 対米「属国化」を転換し中立的アジア政策とインフラ輸出を　坂本雅子 | 211 |
| 16 | 経済成長の前提・成果と課題<br>：ウェルビーイングの観点から　原田博夫 | 212 |
| 17 | 一帯一路構想と環境社会配慮：北京・廈門の会議から　松下和夫 | 213 |
| 18 | 「一帯一路」を日中両国共通のロマンに　朱建榮 | 215 |
| 19 | 21世紀新シルクロードへの旅立ち<br>：パクスローマーナとパクスシニカの対峙を超えて　村石恵照 | 219 |

**付録　一帯一路に関する専門用語のまとめ**　凌奕樹・都娟・朱家民 …………… 221

　　　「一帯一路」構想／シルクロード経済ベルト／21世紀海上シルクロード
　　　「五通」／人類運命共同体／アジアインフラ投資銀行（AIIB）
　　　シルクロード基金／一帯一路国際協力サミットフォーラム／中欧班列
　　　国家開発銀行／新開発銀行（BRICS銀行）／南南協力援助基金
　　　中国・ベラルーシ工業パーク／新ユーラシア大陸ブリッジ経済回廊
　　　中国・パキスタン経済回廊／中国・モンゴル・ロシア経済回廊
　　　中国・ミャンマー・バングラデシュ・インド経済回廊
　　　中国・中央アジア・西アジア経済回廊／中国・インドシナ半島経済回廊
　　　ユーラシア連合／ユンカープラン／上海協力機構（SCO）
　　　アジア協力信頼醸成措置会議（CICA）／ボアオ・アジア・フォーラム
　　　シルクロードの精神

**執筆者一覧** ……………………………………………………………………………… 229

序　章

# グローバルパワーシフトと一帯一路
連亜連欧からユーラシア新世紀への道

## 進藤榮一

> 要約
> ・一帯一路は、21世紀情報革命によるグローバルガバナンスの変革構築を志向する
> ・その基軸は、生産力よりも連結性の最大化による相互発展と格差削減におかれる
> ・欧米主導の軍事同盟主義でなく、途上国を包摂した社会経済発展を志向する
> 政策提言
> ・大米帝国終焉後の第三のグローバル化の波をつかみ一帯一路建設に協力参画すべき

## 1　言説と現実

　19世紀産業革命下、グローバル化の第1の波が、パクス・ブリタニカをつくり、20世紀工業革命下、グローバル化の第2の波がパクス・アメリカーナを生んだ。いま21世紀情報革命下、グローバル化の第3の波が、パクス・アシアーナ——アジア力の世紀——をつくっている。

　それを、台頭する中国を軸にユーラシア大に広がる「ユーラシア新世紀」の登場と言い換えてよい。その登場を「一帯一路」構想が象徴している。一帯一路は、グローバルパワーシフト——国際社会の構造変容——をあらわしている。同時にそれは、欧米主導のヨーロッパ近代の終焉をも示唆している。

　だから一帯一路構想は、日本の中国専門家がいうのと違ってけっして、地上から輝いて見えるけれども手にできない「星座」のようなものではない。習近平主席の単なる「ペット・プロジェクト」でもないし、政権終了後に、天空からも消える星座でもない。

　構想は、世紀大で進行する国際的な構造変容の表出だ。政策形成の単なるプロ

セスではない。ストラクチャーだ。一帯一路構想が打ち出されてから5年有余、この間の一連の構想の現実化が、台頭するストラクチャーを明らかにしている。

先ず2013年9月、カザフスタンで習近平中国主席は「陸のシルクロード」構想を、「シルクロード経済ベルト」として打ち上げた。重慶を起点に中国北西部から中央アジアを経由してヨーロッパにまたがる、ユーラシア鉄道輸送路（いわゆる中欧班列）建設を中心にした構想だ。

次いで同年10月インドネシアで主席は、「海のシルクロード」構想を打ち上げた。福州を起点に中国沿岸部から東南アジア、スリランカ、アラビア半島沿岸部、アフリカ東岸を結びつける「21世紀海上シルクロード」である。

さらに2018年1月、中国政府は、ヤマルLNG基地を起点に北極海を主舞台とした氷上航行ルートを、第3のシルクロードとして特定した。

これら一連の構想の原点には、2001年発足した上海協力機構がある。それが、ユーラシア諸国の一連の類似の動きと結び合っていた。すなわち、カザフスタン「光明の道」、モンゴル「発展の道」からイラン「鉄道シルクロード」、EU「欧州シルクロード計画」、ポーランド「琥珀の道」、ロシア「ユーラシア経済連合」に至る。文在寅韓国政府が打ち出した、南北朝鮮、日、露、中、モンゴル6カ国に米国を加えた「ユーラシア鉄道共同体」構想に及ぶ。

その意味で一帯一路は単に、習近平政権下中国一国だけの政策ではない。

まして共産主義中国の膨張主義、いわゆる「竜の爪」論に単純化できるものでもない。沿線諸国を包摂した、大陸大に広がる多国間プロジェクトとして展開している。2018年現在、中国は103の国家・国際組織と118件の協力協定を締結実施し、「中欧班列」は累計本数1万本以上、欧州15カ国43都市と繋がっている。

その意味で構想は、パクス・アメリカーナ（大米帝国）終焉後、欧亜を軸にユーラシア大陸大に生まれ始めた「多極化世界」の顕在化といってよい。そしてグローバル化の第3の波が生むグローバルパワーシフト——国際構造変容——のあらわれと言い換えてもよい。それが、21世紀グローバル・ガバナンスを求める動きと重なり合う。

## 2　マーシャル・プランとの異同

しばしば指摘されるように一帯一路構想は、マーシャル・プランとの歴史比較

文脈下に位置づけることもできる。マーシャル・プランは、第二次世界大戦終結3年後、欧州復興のための米国主導の国際戦略として打ち出され、パクス・アメリカーナ構築の端緒となった。それと同じように一帯一路は、世界金融危機終結3年後、ユーラシア再興のための中国主導の国際戦略として打ち出され、パクス・アシアーナ構築の端緒となっている。

私たちはしかし、一帯一路構想が、マーシャル・プランと顕著な違いを見せていることに注意を止めておかなくてはならない。

第1に規模において。マーシャル・プランが、西欧16カ国、投じられた総投資予算（1948～51年）102.6億ドルに止まっていたのに、一帯一路は、沿線国70カ国以上、GDPで全世界の31％、総人口40億人、（2016年末段階で）総投資予算2851億ドルに達すること[1]。

第2に外交形態において。マーシャル・プランが対ソ反共「封じ込め」政策による米欧軍事同盟、NATOと表裏一体のものとして展開していたのに対し、一帯一路は、非同盟中立主義を基軸とし、沿線諸国・地域のウィンウィンの社会経済関係構築のための"伙伴関係（パートナーシップ）"として展開していること。

第3に対象領域において。マーシャル・プランが、西欧先進諸国の復興を対象領域としていたのに対して、一帯一路は、東南アジアから東アフリカに至る途上国地域を主対象領域とし、域内外の格差や貧困、テロ、紛争の削減を究極目標とし、包摂性（インクルーシヴネス）を協力関係構築の主軸にしていたこと。

第4に発展戦略において。マーシャル・プランが、欧米先進国の生産力回復と通商市場拡大を主軸としていたのに対して、一帯一路は、国々や企業、地域相互間を鉄道や港湾等のインフラ建設整備による連結性（コネクティビティ）の強化を主軸としていること。

第5に嚮導理念において。マーシャル・プランが、生産力の最大化を復興の指導理念としていたのに対して、一帯一路は、過剰工業生産と地球温暖化の現実を前に、持続可能性（サステナビリティ）とユーラシア諸国間の共生を指導理念と

---

1) 2016年末段階での予算規模は以下の通り。港湾建設456億ドル、インフラ投資関係2153億ドル（AIIB、新開発銀行、シルクロード基金の総額）、新産業集積投資（36カ国、77カ所）242億ドル。合計2851億ドル。これ以外の自由貿易試験区予算は除く（出典；ウィキペディア）。

し、「中国製造2025」によって中国が科学技術製造大国の最先端を切ることを視野に入れていること。

それは、21世紀グローバル化のガバナンスを、諸国家内外の格差拡大を進めるゼロサム関係から、域内外の豊かさと格差縮小に向けたプラスサム関係構築への転換を示唆している。習近平主席が、6世紀東西文化交流のシルクロードを想起させながら、その究極目標を「人類運命共同体」にあると説く所以だ。

## 3 帝国終焉後の世界へ――新たなガバナンスを求めて――

実際、第3のグローバル化にあってパクス・アメリカーナは、二様の形で終焉の時を刻み続けている。

第1に軍事力に関して。先の2つのグローバル化が生み出した国際秩序と違って、いまや軍事力が"国富"の造出と結びつくことのない世紀へと変容した。

確かに情報革命は、第3の軍事革命をつくり、一群の最先端兵器群を生み出した。その膨大な兵器群を背景にアメリカは、世界中に800以上の軍事基地群を展開し全稼働させた。ローマ帝国以来の帝国の属性ともいえる「過剰拡張」である。

しかし過剰拡張は、下からの民衆の反乱を惹起させて広げ、帝国主導の国際秩序の構築と維持と安定を縮め、帝国のイデオロギーとしてのデモクラシーの理念の有意性を削ぎ続けた。それが、領土の最大化に富の源泉を見出し、領土拡大戦争を展開する西欧近代以来のテリトリー・ゲームの終焉を引き出し、経済制裁や軍事同盟を軸とする米欧主導のグローバル・ガバナンスの転換を求める。その転換が、連結性強化によって貧困や格差削減を求めるユーラシア大のグローバル・ガバナンスとしての「一帯一路」の台頭を促していく。

第2に、先の2つのグローバル化が生んだ国際秩序と違って、21世紀情報革命は、カネとモノとヒト、技術と情報が国境を超えて瞬時に移動できる世界を生み出した。「一台の車が数か国でつくられる世界」が登場した。

国境と国境がつくる関税によって、一国内生産力の最大化をはかる時代は終焉した。そして国の富を、地域協力から地域統合への動きの中で最大化させる時代へと変容した。

アジア大に広がるバリューチェーン（付加価値供給網）がグローバル大に拡延

して世界経済を牽引する。米国の支配的情報産業、アップル、グーグルなど「GAFA」の部品の大部分が、中国をはじめとするアジアで生産される時代へと変容した。たとえば、アップルの部品供給拠点440カ所の内、米国内拠点は１割強の60カ所に止まり、中国だけで349、日本139、台湾42、韓国32、フィリピン24、シンガポール17カ所と続く（『週刊アスキー』2014年３月８日号）。

　その現実は、米国が米中経済戦争を仕掛けることによって、自らの足元にピストルを撃ち込む「勝てない戦争」を始めたことを示唆している。

　しかも21世紀情報革命は、新しい「ものづくり」の持続的創出が求めながら同時に、市民社会の持続的発展なくして生産力の最大化が、国々や人々の富の増出と結びつかない世紀へと変容した。

　しかしアメリカは、1980年代中葉を境に「ものづくり」から「カネつくり」へと資本主義の形を変えた。そして情報革命で手にした金融カジノ資本主義と、貧富の格差を拡大させていく新自由主義（ネオリベ）とを強めて、１％対99％の超格差社会をつくり、労働合加盟率を８％以下に割り込ませて社会経済力を衰退させ、帝国の終焉を自ら促し続けている。

　21世紀情報革命は、一方で、中心と辺境の格差を縮小させ、市民的諸活力の活性化を求める。他方で、近隣諸国との相互依存の中で富を創出していくことを可能にし、それを求めていく。併せて生産力の最大化が二酸化炭素（$CO_2$）の排出量を増大させ、地球温暖化の動きがこれまでになく進展する。

　つめていえば、国も企業も人々も、三重の共生を抜きに、真の豊かさを手にできない世紀へと変容している。第１に市民社会との共生、第２に近隣諸国家との共生、第３に地球環境との共生である。

　それを、近代以来の、とりわけ20世紀流のプロダクション・ゲームの終焉と言い換えてもよい。その終焉の中で再び、大米帝国が終焉の時を早め、グローバル・ガバナンスのありようが問い直されていく。

　そしてそれら一連の動きが、ユーラシア連携を軸に国々と地域の連結性を強化し、包摂性と持続可能性を最大化する、もう１つのグローバル・ガバナンス――「一帯一路」構想――の台頭を促していく。

## 4　地経学を超えて──日本の戦略へ

「ユーラシア大陸を支配でき、それ故に米国にも挑む力を持つユーラシア国家の出現を米国はけっして許さない。これが（冷戦後米国の）至上命題である」──冷戦終結後、米国切っての戦略家ブレジンスキーはこう喝破していた（『ブレジンスキーの世界はこう動く』日本経済新聞社、1998年）。

今日にまで続く帝国の世界戦略、もしくは地政学の要諦である。その地政学が、いま地経学の名称を借りて語られ始めている。そして大米帝国が衰退し、一帯一路建設が進む中で21世紀流の地政学が、米中経済戦争の展開する中で語られ、一帯一路をもって中国"膨張主義"だとする"地経学"的考察が展開されて、一帯一路構想批判につなげられている。

その好例が、スリランカのハンバントタ港や、パキスタンのグワダル港の建設だろう。前者の場合、中国は、スリランカ政府に負担返済能力を超える資金を供与し、99年間の権利を強要したとされる。後者の場合、パキスタン・インド間の国境紛争地帯に抵触し、地域紛争を再燃させることになると批判される。

しかし、本書の「まえがき」で進藤が、またコラムで朱建榮教授も指摘するように、中国の対スリランカ融資残高は、スリランカの対外債務残高の10.6％でしかなく、日本からの借り入れ総額よりも少ない。パキスタンのグワダル港は、印パ国境紛争の係争地と接しながらもそれを避けている。加えてパキスタンは、かつて米中国交回復を巡って4度にわたり機密交渉役を演じ、中国と緊密な親善関係にある。そして港湾の運営帰属は、BOT（Build, Operate, Transfer）原則に従って、現地政府側に利益を還元帰属する形で運営される。

この時私たちがむしろ注目しなければならないのは、第1章で河合教授、第23章で井川紀道氏が各々指摘する問題点を持ちながらも、中国がこれら港湾建設をはじめ一連のインフラ連結性の強化を"試行"錯誤しながら進めていること、同時にその強化が、当事国だけでなく沿線関係諸国に三様の潜在的メリットを与えることである。

第1に巨大な空間ボーナスの潜在性。

ユーラシアの広大な地域空間は、山岳や砂漠、海洋や河川で分断され、低開発と貧困をもたらす発展阻害要因（オーナス）とされてきたけれども情報技術革命は、分断された自然空間を相互に結び付けることを容易にした。広大な空間は広

域市場をつくり、インフラ投資により投資と開発の好循環を可能にした。空間オーナスから空間ボーナス（発展促進要因）への転換は、広域アジアの富と繁栄に寄与していく。

　第２に、政治外交の安定をもたらす抑止力としての潜在性。

　国境を超えた広域インフラ投資は、巨額の資本と高度な技術とともに、国境をまたぐ共同開発管理体制を必要とする。そのために、海洋や大陸におけるエネルギー資源共同開発や、鉄道輸送路や情報通信網の整備建設にあって、脱国家的協力関係が不可欠だ。

　しかも関係国は共同開発に関与し合うことによって、対外的協力下での拘束を受け、領土や領海の一方的な単独進出・伸長の試みを相互に抑制せざるをえなくなる。外側からの拘束が、中国を含む関係諸国の潜在的「膨張主義」を削ぐ抑止要因となる。

　多国間協力の構築によって、参加国のウィンウィン関係をもたらし、地域内抑止力に寄与する「協働安全保障」戦略の仕組みだ。その好例を、欧州連合の原点である欧州石炭鉄鋼共同体や、中断中の東シナ海ガス田開発計画に見ることができる。

　最後に、日本経済の再活性化をもたらす潜在性だ。

　日本が狭い列島内にダムや高速道路網、リニア新幹線などをつくることで繁栄できる時代は終わった。一国内のインフラ投資は、限界に来ている。そして過剰開発は、自然環境破壊を連動させる。いまとるべき戦略は、広大なユーラシア地域における第三国への日中インフラ共同投資であり、開発と管理運営に共同参画することだ。それを、20世紀一国繁栄主義から21世紀「連亜連欧」への道といってよい。ポスト近代の序曲と言い換えてもよい。

　その意味で一帯一路構想は、以下の諸章が明らかにしていくように、パクス・アメリカーナからユーラシア新世紀への転換を記し、もう一つのグローバル・ガバナンスの構築を進めていくだろう。

**参考文献**
進藤榮一「アジア投資銀参加検討を」、『日本経済新聞』「経済教室」欄、2016年３月25日。

（しんどう・えいいち／筑波大学名誉教授）

第1部

# 一帯一路がひらくユーラシア新世紀の道

# 第1章
# 「一帯一路」からユーラシア新秩序へ

## 河合正弘

> **要約**
> ・「一帯一路」は、中国が責任ある大国として国際協調的な行動をとれる絶好の機会
> ・勢力圏拡大を意図せず、「債務の罠」を避けるならば真の国際公共財になりうる
> ・日中の企業は、「質」の高いインフラ構築に向け第三国での共同事業の推進を決定
> **政策提言**
> ・経済性、開放性、透明性、債務の維持可能性に努めることで全沿線国に有益となる

## 1 「一帯一路」構想の積極的な意義

「一帯一路」構想は、世界第二の経済大国になった中国が、その拡大する経済力・金融力を背景に、自身が主導してアジア、中東、東欧諸国のインフラ整備と連結性の強化を進め、貿易・投資の活性化を通じてユーラシア地域の経済一体化をめざすもので、国際社会として歓迎すべき性格をもつ。アジアをはじめとするユーラシア地域では、インフラ整備の必要性が高いにも関わらず、実際のインフラ投資が不十分であることから、「一帯一路」構想がそのギャップを埋めることが期待されている。

アジア開発銀行（ADB）は『アジアのインフラ需要への対応』（ADB, 2017）と題する報告書で、2016-30年までのアジアのインフラ需要が、気候変動の緩和や適応の必要額を含めた場合、総額26兆ドル、年間1.7兆ドルを超えると予測している[1]。分野別にみると、電力で14.7兆ドル、交通・運輸で8.4兆ドル、通信で2.3兆ドル、水・衛生分野で0.8兆ドルが必要とされるとしている。アジア地域の現状の年間インフラ投資額は8,810億ドルと推計され、インフラ投資不足額は、2016-20年の5年間のGDP予測値の2.4％分に相当する大きさである。世界銀行

やADBなど既存の国際開発銀行はアジアの途上国におけるインフラ投資のおよそ2.5％（中国とインドを除外すると10％超）を支援しているにすぎない。このことは、インフラ資金に対するニーズが極めて大きいことを意味する。中国が「一帯一路」を通じて、インフラ資金を動員するのであれば、それは望ましい。

「一帯一路」は、陸路の「シルクロード経済帯」の具体化として以下の6つの大経済回廊の建設を掲げている：①中国－モンゴル－ロシア；②新ユーラシア・ランドブリッジ；③中国－中央アジア－西アジア；④中国－インドシナ半島；⑤中国－パキスタン；⑥バングラデシュ－中国－インド－ミャンマー。

「一帯一路」プロジェクトの大半は、中国と沿線各国との間の二国間プロジェクトのかたちをとっているが、これら6つのプロジェクトの多くは多国間のプロジェクトである。たとえば、①の中国－モンゴル－ロシア経済回廊はアジア太平洋経済社会委員会（ESCAP）の仲介により進められてきた中国、モンゴル、ロシアの3カ国の間でのプロジェクトである。中国とロシアに囲まれた内陸国であるモンゴルにとっては、貿易拡大のために、これら2カ国とのクロスボーダー交通連携が欠かせない。②の新ユーラシア・ランドブリッジ経済回廊は、中国とヨーロッパを鉄道によって結ぶ物流ネットワークであり、たとえば重慶から出発し、西安、ウルムチを経てカザフスタンに入り、ロシア、ベラルーシ、ポーランド経由でドイツのデュイスブルグに至る「渝新欧鉄道」（渝は重慶の略称）などの国際定期貨物列車「中欧班列」を含む。⑤の中国－パキスタン経済回廊は、パキスタンと新疆ウイグル自治区をつなげるもので、道路、発電所、パイプライン、港湾などのインフラ整備を進めて、中東からの原油輸送ルートを大幅に短縮することを目指している。総額460億ドルの投資が中パ政府間で合意されている。⑥のバングラデシュ－中国－インド－ミャンマー経済回廊は、政府協力によりイ

---

1）ADB-ADBI（2009）は、2009年に、2010-20年におけるアジアでのインフラ・ニーズを年間7,500億ドルと予測したが、2017年の予測額はこの2倍以上になる。インフラ・ニーズの予測額が増加した主な要因として、①アジア地域の経済成長が引き続き高いと見込まれ、さらなるインフラ需要が生じていること、②対象となるアジアの開発途上国・地域が2009年の報告での32カ国から45カ国に増えたこと、③2009年の報告では2008年価格で計算されていたのに対し、2017年の報告では2015年価格が使用されていること、④2009年の報告で考慮されていなかった気候変動関連投資の見積もりを含めたこと、が挙げられる。

ンフラ・プロジェクトの建設を進めるとされる[2]。

　以上のような「陸のシルクロード」だけでなく、「海のシルクロード」の建設も展開されている。こうしたインフラが、社会面・環境面を配慮して建設され、そのコスト以上の利益を沿線国にもたらし、かつすべての国の企業や消費者に利用可能な開放されたものであれば、国際公共財としての意義が高い。つまり、建設されるインフラが維持可能で、経済的な合理性を満たし、開放的で透明性の高いものであることが、「一帯一路」の国際公共財としての評価を高めよう。

## 2　「一帯一路」の課題

　しかし、「一帯一路」構想にはいくつかの課題も指摘され、国際公共財としての意義を高めるためにも、これらの課題に応えていくことが必要になっている。

　第1に、「一帯一路」沿線国の間の政治体制、法制度、経済システム、価値観が異なるという問題がある。中国を含む沿線諸国には、民主主義、社会主義、権威主義など様々な政治体制が混在し、市場経済の発展段階も異なる。中国の外交政策は、伝統的に他国の国内事情に干渉しない原則に則っているが、明らかに人権を抑圧した権威主義的な政権に対しインフラ支援を行うことになると、国際社会から批判の対象となりうる。強権的な政権によるインフラ開発がどこまで国民生活の向上につながるか明らかでないからだ。中国は「一帯一路」を通じて、いわゆる「中国モデル」を広げようとしている印象が持たれることが多い。

　第2に、中国が「一帯一路」事業を自国本位の地政学的・軍事的な目的で用いており、周辺国の安全保障を脅かしているケースがあることが指摘されている。たとえば、「中国-パキスタン経済回廊」のようにインドとパキスタンの領土係争地域（カシミール）を通るプロジェクトを立ち上げたり、「真珠の首飾り」（string of pearls）のようなかたちでインド包囲網ととらえるられる「海のシルクロード」強化をめざしたりすることで、インドの反発を買っている。中国は「一帯一

---

[2] ただし、インドは「一帯一路」構想に賛意を表明しておらず、バングラデシュ-中国-インド-ミャンマー経済回廊がどこまで進められるのか明らかでない。その一方で、インドはアジアインフラ投資銀行（AIIB）に加盟し、AIIBから最大規模の融資を受けている。

路」事業を地政学的・軍事的な目的に用いないことを行動で示すことが必要だ。

　第3は、「一帯一路」プロジェクトにあたる中国企業が、環境面、安全面、税制面、雇用面などで、沿線国の規制や法律を無視ないし軽視するかたちで事業を進めているという批判がある。あるいは、インフラ建設に必要な資材や機器を現地で調達するのでなく中国から輸入したり、大量の中国人労働者を動員したりすることから、現地にもたらされるビジネス機会、雇用機会、ノウハウ移転が極めて限られている点も指摘されている。「一帯一路」事業は中国を潤すだけで、沿線国の真の利益につながっていない可能性がある。

　第4は、「一帯一路」事業を巡っては、中国から各沿線国に対して行われた投融資の額が不透明であり、かつ借入国の債務返済能力が必ずしも十分考慮された上で融資が決定されているわけではないという問題がある。Hurley, Morris and Portelance（2018）は、「一帯一路」沿線国の2016年の債務データを検討した結果、ジブチ、キリギスタン、ラオス、モルディブ、モンゴル、モンテネグロ、タジキスタン、パキスタンの8カ国が深刻な債務リスクに面していると指摘している[3]。とりわけパキスタンは最大のリスクを負っているとされ、「中国−パキスタン経済回廊」の下で対中債務が拡大し、高い金利支払いが債務返済を難しくしつつある。また、それ以外の15カ国を高い債務リスクに面していると特定しており、それにはスリランカやカンボジアが含まれている。

　第5は、クロスボーダー型のインフラ・プロジェクトに関して、国際的な総合調整機関が存在しないという問題がある。国内的には、「一帯一路」建設事業指導グループが設立され、国内調整がめざされている。しかし国際的には、「一帯一路」事業は基本的に中国をハブとする二国間プロジェクトの集積であり、一部の主要経済回廊を除き多国間枠組みでなく、国際的な調整メカニズムも存在しない。しかし、二国間枠組みでインフラ・プロジェクトを進めるなら、第三国に影響を及ぼす場合がある。たとえば、「中国−パキスタン経済回廊」がインドに影響を及ぼすなどの事例がそれだ。また「一帯一路」域内で法制度、規制、規格、基準など技術的な調和や共通化を進める場合にも、多国間の国際調整メカニズムが存在しない。

---

　3）Hurley, Morris, and Portelance（2018）は、既述の64沿線国に、ジブチ、エチオピア、ケニア、韓国を加えた諸国を検討している。

第6に、「一帯一路」事業ではインフラ・プロジェクトの結果を評価する枠組みが存在しないという問題がある。世界銀行やADBなどとの協調融資であれば、これらの機関が評価システムをもっているが、通常の「一帯一路」プロジェクトの場合にはそうした枠組みがない。アジアには、大メコン河流域（GMS）開発、南アジア地域経済協力（SASEC）、中央アジア地域経済協力（CAREC）などのサブ地域別の多国間協力メカニズムがあり、いずれもADBが調整機能を担い、確立した評価システムがある。「一帯一路」事業の中でも6大経済回廊などの重要な広域プロジェクトについて、明確な評価メカニズムが存在しないことは問題だろう。

## 3　「一帯一路」構想の改善の方向

　「一帯一路」構想が真の意味で沿線諸国と域外諸国の利益となり、同時に国際調和的なものとして機能するためには、以下の点が重要である。
- 構想が地政学的・軍事的な目的をもたないことを明確に行動で示すこと
- 強権的な政府に対し「中国モデル」を広げるためのインフラ支援を避けること（黄 2016）
- 沿線国の規制や法令を順守し、現地でのビジネス機会、雇用機会、ノウハウ移転の向上に努めること
- 沿線国の債務返済可能性の維持に配慮した貸付けを行い「債務の罠」をつくらず、公的債務返済に問題が生じた際、一定のルール下で解決すること
- 全沿線国に利益になる公平な運営を行うため、具体的なインフラ・プロジェクトをどう進めるかを決める際に、多国間で協議・調整するメカニズムを導入すること
- 構築されるインフラがすべての国の人々や企業に開放されること
- 少なくとも6大経済回廊など大規模インフラ・プロジェクトについては、結果を評価する枠組みを導入すること（査 2016）

　沿線国の債務返済可能性を維持するための出発点として、中国が沿線各国に対する対外援助・経済協力額を公表することが重要だ。中国は経済協力開発機構（OECD）の援助開発委員会（DAC）に加盟しておらず、対外債権額の全体像を示す数字も公表していないが、重要な公的債権国として、データ公表が望まれ

る。また中国はパリクラブにオブザーバー参加しているものの、正式メンバーではなく、債務国の公的債務の救済処置には参加していない[4]。中国は、世界第二の経済大国、主要債権国としてパリクラブに正式に参加し、債務国の債務再編成作業に関わるべきだ。それにより、中国の経済支援が「債務の罠」を生み出し、借り入れ国を事実上の経済的植民地にするという批判を緩和できよう。

　中国が主導して設立したAIIBは国際開発銀行として、世界銀行やADBなどとの協調融資を多く行ってきたことから、以上のような点はクリアし、概ね国際的基準に則って進められてきたといってよい。それに対し中国の外交政策の主要な柱である「一帯一路」事業は、基本的に中国をハブとする二国間プロジェクトの集積であるが、これを多国間化していくことが有用だろう。アジアにおけるGMS、SASEC、CARECなどのサブ地域協力メカニズムは、「一帯一路」にとって多国間主義をどう進めるかについて大きな示唆を与える。これらのプログラムでは、ADBがそれぞれのサブ地域ごとに協力のあり方を調整する事務局の役割を担っている。ADB-ADBI（2009）は、こうしたサブ地域を超えるアジア全域において、クロスボーダーインフラ・プロジェクトを調整する機関として「インフラ投資フォーラム」の設立を提唱している。このフォーラムは、関係する国際機関（国際通貨基金〔IMF〕、世界銀行、ADB、欧州復興開発銀行〔EBRD〕など）や二国間機関と連携しつつ、アジア広域的な見地から優先すべきインフラ事業やファイナンス方式を特定し、それに沿ってサブ地域・国別の優先プロジェクトを特定し、プロジェクトを管理し評価するシステムをつくっていく役割を担うものだとされる。

　「一帯一路」構想は、アジアを超えた広範なユーラシア地域を含むため、世界銀行が全体の調整役として広域的な「インフラ投資フォーラム」を設け、それを支援していくことを薦めたい。世銀が関与することで、「一帯一路」構想が中国のみを利するのでなく、全参加国に有用な透明性の高いプログラムにすることができる。

　世銀は、以下のサービスを提供できる：①主要な「一帯一路」プロジェクトの

---

4）パリクラブとは、主要な債権国政府と債務国政府が二国間の公的債務の再編協議を行う非公式会合である。パリクラブにおける債務再編には、主に債務繰延（リスケジュール）と債務削減の2つがあり、債権国間の負担の公平性の確保などについて協議が行われる。

分析と評価、②中立的なブローカーとして各国間の利害調整、③各国の経済発展戦略と「一帯一路」プロジェクトの整合性確保、④国際的な融資基準（環境・社会基準、入札の透明性）の遵守、⑤借り手国の公的債務の維持可能性分析と債務返済問題時の解決支援。中国も世銀が「一帯一路」構想に関与することで、「一帯一路」構想が国際社会によって認知されることに強い関心をもつはずだ。

## 4　日本の対応と日中協力の可能性

　安倍政権は、2015年から、ADBと連携したり国際協力銀行（JBIC）や国際協力機構（JICA）を活用したりして「質」の高いインフラ支援を重視する姿勢を示してきた。具体的には、2015年5月に「質の高いインフラパートナーシップ～アジアの未来への投資～」を発表し、16年5月には「質の高いインフラ投資の推進のためのG7伊勢志摩原則」を主導して、「質」の高いインフラの重要性を国際的に訴えてきた。

　これらの文書によれば、「質」の高いインフラとは、長期的観点から経済性の高い（初期投資と維持・修繕費全体のライフサイクル・コストの低い）こと、安全性と自然災害・テロ・サイバー攻撃のリスクへの強靱性が確保されること、環境・社会面での影響が配慮されていること、現地の社会・経済への貢献度が高いこと（雇用創出、技術・ノウハウの移転、人材育成）、各国の経済・開発戦略との整合性が保たれること、などの条件を満たすものである。これは、中国の「一帯一路」構想やAIIBの設立構想に対する日本の対応としての意味合いを持っていた。

　日本政府は、当初「一帯一路」構想に対して積極的な姿勢を示していなかったが、2017年に入ってそのスタンスを変えた。安倍首相は、17年5月に北京で開催された「一帯一路」国際フォーラムに政府代表団を派遣し、同6月には東京で「一帯一路」構想に対して条件付き支持を表明した。すなわち首相は、以下のような条件が満たされるのであれば、「一帯一路」構想を支持するとした：①「一帯一路」は自由で公平なアジア太平洋地域の考え方と調和したものであること、②インフラへの開放されたアクセスや透明かつ公平な入札方式を採用すること、③経済的・金融的に返済可能なプロジェクトを支援すること。その後も、「第三国で日中の共同ビジネスを展開していくことが、両国のみならず対象国の発展に

も有益」だとする、という発言を出していた。

　こうした安倍首相の姿勢を受けて、政府は日本と中国の企業間協力を支援する条件や分野を示す必要があると判断し、官邸と外務・財務・経産・国交4省が17年11月にガイドラインを作成した。ガイドラインでは、日中企業間のビジネス協力を後押ししていくため、「一帯一路」事業に参加する日本企業の具体的な協力分野として、以下のものが挙げられた。

- 「省エネ・環境協力の推進」：太陽光発電、風力発電、高効率ガス・石炭火力発電などの開発・運営
- 「産業高度化」：タイの経済特区「東部経済回廊」の工業団地の共同開発など
- 「アジア・欧州横断の物流利活用」：中国と欧州を結ぶ鉄道を活用する制度改善の協力推進

　安倍首相は、日中連携について「インフラを共同開発することは、アジアの繁栄に寄与する」とし、「日本は『自由で開かれたインド太平洋戦略』の下で『一帯一路』と連携させる形で推進したい」としている。「自由で開かれたインド太平洋戦略」とは、アジアとアフリカの「2つの大陸」と、太平洋とインド洋の「2つの大洋」の交わりによって生まれるダイナミズムを一体として捉え、「法の支配に基づく自由で開かれた海洋秩序を維持・強化する」ために安倍政権が打ち出した戦略である。具体的には、東アジアを起点として、南アジア・中東・アフリカへと至るまで、インフラ整備・連結性、貿易・投資の活性化、ビジネス環境整備、人材育成等を進めるとされる。政府は、「開かれたインド太平洋戦略」は中国を排除するものではなく、むしろ中国を包摂する戦略だとしている[5]。

　こうした点を踏まえ、日中両政府は第三国における共同事業の可能性について議論を重ねてきた。日本側は、政府が後押しする案件には、①プロジェクトの経済合理性、②開放性、③透明性、④相手国財政の健全性、の4条件を満たすことが必要だと繰り返し述べている。それにより、事業の序盤でプロジェクトが暗礁に乗り上げたり、終盤で借り手国の公的債務が過剰になったりすることを避けられると見込まれる。また、民間資金を活用する官民パートナーシップ（PPP）案件を広げることで、経済合理性を追求し、インフラの開放性・透明性を高め、借り手国政府の財政の健全性を保つことが容易になる。

　日中共同事業として現在検討が進んでいる案件として、バンコク首都圏のドン・ムアン、スワナプーンの2空港と東部のウタパオ空港とを結ぶ高速鉄道建

第1章　「一帯一路」からユーラシア新秩序へ

設、日本通運と中国の物流大手が提携した「中欧班列」利用による貨物列車の国際定期運行、西アフリカ諸国を基幹道路で結ぶ「成長の環」計画、などが報道されている。2018年10月の安倍首相の訪中時に開かれた「日中第三国市場協力フォーラム」では、52件に上る日中企業間の覚書が締結された。こうした共同事業が進むことで、日中間の信頼関係の醸成に寄与することが期待され、日本のAIIB加盟への道も開く可能性がある。

## 5　まとめ

「一帯一路」構想は、経済的・金融的に台頭する中国の主要外交戦略である。それは、中国が主導して、インフラや貿易・投資を通じてユーラシア地域に広大な経済圏を築こうとするもので、国際経済・政治・地政学的に大きな意義をもつ。中国がこの構想の下で、全ての沿線国・域外国にとって有益な国際公共財を提供していくかどうかが注目される。実際、同構想はインフラ需要の高い域内の新興・発展途上諸国に歓迎されており、中国に期待される役割は大きい。

構想が真の意味で国際公共財の提供につながるためには、その事業が経済合理性をもつこと、開放的で透明性の高いこと、沿線国の財政・債務の健全性を保つこと、そして多国間的に運営されることが重要だ。そこに世界銀行が調整機関と

---

5）トランプ米政権も「インド太平洋戦略」を同国の新たなアジア戦略と位置付け、これにインドとオーストラリアが加わり、日米印豪の4カ国が「インド太平洋戦略」の中核国になっている。ただし「自由で開かれたインド太平洋戦略」が実効性のある戦略になるためには、そこに経済的な実体を持たせていくことが重要だ。とくに、インフラの連結性の強化、貿易・投資の拡大、インフラ融資の増強の面での具体化が挙げられる。インフラの連結性については、インド太平洋地域を「質」の高い交通・通信・エネルギーインフラで連結するための出発点として、インドとメコン地域を東西につなげることが有益だろう。貿易・投資の拡大については、インドをアジア太平洋経済協力（APEC）のメンバーとして迎え、インドを含む東アジア地域包括的経済連携（RCEP）交渉をなるべく早期に妥結して、東アジアのサプライチェーンをインド亜大陸に拡張していくことが考えられる。米国が環太平洋パートナーシップ（TPP）に復帰することも、インド太平洋地域の貿易・投資の拡大に大きく寄与する。インフラ融資については、米国や日本の政府系金融機関が民間部門のインフラ事業に融資等を行うことが考えられる。インドが独自の開発銀行を設立して国内外のインフラ融資に積極的に関与していくことも有意義だろう。

しての役割を果たすことが考えられ、あるいは日本と中国の企業が第三国で共同事業を進めることで、互いの比較優位に基づく相乗効果を生み出すことができる。そのことが、中国に対して、国際標準・ルールに従った行動をとるよう促していくことにつながろう。

　世界第二の経済大国になった中国が、多国間主義と国際ルールに基づき、良質の国際公共財を供給していくのであれば、国際社会における中国の発言権は自ずと高まろう。それが中国に対してさらに責任ある行動を促していくという好循環が期待される。「一帯一路」構想は、中国が「責任ある大国」として国際協調的に振る舞うことを可能にする絶好の機会を提供するものだと言える。

**参考文献**

黄逸平（2016）「中国の『一帯一路』構想：戦略目標と評価について」、国立研究開発法人科学技術振興機構（JST）中国総合研究交流センター（2016）、12-22頁。

国家発展改革委員会・外交部・商務部（2015）「シルクロード経済ベルトと21世紀海上シルクロードの共同建設推進のビジョンと行動」（中華人民共和国日本大使館訳）。

国立研究開発法人・科学技術振興機構（JST）・中国総合研究交流センター（2016）『中国「一帯一路」構想—および交通インフラ計画について』。

査道炯（2016）「『一帯一路』考察：地政学、エネルギー安全保障、世界経済の３つの視点から」、国立研究開発法人科学技術振興機構（JST）中国総合研究交流センター（2016）、60-67頁。

Asian Development Bank（ADB）（2017）*Meeting Asia's Infrastructure Needs*. Manila: Asian Development Bank.

Asian Development Bank（ADB）- Asian Development Bank Institute（ADBI）（2009）*Infrastructure for a Seamless Asia*. Tokyo: Asian Development Bank Institute.

Hurley, John, Scott Morris, and Gailyn Portelance（2018）"Examining the Debt Implications of the Belt and Road Initiative from a Policy Perspective." *CGD Policy Paper* 121（March）. Washington, DC.: Center for Global Development.

（かわい・まさひろ／東京大学公共政策大学院特任教授、環日本海経済研究所代表理事・所長）

# 第2章
# 一帯一路が進めるユーラシア・コンセンサス

## 江原規由

---

要約
- 一帯一路は改革開放の国際化
- 一帯一路は新型国際関係構築と新タイプのFTA構築のためのプラットフォーム
- 中国の伙伴(フオバン)関係はユーラシア・コンセンサスのための東洋の智慧

政策提言
- 日本は中国の伙伴関係の行方を注視し一帯一路に積極的に参入することが肝要

---

## 1　一帯一路は世紀の大プロジェクト

　一帯一路の沿線国、その参加・支持国は公表されていないが、一般的には、沿線国が60余り、参加・支持国が100余りとされている[1]。一帯と一路では、その戦略的意義がやや異なる。一帯には地政学的な、一路には通商上（経済連携）の意義が認められる。歴史をたどると、地政学の基礎的な理論づけとなったとされる「ハートランド理論」を提唱し、ユーラシアを基点とした国際関係の力学を地理的に分析したハルフォード・マッキンダー[2]は、"東欧を制するものがハートランドを制し、ハートランドを制するものが〜世界を制する"と説いた。一帯一路は、力で"世界を制する"ための戦略でなく、コンセンサスに基づく「人類運命共同体」建設のプラットフォームとなっている点でハートランド理論との違いはあるが、地理的には、ハートランドは一帯にほぼ重なっており、その地政学的

---

1) 中国政府の発表によれば、2018年8月現在、103の国と国際組織と118件の一帯一路に関する協力協定を締結している。
2) 英国の地理学者、政治家（1861年-1947年）。

表1　一帯一路と改革開放の共通点

| 類似点 | 一帯一路 | 改革開放 |
|---|---|---|
| 主要事業・発展方向 | ・インフラ整備など<br>・五通：沿線国の発展戦略と対接など<br>・発展基盤の確保／都市化 | ・インフラ整備など<br>・沿海→西部→東北→中部開発<br>・都市化／農業近代化 |
| 外資導入拠点整備 | ・境外経貿合作区の設置<br>・一帯一路沿線20余カ国・地区に82カ所 | ・経済特区→自貿区（FTZ）<br>（5経済特区→11自貿区） |
| 目標／成果 | ・合作共贏（共同富裕）<br>・国際公共財・一帯一路経済圏・FTA<br>・人類運命共同体のプラットフォーム | ・先富論（小康社会→共同富裕）<br>・貿易・投資・生産大国<br>・一帯一路との連携 |

注）筆者作成

重要性は今も当時と変わらない。

　一路については、15世紀初頭、明の永楽帝の命を受け、7回の大航海（東南アジア、インドからアラビア半島、アフリカにまで）を行い、当時としては世界最大の通商交易圏を構築した鄭和[3]の偉業に通じる。そのカバーエリアは一路にほぼ重なり、今日、RCEP（東アジア地域包括的経済連携）などメガFTA（自由貿易協定）のプラットフォームとなっている。当時と今では、時代的背景が全く異なっており、単純には比較できないが、一帯一路は、時代をリードする構想、戦略であり、かつ、ユーラシアを跨ぐ壮大なプロジェクトである点で過去の偉業、足跡を共有しているといえよう。

## 2　一帯一路は改革開放の国際化

　一帯一路とは何か。改革開放の国際化とみる。両者には、発展方向、事業内容など多くの点で共通点が認められる。すなわち、経済発展に向け、①インフラ整備と、②外資導入拠点づくり、を優先していること（改革開放の経済特区、自由貿易試験区等と一帯一路の海外経貿合作区等）、③共同発展・共同富裕を原則としていること（先富論と三共理念〈下記〉）などが指摘できる（**表1**）。

　一帯一路沿線60余カ国は、世界全体の3分の2の人口を占め、3分の1の経済規模を有している。この世界全体に占める人口比率と経済規模比率のアンバラン

---

3）イスラム教徒・宦官。

スをどこまで縮小できるのか、一帯一路の成果と世界経済に対する貢献の多少をみる視点となる。この点、日本が一帯一路に積極的に参加すれば、このアンバランスは確実に縮まる。一帯一路は、日中両国が世界とウィンウィン関係を共有するプラットフォームといっても過言ではない。

## 3　ユーラシア・コンセンサスの要となる伙伴関係

　一帯一路はどこへ行くのか。2点を指摘したい。すなわち、伙伴関係（Huo・Ban、パートナーシップ、後述）に基づく、①新型国際関係の構築と、②新タイプのFTAの構築、のためのプラットフォームとして、究極的には、中国版グローバルガバナンスといえる人類運命共同体の建設に貢献することにある、といえる。

**一帯一路をみる視点**
理念（精神）：三共（共商・共建・共享）：共に話し・つくり・分かつ
　　　　　　　合作共贏：協力ウインウイン
事業：五通（政策溝通・設施聯通・貿易暢通・資金融通・民心相通）：政策協
　　　調・インフラ整備・貿易円滑化・資金確保・人的文化的社会的交流
視点：改革開放の国際化
行方：①新型国際関係構築のためのプラットフォーム
　　　　グローバルガバナンス改革、人類運命共同体建設
　　　②新タイプのFTA（経済圏）構築のためのプラットフォーム
　　　　国際公共財の創出・提供、朋友圏の拡大

### （1）東洋の智慧を内包する伙伴関係
　伙伴関係とは、中国の格言でいえば、「和而不同」（和して同ぜず、「論語 子路篇」）ということになろう。「西洋の論理」に対する「東洋の智慧」が内包されており、本章のテーマである「一帯一路が進めるユーラシア・コンセンサス」の要といえる。
　この伙伴関係について、2017年1月、習近平国家主席（以下、習主席）は、スイスの国際連合ジュネーブ事務局での講演で、"中国は何よりも伙伴関係を国家

間交流の指導原則と定める。〜中略〜現在90余カ国・地域組織[4]と伴関係を構築している"と、国家主席として初めて、伴関係の意義と構築国数を明らかにした。習主席のこの講演から、伴関係が中国の希求する新型国際関係構築の布石となっていることが読みとれる。

また、2017年5月、北京で開催された「一帯一路国際サミットフォーラム」の基調講演で、習主席は、"中国は一帯一路参加国と互利共贏（ウィンウィン）の経貿伴関係を積極的に構築し、関係国との円滑的な貿易・投資交流を推進し、一帯一路に輻射するFTAネットワークを構築する"と表明した。この"経貿伴関係"の構築を前提としているところが、一帯一路FTAを新タイプとする所以である。

伴関係とは、中国と一定の信頼関係を構築しており、重大な問題について基本的に意見を異にしない関係とされる。その特徴は拘束力のある条約や協定によって構築されるのではなく、元首（首脳）同士の信頼関係に基づく共同声明をもって構築され、随時見直し（再構築）される点にある。

筆者調べでは[5]、2018年4月時点、伴関係は16種類あり、中国は90余カ国および地域組織と伴関係を構築済である。ただし、地域組織のメンバー国をカウントすると、すでに180カ国以上と伴関係が構築済となっている。

新型国際関係と一帯一路FTAネットワークを構築するためのグローバルな伴関係ネットワークがすでに存在しているといっても過言ではない（表2）。

伴関係の構築は1990年代から始まり、今日ではグローバルな伴関係ネットワークがすでに構築されていることから、その再構築（別の伴関係への移行、既存の伴関係を維持しその内容を見直し・充実するなど）が多い。習主席の外遊時、海外首脳の訪中時の首脳会談で中国側からまず提起されるのが、伴関係の確認、見直し、未構築の場合はその構築についてである。習主席は、歴代の国家主席の中で伴関係の構築・再構築に最も多くかつ深く関わっており、"伴関係を国家間交流の指導原則と定める"とした姿勢が読み取れる。なお、同じ伴

---

4）EU、ASEAN、アラブ首長国連邦、アフリカ連合、ラテンアメリカ・カリブ諸国共同体。

5）伴関係ネットワークは公式には未発表。日本とは、正式には未構築とする中国の識者が少なくない。

表2　伙伴関係ネットワーク（2018年4月末時点）

①戦略伙伴関係／15国・地域組織
②全面戦略伙伴関係／36国・地域組織
③戦略合作伙伴関係／6国
④全面戦略合作伙伴関係／9国
⑤全面戦略協作伙伴関係／ロシア
⑥全天候戦略合作伙伴関係／パキスタン
⑦全方位戦伙伴関係／ドイツ
⑧互恵戦略伙伴関係／アイルランド
⑨創新戦略伙伴関係／スイス
⑩創新全面伙伴関係／イスラエル
⑪合作伙伴関係／4国
⑫友好合作伙伴関係／3国
⑬全面合作伙伴関係／9国・地域組織
⑭全面友好合作伙伴関係／ルーマニア
⑮全方位友好合作伙伴関係／ベルギー
⑯友好伙伴関係／ジャマイカ
枠外（米国：新型大国関係、日本：戦略互恵関係）

注）筆者作成

伴関係でも、関係国の事情、対中関係の現状が反映されることから内容はそれぞれ異なるが、最近の傾向として、政策協調[6]、貿易円滑化などFTA構築に関わる内容が増えてきている。

（2）一帯一路における伙伴関係

さて、一帯一路を、伙伴関係を軸とする新型国際関係と新タイプのFTAの構築のためのプラットフォームとしたが、この2点を一帯一路の理念である『三共』と同主要事業である『五通』の視点から見てみたい。

① 『五通』と新タイプのFTAの構築

一帯一路FTAネットワークの構築は、一帯一路沿線国との伙伴関係の構築・再構築を入り口とし、『五通』事業（特に、貿易円滑化）を推進しつつ沿線各国・地域組織との双務（bilateral）FTAを構築し、これをネットワーク化して

---

[6] カザフスタンの"光明の道"発展戦略、ロシア主導の"ユーラシア経済連盟"の発展戦略、サウジアラビアの"2030ビジョン"、エジプトの"振興計画"、ユンケル欧州委員会委員長提起の投資計画など。

図1　一帯一路関連地域連携・協力の枠組み

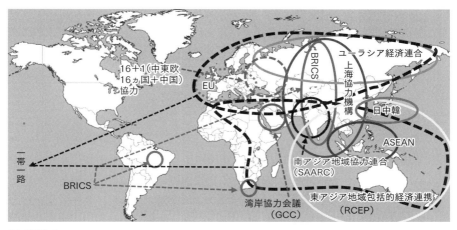

注）筆者作成

ゆくといったプロセスが考えられる。このプロセスは、経済発展水準に大きなバラツキがあり、多様な宗教、民族、価値観、利害が複雑に交差する一帯一路沿線各国とのFTAの構築には都合がよい。すなわち、共同声明による伙伴関係の構築・再構築では当事国の事情や経済状況をより反映できる融通性がある。この点、妥協と譲歩による交渉の成果として構築され、協定や条約に縛られるFTA（RCEPや日中韓FTAなど）とは一線を画している。

注目すべきは、中国が一帯一路を「世界の公共財」としている点である。言い換えれば、『五通』事業で一帯一路を「世界の公共財」にするということである。

こうしてみると、一帯一路FTAネットワークは、いずれもハードルの高くない、より多くの国が参加できる極めて開放度の高いFTAとなるとみられる。この点、中国が一帯一路で朋友圏（友人サークル）を拡大するとの姿勢に通じる。筆者が一帯一路FTAネットワークを新タイプのFTAとする所以でもある。

図1は、一帯一路関連地域の連携・協力の「枠組み」である。同地域には、このほかにもいろいろな連携・協力の「枠組み」が存在するが、図1に記載されている「枠組み」は、いずれも、中国が主導する、影響力をもつ、さらに、密接に関係する「枠組み」である。こうした「枠組み」は、それぞれ特徴があるが、近年、一帯一路との関係が密接になっている。そのことは、①一帯一路の『五通

事業での政策協調が増えていること、②中国とこれらの「枠組み」の構成国とのFTA構築が少なくないこと、すなわち、2018年1月時点、中国は15カ国・地区およびASEAN（東南アジア諸国連合）と15のFTAを締結済であるが、そのうち、一帯一路沿線国とは、7カ国・地区およびASEANと7のFTAが構築済で、一帯一路が中国のFTAネットワークの軸になっていること、などが指摘できる。

② 『三共』と新型国際関係

　新型国際関係の構築について、2015年の訪米前夜、習主席は書面取材[7]にこう応じている。"国際連合は、間もなく成立70周年の盛大な式典が挙行される。中国は、加盟国と共に合作共贏を核心とする新型国際関係の構築を推進し、グローバルガバナンス構造を改革し、人類運命共同体を構築したい"。合作共贏を核心とする新型国際関係の構築は、グローバルガバナンス構造の改革、人類運命共同体の構築と三位一体となっていることが認められる。この合作共贏は、『三共』にほかならない。

　中国は、事あるごとに「共に」を強調する。『五通』における政策協調もその一環である。この「共に」の強調は中国の外交姿勢を端的に物語っており、習主席が"国家間交流の指導原則"とした伙伴関係の精神に通じる。はたして、それが単なる外交辞令（建前）なのか、それとも、中国がグローバルガバナンス構造の改革、人類運命共同体の構築を図る上での「本音」なのか、伙伴関係の構築と一帯一路FTAの行方にそれを説くカギがある。

　　　　　　　　　　　　　（えはら・のりよし／国際貿易投資研究所研究主幹）

---

7）ウォールストリートジャーナル紙、2015年9月22日。

第 3 章

# ユーラシア・バリューチェーンと
# 中国・新成長メカニズムの解明
### 中国製造2025、自由貿易試験区、一帯一路建設の融合

## 朽木昭文

**要約**
- 自由貿易試験区と「中国製造2025」戦略により産業集積
- 一帯一路建設は、その参加国と自国の産業集積との「連結性」を強化する
- 日本は、自由貿易試験区内、一帯一路建設・インフラ事業で参加国として投資可能

**政策提言**
- ガバナンスの強化と参加国間の利害を調整するため、一帯一路版 OECD を設立する

## はじめに

　中国の産業政策は、**表1**に示すように、2004年を前後して大きく変化する。改革開放後に成長一辺倒で来た政策は、「科学的発展観」により政策の転換を迫られた。そして、2010年に「発展パターンの転換」を明確化する。中国は、2016年の1人当たり GDP が8,123ドルであり、中所得国からの脱出を目指す。そのために3つの政策を融合する。表1に示すように、「中国製造2025」、「自由貿易試験区」、「一帯一路建設」である。

　中国の産業政策は、戦略的新興産業から「中国製造2025」と変わり、2017年に10大プロジェクトを導入する。これは、英語で Made in China 2025であり、中国は製造強国を目指す。

　自由貿易試験区は、2013年に上海自由貿易試験区として「サービス業」へ外資を導入する試みとして始まった。これは、英語で Pilot Free Trade Zone であり、パイロットの自由貿易区であり、開発されると他の都市に応用される。

　そして、パイロットの自由貿易試験区の7区が、2017年4月に追加された。この際に、サービス業だけではなく、「ハイエンド製造業」など製造業への外国直接投資（FDI）と産業育成へと政策の範囲が拡大した。ここに、自由貿易試験区

表1　中国の市場経済化の推移

|  | 第1期 | 第2期 | 第3期 | 第4期 |
|---|---|---|---|---|
| 時期区分 | 1978年－1986年<br>市場経済の導入 | 1986年－1992年<br>市場経済化の過程 | 1992年－1997年<br>市場経済と産業政策 | 1997年－2004年<br>国際競争重視 |
| 基本理念 | 供給不足の解消<br>産業構造調整 | 統一市場の形成 | 企業の国際競争の重視<br>産業構造合理化 | グローバル化<br>多国籍企業との競争 |
| 政策 | 重工業偏重から軽工業への転換 | 基礎産業の整備 | (1) 外資導入政策<br>(2) 産業政策 | 外資導入政策<br>西部大開発 |
| 重点産業 | 軽工業「郷鎮企業」<br>農業改革<br>繊維<br>農業 | 基礎産業「経済特区」<br>インフラストラクチャー<br>エネルギー産業<br>鉄鋼等の素材産業 | 4大「支柱産業」<br>「自動車、機械・電子、石油化学、建築」 | 国際競争力のある産業育成「開発区」<br>IT産業<br>新素材、バイオ |
| 重点地域 |  |  | 深圳<br>珠江経済圏 | 上海、広州<br>長江経済圏 |
| 手段 | 数量、価格の直接コントロール<br>資本・外貨割り当て<br>製品の配給キップ制 | 外資の導入<br>企業の合併と再編 | 企業集団化<br>ベンチャー資金 | 外資との合弁・技術提携 |
| 特記事項 | 「経済特区」の設置　1980<br>「生産責任制」　1978 | 「産業政策部」の設置　1988<br>「産業政策」の重点産業リストの発表　1989 | 「南巡講話」　1992<br>「自動車産業政策」　1994<br>外資の重点産業リストの発表　1997<br>「産業政策要綱」　1994<br>アジア通貨危機　1997 | 「WTO加盟」　2001<br>「3大改革」　1998 |

|  | 第5期 | 第6期 | 第7期 |
|---|---|---|---|
| 時期区分 | 2004年－2010年<br>調和のとれた社会 | 2010年－2015年－継続<br>発展パターン転換 | 2015年－<br>新時代の中国の特色のある社会主義 |
| 基本理念 | 科学的発展観 | 経済発展パターンの転換 | 新常態 |
| 政策 | 都市農村格差是正<br>環境保全<br>産業構造の高度化 | 戦略的新興産業<br>自由貿易試験区<br>一帯一路建設 | ①中国製造2015<br>②自由貿易試験区<br>③一帯一路建設 |
| 重点産業 | イノベーション<br>「新しい成長点」<br>ハイテク産業<br>バイオ医薬<br>ハイテク情報化 | ①戦略的新興産業<br>②上海自由貿易試験区<br>「環境保護、IT、新エネルギー、新エネルギー自動車」 | 産業構造の転換・高度化 |
| 重点地域 | 天津<br>環渤海経済圏 | 西部大開発・東北振興 | 11自由貿易試験区<br>中国製造2025の基地 |

| 手段 | 中小企業の育成<br>自主技術の創出 | 新農村建設 | 市場経済：イノベーション<br>五位一体：文化建設<br>地域統合 |
|---|---|---|---|
| 特記事項 | 最低賃金の上昇<br>三農問題 | 「発展パターン転換」<br>地域の協調発展<br>「グリーン重視」<br>腐敗削減 | 環境改善<br>格差是正<br>イノベーション |
| | リーマン・ショック<br>2008 | 中国GDP世界第2位 | フォーチュン500社：<br>中国115社（2017） |

出所）著者作成

図1 中国製造2025・自由貿易試験区・一帯一路建設の融合

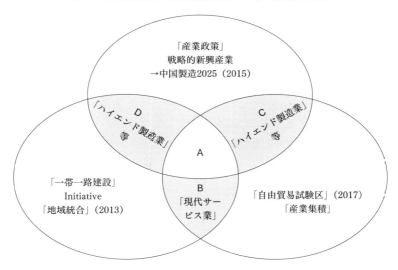

A＝自由貿易試験区：河南（鄭州）、重慶、陝西、遼寧（瀋陽）、広州、上海等

出所）著者作成

と中国製造2025が重なる**図1**のA部分とC部分がある。こうして、中国では自由貿易試験区に外資を導入することにより「産業集積（Industrial Agglomeration）」を形成する。

同時に、11の自由貿易試験区のうちいくつかは、一帯一路建設と連携することを目指した。以上を図1のA部分とB部分に示した。一帯一路建設は、一帯一路参加国と中国の間の広義の輸送費を削減し、連結性を強化する。これが、産業集

積を中国から一帯一路建設参加国へシフトし、バリューチェーンを形成する。

## 1 「一帯一路建設」の事例としてのアセアンと重要拠点国であるカザフスタン

　シンガポール・ビビアン外相と中国・王毅外相が2017年8月9日に北京で会談し、一帯一路建設で「第三国での協力、金融協力、連結性の3大プラットフォーム」を築くことに合意した。シンガポールの地理的優位性を利用し、「重慶連結性事業」による一帯一路建設にシンガポールが参加する。これは、西部大開発、長江経済ベルトと一帯一路の接続である。

　カザフスタンは、上海からモスクワに至る要衝の都市であるホルゴスに物流基地がある。カザフスタンは、連結性の強化のためにインフラ建設や交通物流などの分野で中国との協力を深める。「光明の道」連携とは、第1に「カザフスタン・国際物流大ルート戦略」と新ユーラシアブリッジである中国から中央アジアを経て西アジアに至る経済回廊建設の連携、第2に「カザフスタン・工業化加速プロセス」と国際生産能力協力の連携、第3に「カザフスタン東方海運需要」と中国陸海共同輸送の優位性の連携、第4に「デジタル・カザフ戦略」イニシアティブと「デジタル・シルクロード」の連携などである。これらによりユーラシア・バリューチェーンが形成される。

## 2 産業政策としての「中国製造2025」

　国務院の2010年10月18日決定の戦略的新興産業とは、次世代情報技術、ハイエンド製造業、省エネ・環境保護、バイオ、新エネルギー、新素材、新エネルギー自動車である。また、「国家戦略的新興産業発展第13次5カ年計画（2016～2020）」の戦略的新興産業は、「次世代情報技術、ハイエンド製造、バイオ、グリーン低炭素、デジタルクリエイティブ」の5分野である。2020年までにGDPの占める割合15％を目指す。

　「中国製造2025」は、戦略的新興産業の5分野と重複する。ハイエンド製造業とは、設備製造業、自動車完成車・部品、航空設備などである。

## 3　現代サービス業と中国製造2025による「自由貿易試験区」における産業集積政策

　自由貿易試験区（PFTZ）は、共通して４つのミッションを持つ。第１に政府機能の転換、第２に投資分野の改革、第３に投資モデルの転換とレベルアップの推進、第４に金融分野の開放とイノベーションの強化である。

　自由貿易試験区（PFTZ）は、2013年に上海に設立された。上海PFTZは、サービス業を対象とした対外開放の実験であるという特徴がある。当初におけるその対象となるサービス業として、①金融業、②航空・運輸サービス業、③商業・貿易サービス、④専門サービス、⑤文化・コンテンツ、⑥社会サービスの６分野が指定された（関根 2015 参照）。

　2015年に広東、天津、福建に、そして2017年に遼寧、浙江、河南、湖北、四川、陝西の各省と重慶市に設立された（国務院、2017年４月１日）。この時点で重点分野がサービス業から製造業まで拡大した。「現代サービス業」は、①から⑥のサービス業などである。

　上海PFTZへはFDI導入により産業集積を目指す。上海PFTZに関して、中国国務院が2017年４月４日にその「改革開放」全面深化プランの発表によれば、新目標は「３区１堡」である。

　上海の３区は、産業集積として、「国際経済、金融、貿易」、「海運センターづくり」、また「イノベーション・センター」づくりと連動する。「上海・嘉興・杭州イノベーション回廊」は、高速道路沿いに「イノベーション産業集積」として建設される。１堡が、橋頭堡として「一帯一路」建設の国家戦略に寄与する。

　中国人民銀行（中央銀行）は、上海自由貿易試験区内の企業・個人のみが開設できた自由貿易口座（オフショア口座）を自由貿易試験区外の科学技術イノベーション分野企業・個人への口座開設を認めた。同措置は「中国製造2025」や「一帯一路」などの国家戦略の支援策である。（文涛、ジェトロ通商弘報2016年12月７日）。

## 4　一帯一路参加国と自由貿易試験区（PFTZ）の間の連結性の強化による産業集積シフト

　PFTZ は、当初の単なるサービス業と製造業の産業集積から「一帯一路」との連携機能も持つようになった（各地域の「自由貿易試験区全体方案についての通知」による）。ここに、図 1 の「自由貿易試験区」、「中国製造 2025」、「一帯一路建設」の 3 つが交わる A 部分である。以下で各省の取り組みを明らかにする。

　遼寧省は、「一帯一路」の北東アジア地域に向けた開放と連携の強化に取り組む。大連、瀋陽、営口において、「中国製造 2025」のハイエンド製造業の集積を目指す。また、現代サービス業の集積を目指す。大連エリア管理弁法（2018 年 1 月 1 日施行）は、制度改革を実施した。法律や国家政策において明確に禁止・制限されていない事項に対し、法人や個人が試験的に新たな活動を行うことを推奨する。国際貿易においてワンストップサービスなどを実施する。金融分野における規制緩和および越境電子商取引（EC）人民元決済を推進する。具体的には、遼寧省の PFTZ では、営口が現代サービス業と中国製造 2025 を重点分野とする（ジェトロ・ビジネス短信『遼寧自由貿易試験区の新規登録企業数は 8,817 社』、2017 年 9 月 2 日）。

　河南省は、「一帯一路」の整備に必要な総合交通ハブである。そして、鄭州において、ハイエンド自動車の集積を目指す。洛陽において、ハイエンド製造業と現代サービス業の集積を目指す。開封において、現代の集積を目指す。湖北省は、武漢において、次世代情報通信と現代サービス業の集積を目指す。襄陽において、ハイエンド製造業の集積を目指す。宜昌において、現代サービス業の集積を目指す。

　四川省は、「一帯一路」の西部地域拠点を目指す。成都天府新区において、現代サービス業とハイエンド製造業の集積を目指す。成都青白鉄路港において、現代サービス業の集積を目指す。川南臨港は、現代サービス業の集積を目指す。

　陝西省は、「一帯一路」地域の経済連携と人的・文化的交流の拠点である。ハイエンド製造業の集積を目指す。西安国際港区において、一帯一路国際中継内陸ターミナル港を形成する。楊凌において、一帯一路現代農業国際協力センターを形成する。

　重慶市は、「一帯一路」地域と長江経済エリアをつなぐハブである。両江にお

いて、ハイエンド製造業の集積を目指す。西永において、スマート製造業の集積を目指す。果樹港において、一帯一路中継輸送センターを形成する。

　浙江省は、「一帯一路」における海上門戸開放モデル区を形成し、船山南部、船山離島、船山北部から構成される。この省以外の上記のすべてのケースが、図１のＡ部分に相当する。

## おわりに

　こうしてユーラシア・バリューチェーンが形成される。日本の協力として、日本企業はFDIとして上海や広州などの自由貿易試験区に入居し、共同してイノベーションを起こす。一帯一路建設のインフラ事業において資金と日本独自の技術を提供する。また、労働集約産業が中国から一帯一路参加国へ産業を移す場合に一帯一路参加国での投資機会を見出す。日本の役割として、一帯一路参加国の利害調整と一帯一路組織のガバナンスのための「一帯一路版OECD」の設立が考えられる。

**参考文献**
関根栄一（2015）「上海での自由貿易試験区の実験項目の全国展開と証券分野の課題」、『野村資本市場クォーターリー』、春号。

　　　　　　　　　　　　　（くちき・あきふみ／日本大学生物資源科学部教授）

第4章
# 一帯一路とユーラシア新金融秩序の台頭

## 田代秀敏

> **要約**
> ・決済サーヴィスは経済の最も重要な支柱であり、一帯一路地域の経済統合を進める
> ・アジアの巨大なインフラストラクチャー需要は2030年まで毎年1.7兆ドルの見込み
> ・アジアの貯蓄が米国からドル建てで再投資されるグローバル金融秩序に機能不全
>
> **政策提言**
> ・一帯一路関連の金融機関が情報を共有し、相互に連絡する中立的メカニズムの設立を

## はじめに

ユーラシア全体を巨大な経済圏とする一帯一路構想を実現するためにも、持続させるためにも、膨大なヒトとモノだけでなく巨額のカネが必要である。しかし、アジアの貯蓄が米国に投資され、米国から世界各地に再投資されるという従来のグローバル金融秩序の下では、そうした資金需要が充たされることは困難である。アジアの貯蓄を、アジアを核とするユーラシアに投資するためのグローバル金融秩序の可能性を考察する。2030年まで毎年1.7兆ドルの規模が見込まれるアジアの巨大なインフラストラクチャー需要を背景に、金融は地政学を超えアジアを繋いでいく。その動向に日本が出遅れることは、人口が急減していく日本の将来を危うくするだろう。一帯一路の金融面からの研究は、極めて重要である。

## 1 デジタル一帯一路

マレーシア、パキスタンそしてモルディヴで、2018年に次々と親中派政権が選挙に破れ下野した。どの国でも新政権は、前政権が推進した一帯一路関連のインフラストラクチャー開発事業の見直し、縮小あるいは停止を選挙中に唱え、政権

を奪取した。

　例えばマレーシアでは、大統領選挙で当選したマハティール氏が、就任から間も無く訪中し、一帯一路事業の一環として中国企業に発注した高速鉄道建設を、財政難を理由に中止することを求め、承認を受けた。

　しかし、マハティール氏は、8月17～21日の訪中における最初の訪問地に、北京ではなく杭州を選び、中国のインターネット通信販売最大手であるアリババ（阿里巴巴、Alibaba）の本社を訪問した。マハティール氏はアリババ董事長（会長）の馬雲氏に、「私たちにもイノベーションの考え方をシェアしてほしい。マレーシアも現代の科学技術からメリットを得たい」と述べ、マレーシア進出を要請した。

　マハティール氏の訪中期間の最終日である8月21日、アリババの中国における最大の競合相手であるテンセント（騰訊、Tencent）が、同社のスマートフォン決済サーヴィスWeChatPayをマレーシアで開始した。

　WeChatPayの越境（クロス・ボーダー）決済業務は、2018年8月時点で、40以上の国・地域で利用可能であり、人民幣を含む13種類以上の通貨を利用することができ、中国人の外国旅行に必須の決済手段となっている。しかし、当該の国・地域の居住者が利用するスマートフォン決済サーヴィスとしてのWeChatPayの外国進出は、マレーシアが初めてである。

　マハティール氏の要請に応え、アリババが同社のスマートフォン決済サーヴィスAliPayをマレーシアで開始することになれば、中国国内と同じWeChatPayとAliPayとの熾烈な競争が行われることになる。

　中国国内では、毎月少なくとも1回は利用する者が、WeChatPayは10億5770万人（2018年6月末）、AliPayは約5億人と推測されている。その結果、小売り決済や個人から個人への送金のほとんどがスマートフォン決済となり、人々が財布を持ち歩かないキャッシュレス経済が形成されている。実際、中国国内では、WeChatPayあるいはAliPayでネギ1本でもスマートフォン決済で購入できるし、乞食が2次元バーコードを提示して物乞いをするようになっている。

　マレーシアにおいてWeChatPayとAliPayとが競争するようになれば、数年で中国国内におけるようなキャッシュレス経済が実現する可能性がある。WeChatPayもAliPayも、2次元バーコードを利用するスマートフォン決済サーヴィスであるため、銀行を介さず、しかも、クレジット・カード決済に用いら

れる端末機を必要としない。そのため、金融インフラストラクチャーが未整備な新興国でも、急速に普及することが可能である。

　言うまでもなく、決済サーヴィスは経済の最も重要な支柱である。WeChatPayやAliPayが普及することは、高速鉄道を建設することに劣らず、一帯一路地域の経済統合を進めるだろう。一帯一路の対象地域で高速鉄道網や高速道路網が建設される前に、スマートフォン決済サーヴィスが普及することによって、「デジタル一帯一路」が先に建設される可能性は充分に高い。

## 2　従来のグローバル金融システムの機能不全

　アジアなどの貯蓄が米国にドル建てで投資され、その資金が米国からユーラシアを含む世界各地にドル建てで再投資されるという従来のグローバル金融秩序は、今や機能不全を起こしつつある。それを如実に示唆しているのは、米国の外交を統括するマイケル・リチャード・"マイク"・ポンペオ米国務長官の言動であり、米国の利上げによる新興国通貨の急落である。

　ポンペオ米国務長官は、2018年7月30日、米商工会議所（USCC）での講演で、米国がインド太平洋地域に1億1300万ドル（約124億円。1ドル＝110円で換算（以下同様））相当を拠出すると発表した。ハイテク、エネルギー、インフラの各分野に重点投資するとし、「米国にインド太平洋地域を支配する意図は全くないし、そういう国があるとすれば反対する」と述べ、名指しはしなかったものの中国を暗に牽制した。

　さらに、「今回の拠出は、新時代を迎えインド太平洋地域の平和と繁栄に向け米国が支払う、経済的コミットメントの頭金にすぎない」とし、モンゴルと3億5000万ドル（385億円）の水供給源開発投資協定に調印し、米国政府内の開発機関がスリランカの交通改革などで巨額の資金投資に向け合意をとりまとめつつあると述べた。

　続けてポンペオ米国務長官は、同年8月4日に、東南アジア諸国連合（ASEAM）関連の外相会議のためシンガポールを訪れた際の記者会見で、南シナ海などの安全保障分野への協力へ、新たに3億ドル（330億円）を拠出する方針を発表した。

　ポンペオ米国務長官が明らかにした拠出金を合計しても7億6300万ドル（839

億円）に過ぎない。コーネル大学のエスワル・プラサド教授が指摘した通り、米国の拠出金は中国の投資と比べて小規模であり、「規模と範囲の両面で、中国の奨励策と比べ野心の面で見劣りする」ものであり、「中国政府主導の奨励策は大胆で大きいが、米国政府の役割ははるかに控えめで、こうした違いも浮き彫りとなった」。

　アジアなどの貯蓄を米国に集め、その資金を米国から世界各地に投資する従来のグローバル金融システムにおいて、投資は投機的にしか行えない。戦略的な長期のグローバル投資には最も不向きである。

　ところで、ポンペオ米国務長官が示した上記の米国政府による一連の資金拠出計画は、新政権が唱える「インド太平洋戦略」の一環である。従来の「太平洋戦略」の対象にインド洋を加えた新戦略は、インドが「中国包囲網」の一環であることを前提としている。しかしながらインドは、金融を介して、一帯一路に実質的に組み込まれている。

　実際、中国が主導するアジア・インフラストラクチャー投資銀行（AIIB）の第3回年次総会は、2018年6月にインドのムンバイで開催された。インドは、AIIBへの出資比率が中国に次ぐ第2位の国である。

　AIIBは、2017年5月に、インドへの初めての融資を、世界銀行（WB）と協調して行った。一方、AIIBとして初めての出資案件は、インドのインフラストラクチャー投資ファンドに対して、同年6月に、1.5億ドル規模で行われた。

　また、AIIBとアジア開発銀行（ADB）との協調融資は、パキスタン、バングラデシュ、ジョージア（グルジア）に次いで4番目にインドに対して、5千万ドルの規模で行われた。

　インドはAIIBからの資金調達が10億ドルを超える世界最初の国となったことを、2017年12月、AIIB副総裁ダニー・アレクサンダーが明らかにしている。インドにとってAIIBからの投融資は経済発展に必須となっている。こうしてインドは、AIIBを介して、「一帯一路」に実質的に組み込まれているのである。

　従来のグローバル金融システムの機能不全を示す別の現象は、米国の金利上昇によって引き起こされる新興国通貨の大幅な減価である。

　米国の通貨（米ドル）は、国際決済通貨として圧倒的なシェアを保持している。そのことによって、米国は巨額の貨幣発行益（シニョリッジ）を得ている。しかしながら、米国の金融政策は、米国の金融システムを安定化させるために実

第4章　一帯一路とユーラシア新金融秩序の台頭

行される。

　アジアなどからの米国への投資は、米ドル建ての利回りを目指して行われる。そうした資金が米国から世界の各地へ再投資されるのは、米ドル建ての債券の利回りが充分に低い場合である。米国の金利が上昇すると、世界の各地へ投資した資金が米国に引き上げられ、資金が流出した国の通貨が減価し、米ドルは増価することになる。

　実際、米国の長期金利が2018年に入って３％の水準に迫ると、アルゼンチン、トルコ、ブラジル、インド、インドネシアなどの国々の通貨が米ドルに対して大きく減価した。そうした国々では金利が急騰することによって投資が急減する。こうして、長期のインフラストラクチャー建設事業は、金融危機の度に縮小さらには中止に追い込まれることになる。


## 3　ユーラシア新金融秩序

　2030年まで毎年1.7兆ドルの規模が見込まれるアジアの巨大なインフラストラクチャー需要を背景に、金融は地政学を超えアジアそしてユーラシアを、否応無しに繋いでいく。

　しかし、インフラストラクチャー需要は余りにも巨大である。日本と米国とが主導するアジア開発銀行（ADB）だけで需要に応えることは不可能である。中国が主導するアジア・インフラストラクチャー投資銀行（AIIB）も需要に応えることは不可能である。

　そのため、アジア開発銀行とアジア・インフラストラクチャー投資銀行との協調融資が、場合によっては世界銀行も加わって行われている。しかし、それでもインフラストラクチャー需要には追い付かないため、日本の国際協力銀行（JBIC）や中国の国家開発銀行などの従来の開発銀行に加え、ユーラシア開発銀行、BRICS新開発銀行が設立され、さらに上海協力機構開発銀行が構想されている。

　屋上屋を架すように相次いで設立される開発金融機関が、よく整備された金融市場を介して完全競争すれば、自ずと資金の効率的な配分がなされるだろう。しかし、開発金融機関は純然たる営利企業ではないし、開発金融機関は少数しか存在しないので、市場機構による効率性は望むべくもない。一帯一路関連の開発金

融機関が情報を共有し、相互に連絡する中立的なメカニズムを設立することが求められる。

また、開発金融において米ドルを決済通貨とすることは、どんなに利便性があっても、米国の金融政策に影響されるリスクがある。国際通貨基金（IMF）の特別引き出し権（SDR）を決済手段とするなどして、特定の通貨を決済通貨とすることを回避しなければならない。そのためには、開発金融機関がSDR建て債券を発行することなどを通じて、SDR決済を普及させることが必要である。

　　　　　　（たしろ・ひでとし／シグマ・キャピタル　チーフ・エコノミスト）

第5章
# 一帯一路と「新時代」の中国経済

大西康雄

> **要約**
> ・一帯一路構想は建設段階に入り、具体的成果を上げ始めている
> ・今後は、中国とホスト国の意思疎通や既存の多国間枠組との調整が課題
> ・構想への日本政府の姿勢は積極化、今後は企業レベルの提携も増加しよう
> **政策提言**
> ・中国主導の経済圏形成の動きを注視し、対中・対構想関係国外交の展開を

はじめに

2017年5月に北京で開催された「一帯一路国際協力サミットフォーラム」には、130カ国以上が参加し、うち29カ国は首脳を送り込んだ。これ以後、「一帯一路構想」は世界にその存在を周知させるとともに、建設段階に入ったとみなすことが出来る。「一帯一路」構想（中国語は「一帯一路」イニシアチブ）は、提起された当初は、新しい外交理念を示すものと受け取る向きが多かったが、その後の展開を見ると、中国経済が直面する課題に対応するための新たな対外経済政策であり、中国共産党第19回党大会の打ち出した「新時代」のグローバルガバナンスを実現する政策の一環であることが明らかになってきた。本章では、こうした理解に立って「構想」の現状と課題、さらには日本や世界に対して有している示唆について分析を試みる。

## 1 「構想」の提起と意図

2013年9月に中央アジア諸国を歴訪した習国家主席は、カザフスタンでの演説で「シルクロード経済帯」建設構想を提起したのに続いて、10月のASEAN歴

訪時に「21世紀海上シルクロード」の建設を提案した。以後、両者は統一された「一帯一路」構想（以下、「構想」）と呼称されることになる。

「構想」の初の公式文書である「シルクロード経済帯と21世紀海上シルクロードの共同建設推進のビジョンと行動」（2015年3月に国家発展改革委員会、外交部、商務部が共同で公布、以下「ビジョンと行動」）を見ると、「基本理念」として①平和協力、②開放と包容、③相互学習、④相互利益とウィンウィン、さらに「5原則」として①国連憲章・平和共存5原則、②開放・協力、③調和と包括性、④市場を通じた運営、⑤相互利益とウィンウィン、を掲げている。この点では、「構想」は外交理念の色彩が濃い。だだし、それを実現するための政策手段を見ると、①関係国間の政策や貿易・投資制度の調整、②インフラの接続、③「構想」を資金的に支えるアジアインフラ投資銀行（AIIB）に代表される国際金融機関の設立、さらには④国民レベルの相互理解促進、などが列挙されており、中国の従来の対外政策から一歩踏み出した広範な内容を有している。

## 2　「構想」と新対外経済政策

冒頭で「構想」は新しい対外経済政策だと述べたが、「構想」登場の背景をもう少し詳しくみると、中国の対外経済ポジションの大きな変化がある。第1に挙げられるのは、貿易関係の多角化である。試みに2017年の対外貿易（貨物輸出入）額の国・地区別シェアをみると、EU15.0％、アメリカ14.2％、ASEAN12.5％、日本7.4％、と多角的である。第2に挙げられるのは、中国が外国直接投資を受け入れると同時にほぼ同規模の海外直接投資を行っていることである。17年の外国直接投資受入れ額は1310億ドル、海外直接投資額は1200.8億ドルで、両者ともアメリカに次ぐ世界第2位となっている。こうした変化が対外経済政策に求めるのは、①多角化した貿易をカバーできる、より広域な自由貿易協定（FTA）であり、②自国の投資を守る投資保障条項を含む高度なFTA、ということになる。

実際、近年の中国の対外政策も①②を指向するものであったが、世界のFTAの趨勢は、関税低減を主とする旧来型FTAから環太平洋経済協定（TPP）に代表されるような、全般的規制緩和を軸とするより高度なものへと変化したことから、一段と踏み込んだ対応が必要な状況となっていたのである。筆者の理解で

は、これに対し中国が第1に打ち出したのが上海など4地域（その後11地域に拡大）に設立された自由貿易試験区実験であった。これは、その内容があまり知られていないと思われるので、やや詳しく紹介しておこう。

同実験では、対外開放が不十分であったサービス分野を中心に投資業種制限の緩和や各種手続きの簡素化・利便化が目指されており、特にアメリカとの規制緩和交渉（米中戦略経済対話）を意識しながら、その内容を実験区という特定地域で試行してみるという意義付けがなされていた。なお、アジア経済研究所が経済地理シミュレーションモデル（Institute of Developing Economies-Geographical Simulation Model: IDE-GSM）を用いて上海社会科学院と行った共同研究では、自由貿易試験区の実験措置が広範かつ迅速に実行された場合には、中国のGDPに対し明確な押し上げ効果が期待できるという結果が得られており、実験区の意義は大きい（参考文献①）。

ただし、その効果を地域別に細かく見ると、波及範囲は沿海地域に集中し、内陸地域には及ばないという問題がある。「構想」は、自由貿易試験区実験のこうした限界を補い、内陸地域の経済発展を支援する意図を持っている。冒頭で示したような、対象国とのより広範なFTAその他の経済協定の締結、中国―対象国―欧州を結ぶ交通インフラの改善などは、内陸地域経済に対して押上げ効果を持ちうる。

地域の経済発展に対する効果に注目して述べれば、自由貿易試験区実験は、すでに中所得国レベル（一人当りGDPが1万ドル水準）に達した沿海地域が、世界的FTAの趨勢にキャッチアップし、「中所得国のワナ」（中所得国が高所得国になるためには制度的革新や産業構造転換が必要だが、経済的・社会的原因から、なかなかそれが果たせない状態）を、規制緩和の推進によって回避するための施策だといえる。いわば「対外開放V2.0」である。

一方「構想」には、依然として大きな沿海地域と内陸地域の格差を縮小し、同時に重厚長大部門を中心に蓄積されている過剰生産能力の対外移転（輸出と投資）を促し、さらには、本格化する中国企業の海外投資を支援するための施策が含まれる。いわば「西部大開発V2.0」である。2つの施策はその方向性も内容も異なるが、いずれも中国が「新時代」を実現するために不可欠なものである。「構想」の意義は、両者を同時に推進する点にあるといえよう。

## 3　「構想」の経済効果

次に、「構想」で期待される経済効果を見てみよう。「構想」の重点のひとつは、各種のインフラ整備であるが、これは、それによりインフラ周辺に産業集積を形成することを狙った施策である。その代表例が、中国と欧州をつなぐ物流ルートを整備し、重慶への産業集積を促進している渝新欧（重慶―新疆―欧州）鉄道である。同ルートは、重慶周辺のＰＣ産業、自動車産業が求める欧州との直通ルート確保の要請から整備が始まったが、①輸送量の増加、②輸送効率の向上、③輸送コストの低減、がさらなる産業集積をもたらす好循環を産んだ。各項目をみると、①2017年に欧州とのコンテナ列車が往復2800列車（この数値のみ全国、以下は重慶の数値）運行され、②輸送時間は片道16～20日から13日程度へ短縮、③１コンテナ（40フィート標準）あたり輸送費が９千ドルから６～７千ドルに低減している。③について補足すると、海運の同３～４千ドルより高いものの、海運は約３倍の時間を要する。時間を優先する高付加価値の貨物であれば、鉄道ルートが選択肢となりうる水準である（輸送費は、16年７月に筆者が渝新欧物流公司で行ったヒヤリングによる）。

ただし、同ルートは中国―欧州をノンストップで結ぶもので、途中での貨物積卸しは想定していない。ルート沿線に産業集積を産むためには、別の工夫が必要である。それが、「域外貿易合作区」（以下、「合作区」）と呼ばれる中国式工業団地である。「合作区」プロジェクトは「構想」に先駆けて2008年にスタートしたもので、17年末時点で44カ国、99カ所、うち「構想」対象国では、「一帯一路」諸国24カ国75カ所が開設済みである（参考文献②）。なお、「合作区」は、「ビジョンと行動」においても建設の推進が謳われている。

前述したとおり、中国の海外直接投資額は2017年のフロー額（1200.8億ドル）でアメリカに次ぐ世界２位、2016年末の累積投資額（１兆3574億ドル）で世界第６位となっている。投資地域別ではアジア向けがほぼ70％を占めるが、これは香港経由の投資を含むためで、香港以降の最終投資先が把握できない点に留意が必要だ。

「構想」対象国への投資は、2016年に145億ドルと全投資額の約8.7％でまだ大きいとは言えないが、09年以降の伸び率は平均20.2％とその潜在性は大きい。対象国向け投資の業種別の統計はないが、「合作区」の例を見ると、中国企業が比

較優位を有しているが失いつつある業種：軽工業、家電、繊維、アパレルなどが中心になっている。今後ともこうした業種の海外移転が続くとみてよいだろう。

## 4 「構想」の課題と日本・世界への示唆

このような経済効果を期待できる「構想」であるが、一方で、提起以降4年余を経て、その課題もまた見えてきている。

第1は、中国と「構想」対象国の思惑の食い違いである。全体として「構想」プロジェクトは外交政策との関連性が強く、外交関係によって両者の思惑が食い違うことは避けがたい。第2は、既存の多国間枠組みとの関係調整である。たとえば、中央アジアにはロシアが構築してきた経済上、安全保障上の多国間機構が存在する。EAEU（ユーラシア経済連合：ロシア、ベラルーシ、カザフスタン、アルメニア、キルギス。候補国タジキスタン）やCSTO（集団安全保障条約機構：ロシア、アルメニア、ベラルーシ、カザフスタン、キルギス、タジキスタン）である。中国はロシアを含むSCO（上海協力機構：ロシア、中国、カザフスタン、キルギス、タジキスタン、ウズベキスタン、インド、パキスタン）を重視してきたが、「構想」はその範囲を超えている。各機構の加盟国、特にロシアとの関係調整が必要である。第3は、第2と関連するが、「構想」で二国間、多国間に跨るプロジェクトを実施する場合の調整機構が無いことだ。中国自身、こうした課題を自覚し、外交努力を開始している。たとえば、習国家主席がロシアを訪問した際（2017年7月）の共同声明において、「一帯一路とユーラシア経済連合との連携」が謳われた。ただし、連携の実現には年数を要する。改めて中国の外交力が問われよう。

「構想」に対して、どちらかというと否定的だった日本政府の姿勢は転換している。2017年12月、内閣府、外務、財務、経産、国交の各省庁が、日中経済協会の会議席上で共同説明の場を設け、「構想」を念頭に「第三国における日中民間経済協力」推進という方針を表明した。そこで挙げられた協力の例示には、①省エネ・環境協力、②産業高度化、③アジア・欧州横断での物流活用、等がある。①については、日中経済協会など複数のルートの活用が可能である。②については、たとえばタイの東部経済回廊などの工業団地近代化への協力、発電・産業近代化に日本が高効率ガス・石炭火力発電技術を提供することが想定できる。③に

ついては、前述した中国＝欧州直通貨物列車ルートの利用が考えられ、これは既に複数の日系物流企業が構想し、顧客に提案できる段階になっている。実際に日中双方の企業が多数進出している東南アジアでは、こうした実例に事欠かない。

おわりに

　第２期の基盤を固めた習近平政権により、「構想」は、中長期的に継続されると予想できる。その実施によって対象国・域内関係国間の貿易・投資が増加し、次第に中国を中心とする経済圏（人民元圏）が形成されていく可能性が強い。アメリカの保護貿易主義の強まりなど、国際経済環境の先行きは不透明さを増しているが、中国による経済圏形成の動きは継続しよう。それは、新しいグローバルガバナンスの萌芽である。日本としても、それを前提として対中国経済政策のみならず、「構想」関係国向けの政策を構築していく必要があるだろう。

**参考文献**
① 「特集　中国の自由貿易試験区 - 現状と展望」（『アジ研ワールド・トレンド』2016年７月号、No.249、2-27頁、アジア経済研究所）。
② 中国商務部 HP：http://www.mofcom.gov.cn

（おおにし・やすお／ジェトロ・アジア経済研究所　上席主任調査研究員）

第 6 章

# 勃興する中国デジタル経済と日中経済協力の新たな可能性を探る

## 矢吹晋

> **要約**
> ・日本は中国経済離陸初期での日本の「貢献」という資産を活かすことはできなかった
> ・日本経済はEV車を動かすリチウムイオン電池の生産で敗北が明らかになりつつある
> ・中国経済には、環境保護や省エネ対策など日本の先進技術を必要とする分野が多い
>
> **政策提言**
> ・持続可能な発展(SDGs)のために、日中経済協力の新たな可能性を模索せよ

## はじめに

　往時のシルクロードは唐王朝の首都長安に世界から人々や物資が集まり、逆に長安の文化が世界に広まる人流・物流を支える華やかさとロマンで彩られていた。21世紀の一帯一路は、これに勝るとも劣らない現代文化の香りをもつであろう。それが「デジタルロードの夢」にほかならない。

　近代中国は植民地化従属国化の過程を経て塗炭の苦しみを嘗めたが、現代中国はようやくその苦難を克服し、毛沢東時代に「立ち上がり」、鄧小平時代に「豊かになり」、習近平時代には「強くなる」道を歩んでいる[1]。この3段階をロシア革命の段階になぞらえると、毛沢東時代は「戦時共産主義」[2]、鄧小平時代は「新経済政策期」(ネップ期)、そして習近平時代は、本格的な「電脳社会主義・デジタルレーニン主義」建設の時代に比定できよう[3]。

---

1) 站起来、富起来、强起来。
2) *War Communism 1917-1920: New Economic Policy 1921-1928: Socialist Construction 1929-1991*
3) たとえば矢吹(2018)参照。

2017年はロシア革命100周年だが、旧ソ連邦が解体して30年になる。この間、前半は社会主義建設に対する否定的評価が世界中に溢れ、東欧諸国（ハンガリー、チェコ、ポーランド）はEU加盟への道を急いだ。この世界的な潮流は中国にも大きな影響を与え、いわゆる「蘇東波」[4]がツナミのように押し寄せた。人々は誰もがソ連・東欧の「民主化の波」がいずれは中国をも呑み込むであろうと、「明日の中国」を予想した。

　しかしながら、この潮流に潮目の変化が現れ、その実像はしだいに明瞭に浮かび上がってきた。最も典型的な事例は、米国のリーマン恐慌である。ソ連解体を契機に「米国の独り勝ち」が喧伝され、奢るヘッジファンドは暴走に暴走を重ねて、ついに1929年世界大恐慌並みの失業者の大群を生み出した。

　この経済的混乱は数年を経て秩序を回復したとはいえ、回復過程で進行した所得階層の両極分化は福祉国家的資本主義に対する期待を大きく踏みにじるものとなった。トマ・ピケティ『20世紀の資本』が剔抉したように、ポスト・リーマン恐慌の資本主義国家は例外なく中間層を解体して富める者をますます豊かに、貧しき者をますます貧しくしたのであった。

　リーマン恐慌以前から長期不況に陥っていた日本経済もその例外ではない。否、中間層を徹底的に解体して、ごく一部の富裕階級と大勢の貧困階級に分解した点では、階級格差拡大の最も典型的なモデルを示したとみてよい。日本にはもはや「一億総中流」の幻影はない。資本主義世界のこの悲劇を最も鋭い眼光でみつめていたのが隣国中国の人々であった。

## 1　質的転換を遂げつつある中国経済

　2018年は改革開放40周年に当たるが、前半は「改革開放を経て資本主義経済の豊かさに追いつく」、これが彼らの目標とした「小康の水準」であった。しかしながら、アジア通貨危機およびWTO加盟を契機として、中国経済は離陸し安定飛行に移るや、ジャンボ機並みの速度で経済的爆進を続けた。こうして中国はドイツ経済を抜き、日本経済を抜き、2014年には米国経済を追い抜くに至った。これは国連が定期的に行っている購買力平価ベースで国連加盟国のGDPを推計

---

　4）いうまでもなく詩人蘇東坡の名をもじったもの。

表1　中国 e-Commerce は対 GDP 比35％、すなわち日本の GDP に相当する規模に成長した

|  | (b)電子商務・兆元 | 対GDP比・% | (c)ネット小売・兆元 | c/b % | (d)ネットサービス・兆元 | d/b | (e)農村ネット小売・兆元 | e/b | (a)GDP・兆元 |
|---|---|---|---|---|---|---|---|---|---|
| 2011 | 6.09 | 12.4 | 0.78 | 12.8 | 0.04 | 0.01 |  |  | 48.93 |
| 2012 | 8.11 | 15.0 | 1.31 | 16.2 | 0.125 | 0.02 |  |  | 54.03 |
| 2013 | 10.40 | 17.5 | 1.85 | 17.8 | 0.425 | 0.04 |  |  | 59.52 |
| 2014 | 16.39 | 25.5 | 2.79 | 17.0 | 1.25 | 0.08 | 0.18 | 0.011 | 64.39 |
| 2015 | 21.79 | 31.6 | 3.88 | 17.8 | 1.98 | 0.09 | 0.35 | 0.016 | 68.90 |
| 2016 | 26.10 | 35.1 | 5.16 | 19.8 | 2.45 | 0.09 | 0.89 | 0.034 | 74.35 |
| 2017 | 29.16 | 35.3 | 7.18 | 24.6 | 2.92 | 0.10 | 1.24 | 0.043 | 82.71 |

資料）国務院商務部「2017 中国電子商務発展報告」

した国際比較統計の結果であり、信頼度の高い推計だ。改革開放の行方に疑念を抱いてきた人々に一つの決定的な回答を与えるものとなった。これまでは「社会主義市場経済」システムのもとで期待するような経済成長が実現できるかをまず疑い、仮に実現するとしても、そこでは「市場経済」が経済メカニズムの核心となり、「社会主義」は単なる形容詞と化していずれは投げ捨てられるであろう。人々はそのような眼差しで観察していた。

　明らかに内外のこの種の観察は間違っていた。一つは「社会主義」の枠のもとで市場経済が勢いよく発展したことであり、いわゆる「社会主義の枠」が市場経済の発展を阻むことはなかった。もう一つの間違いは、市場経済が発展すれば、下部構造の力が「社会主義」という政治の枠を形骸化するに違いないという見取り図だ。要するに、中国は「社会主義市場経済」という人類史に見られない政治経済システムのもとで目ざましい経済成長をなしとげ、世界一の経済大国を実現しつつある。この現実を直視しなければならない。

　人口が世界一であるからには、量的規模において世界一になったとしても驚くべきではない。人々はそのような視点から中国経済の量的発展に驚きつつも、その質的発展を軽視してきた。「量は質に転化する」弁証法の通り、中国経済はいま質的転換を遂げつつある。

　表1は中国における電子商取引の発展を見たものだ。

　2017年の電子商務取引実績は29.2兆元に達して GDP の35.3％を占めた。中国の GDP は日本の3倍程度と推計されるので、日本の GDP 規模に匹敵する部分

がすでに電子決済されているわけだ。企業間の決済は従来から銀行間の帳簿決済が行われてきたので、これをデジタル化するのは容易だ。ここで注目すべきは、アリババ等のネット売買の普及スピードである。ネット通販が爆発的に普及しつつあるのは、いくつかの要素が結合した結果である。何よりもスマホが急速に普及した。これは固定回線が著しく不足して人々は電話不足に悩まされてきたので、携帯電話（手機）が現れたとき、これにとびついた。携帯電話はまもなく、カメラ付きスマホ（智能手機）と代替した。このスマホでネット商品を確認し、購買し、即座に支払いを済ませる。このスタイルが定着した。ネット通販側ではニセ商品対策に力を傾注し、ニセモノを排除してくれたので、人々は安心してカタログだけで買う習慣が身についた。他方売り手側からすると、買い手の預金口座からの引き落としになるので、横行するニセ札騒動を免れた。さらに高速道路のネットワークが全国に張りめぐらされたので、これと連動して消費革命即物流革命という巨大な変化が中国社会を底流から変え始めた。

　ネット通販のメリットは、単に買い物が便利になり、人々を買い物行列から解放しただけではない。この取引の結果としてのビッグデータの解析によって、どこでいつなにが、どのような人々によって買われたか、そのデータがすべて記録され、最新需要に応じた供給を保証する体制、スタイルが結果的に形作られていった点がより重要だ。既存のソ連型計画経済体制においては生産手段レベルにおいては、かろうじて資財人材等の供給体制を作ることができたが、千変万化の消費財になるともうお手上げであった。たとえばハンガリーの経済学者コルナイ・ヤーノシュは、『不足の経済学』（Kornai 1985, 1992）を書いて、その原因が「ソフトな予算制約 *Soft budget constraint*」にあることを実証した。計画当局は元来消費財に至るまでの資財、資金、労働力を配置しているのだが、「生産ノルマの超過達成」を求められることが常態化しているので、経営者たちは「余分な在庫」を確保する準備を恒常的に行う。その結果、資財の奪い合いが起こり、モノ不足が恒常化し、その裏では余分の在庫が溢れる。そこではトヨタ流生産システムが「看板方式」を駆使して余分な在庫を一掃して生産性を挙げた例とは、真逆の論理が貫徹していた。旧ソ連東欧の計画経済は、戦争経済としては有効性を発揮したが、大衆社会の消費財需要に対応できず行き詰まった。しかしながら、いま中国流の社会主義市場経済はネット通販とスマホ決済を活用して、消費財の需給調整を基礎とした計画経済化に成功し、世界一の経済大国に成長しつつある。

表2 中国国内のスマホシェア・ランキング

| 順位 | 会社 | 2017 第1四半期 | 2018 第1四半期 | 2018Q1/2017Q1 |
|---|---|---|---|---|
| 1 | 華為（中） | 20% | 20% | 22% |
| 2 | OPPO（中） | 17% | 17% | 18% |
| 3 | vivo（中） | 17% | 15% | 16% |
| 4 | アップル（米） | 10% | 15% | 13% |
| 5 | 小米科技（中） | 8% | 15% | 13% |
| 6 | サムソン（韓） | 3% | 1% | 1% |
|  | その他 | 25% | 18% | 17% |

資料）https://www.counterpointresearch.com/china-smartphone-share/

## 2　戦略的に重要なIT産業の分野で世界有数

　いま中国経済で着目すべきは単なる量的拡大ではない。戦略的に重要なIT産業の分野を含めて世界一の経済を目指し、その成果が現れつつある現実を直視すべきである。

　世界のスマホ売上げ高ランキングをみると、2017年第4四半期は、①アップル19.1億台、②サムソン（韓）18.2億台、③華為（中）10.6億台、④OPPO（中）7.2億台、⑤小米科技（中）6.6億台、⑥vivo（中）5.5億台、であった。1位、2位は米国と韓国に譲ったが、3位から6位まではすべて中国勢である。4位と6位は見慣れないブランドだが、この2つは広東省「歩歩高」の製品である。4位と6位を合わせると、12.7億台であり、3位の華為を超えてサムソンに肉薄する。こうして中国はいまやスマホという端末市場において世界一に迫りつつある。

　表2は中国国内のスマホシェア・ランキングである。

　スマホの主な材料は、いうまでもなく半導体チップである。半導体企業の上位8社は、ファウンドリーズ売上げランキングで見ると、**表3**のごとく、①台湾積体（台）、②グローバル・ファウンドリーズ（米）、③聯華電子（台）、④サムソン（韓）、⑤中芯国際（中）、⑥パワーチップ（台）、⑦華虹集団、⑧タワージャズ（イスラエル）である。5位と7位に中国が顔を出している。台湾の3社はいずれも大陸を主な市場としているので、広義の中華圏企業はいまや半導体の分野でも、強まる寡占体制のなかで地位を確保しつつある。

　これらの統計が示すように、中国はスマホの消費市場から出発して半導体の生

表3　世界のファウンドリーズ売上げランキング

| 2017 順位 | 2016 順位 | 社名 | 型 | 本社 | 売上げ高 100万ドル | | | 伸び率 |
|---|---|---|---|---|---|---|---|---|
| | | | | | 2015 | 2016 | 2017 | 2017/2016 |
| 1 | 1 | TSMC 台積 | 半導体のみ | 台湾 | 26,574 | 29,488 | 32,163 | 9% |
| 2 | 2 | グローバルファウンドリーズ | 半導体のみ | 米 | 5,019 | 5,495 | 6,060 | 10% |
| 3 | 3 | UMC 聯華電子 | 半導体のみ | 台湾 | 4,464 | 4,582 | 4,898 | 7% |
| 4 | 4 | サムソン | 垂直統合型 | 韓国 | 2,670 | 4,410 | 4,600 | 4% |
| 5 | 5 | SMIC 中芯国際 | 半導体のみ | 中国 | 2,236 | 2.914 | 3,101 | 6% |
| 6 | 6 | パワーチップ | 半導体のみ | 台湾 | 1,268 | 1,275 | 1,498 | 17% |
| 7 | 8 | 華虹集団 | 半導体のみ | 中国 | 971 | 1,184 | 1.395 | 18% |
| 8 | 7 | タワージャズ | 半導体のみ | イスラエル | 961 | 1,250 | 1,388 | 11% |
| | | 上位8社計 | | | 44,163 | 50,598 | 55,103 | 9% |
| | | 上位8社シェア（%） | | | 87.0 | 87.7 | 88.4 | |
| | | 他社 | | | 6,597 | 7,112 | 7,207 | 1% |
| | | 計 | | | 50,760 | 57,710 | 62,310 | 8% |

注1）ピュアプレイ型とは、ICをつくるだけの会社。たとえばクアルコム、ブロードコム、シリンクス、エヌヴィディア、台積、グローバルファウンドリーズ。
　2）垂直統合型とは、インテル、IBMなど。
資料）*IC Insight, Country Report*

産体制においても世界有数の供給国になりつつある。日本のIT業界を見ると、バブルがはじけるまで世界ランキング10社中半分を日本企業が占めるIT先進国であったが、今日東芝もついに売却を余儀なくされ、NEC、日立、富士通、三菱電機、松下電子等が相次いで10傑から消えて久しい。

　ここでは具体的な要因分析が必要だが、容易に想定されるのは、「モノ言う外国株主」たちの近視眼的要求による経営破壊である。短期的視野から高配当を要求し、戦略的IT部門への投資を切り捨てる愚行を演じた（たとえば各中央研究所の閉鎖決定）。この要求に屈した経営者（たとえば経団連幹部たち）の責任は万死に値する。無為無策を容認したメディア幹部、経済評論家たちも同罪である。

## 3　EV車開発競争の行方

　ここでより重大なのはEV車開発競争の行方であろう。2017年の生産実績を見

表4　車載用リチウムイオン電池出荷量ランキング（2017年）

| 順位 | 会社名 | 電池出荷量(kWh) | 国 | 本社 | 備考 |
|---|---|---|---|---|---|
| 1 | CATL（寧徳時代新能源） | 12 | 中 | 福建省寧徳 | 日産本社近くの横浜市内に日本法人設立 |
| 2 | パナソニック | 10 | 日 | 東京 | |
| 3 | BYD（比亜迪） | 7 | 中 | 広東省深圳 | |
| 4 | 沃特瑪 | 6 | 中 | 広東省深圳 | |
| 5 | LG化学 | 5 | 韓 | ソウル | |
| 6 | 国軒高科 | 3 | 中 | 安徽省合肥 | 合肥には科技大学あり |
| 7 | サムスンSDI | 3 | 韓 | ソウル | |
| 8 | 北京国能 | 2 | 中 | 北京 | |
| 9 | BAK（比克電池） | 2 | 中 | 広東省深圳 | |
| 10 | 孚能科技 | 1 | 中 | 江西省贛州 | リチウム原料の鉱山あり |

資料）深圳市高工産業研究公司（GGII）

ると、中国は3000万台に迫り、日本は国内生産約1000万台、海外生産が約2000万台なので、内外を合わせて約3000万台、すなわち2017年の時点で日中のガソリン車生産能力は約3000万台で拮抗している形だ。

　ではEV車開発の展望はどうか。ガソリン車と違って技術的に難度の大きいエンジンとクランクトランスミッションシャフトが不要になる。EV車生産は誰でも参加できるといわれるほどに技術の壁が消える。ということは、中国からみて技術的壁が一挙に消え、新たなスタート台で日本に挑戦することが可能になる。

　ここで着目すべきは、EV車を動かすエネルギー源、リチウムイオン電池[5]の出荷量ランキングである。表4から分かるように、2位のパナソニック、5位のLGと7位のサムソンを除けば、他の7社はすべて中国企業である。リチウムイオン電池の出荷量ランキングにおいて中国はすでに日本をはるかに上回る。これがEV車競争の未来を決定する要素となるのではないか。

---

5）このリチウムイオン電池の原理を開発したのは吉野彰（旭化成顧問）である。日本は原理を開発しつつ、企業化には立ち遅れた。

図1 米中デジタル経済の比較

■ 中国　■ 米国　□ 世界その他国家

| e-commerce 小売額の急成長 | | スマホ決済額の米中比較 | | ユニコーン企業の米中比較 推定時価は米国に肉薄 | |
|---|---|---|---|---|---|
| 495 | 1,915 | 790 | 74 | 262 | 883 |
| 64.6 | 33.5 | | | 19.0 | 12.0 |
| | 24.1 | | | 47.0 | 45.0 |
| 35.0 | 42.4 | | | 34.0 | 43.0 |
| <1.0 | | | | | |
| 2005 | 2016 | 中国 | 米国 | 企業数 | 時価 |

11倍

単位：10億ドル。2016年

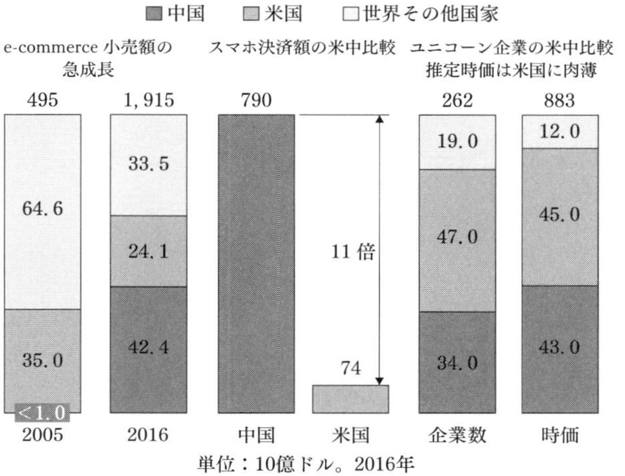

資料）PitchBook: Dealogic: eMarketer: iResearch: Crunchbase および麦肯錫全球研究院

## 4　デジタルロードとなる運命をもつ一帯一路

図1は「米中デジタル経済の比較」である。

中国はeコマースの実績においてすでに米国を上回り、スマホ決済額において米国を上回り、ユニコーン企業[6]の推定時価において米国に肉薄する。図1は中国がいまやIT産業において米国に迫りつつある姿を示している。トランプ大統領が安全保障上の脅威を理由として対中制裁を始めたのは、この側面に着目してのことだ。

米中経済対決の行方は不透明だが、両国経済は相互に深く結ばれており、対決しつつも結託と協調が基調とならざるをえない宿命をもつ。中国はいま一方では米国との平和共存を求めつつ、一帯一路という物流ルート、交流ルートの整備をアジアインフラ投資銀行を基軸として進めつつある。この新しい一帯一路は、中国経済のデジタル経済化、電脳社会主義化を反映して、「デジタルロードとなる運命」をもち、それは結ばれた各国のデジタル経済化を促す、「デジタル経済の使者」の役割を果たすことになろう。

---

6）未上場の推定10億ドル以上の時価をもつベンチャー企業。

図2 現金通貨の対前年伸び率

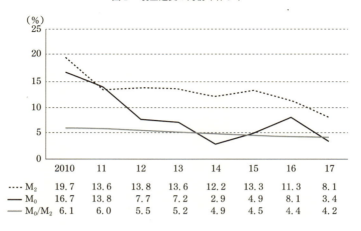

|  | 2010 | 11 | 12 | 13 | 14 | 15 | 16 | 17 |
|---|---|---|---|---|---|---|---|---|
| $M_2$ | 19.7 | 13.6 | 13.8 | 13.6 | 12.2 | 13.3 | 11.3 | 8.1 |
| $M_0$ | 16.7 | 13.8 | 7.7 | 7.2 | 2.9 | 4.9 | 8.1 | 3.4 |
| $M_0/M_2$ | 6.1 | 6.0 | 5.5 | 5.2 | 4.9 | 4.5 | 4.4 | 4.2 |

　冒頭のテーマ、中国経済のキャッシュレス化を通貨供給の側面から確認してみよう。図2はキャッシュレス化の進展を現金通貨の伸び率から見たものである。

　中国経済は近年6～7％の成長を続けているからマネーサプライは当然総額としては増加傾向にある。しかしながら、現金通貨の「対前年伸び率」は2010年の16.7％をピークに2017年には3.4％まで激減している事実に驚かせられる。この数字はキャッシュレス化の進展を通貨供給量から裏付けるものだ。ちなみに現金通貨$M_0$の広義の通貨$M_2$に占める比重は6.1％から4.2％まで低下している事実にも注目しておきたい。

　以上の分析から分かるように、中国経済のデジタル化、ビッグデータの活用による効率化はすさまじい勢いで進展しつつある。IT分野における日本経済の立ち遅れは、いまや誰の目にも明らかであり、この厳しい現実を直視すべきである。

**参考文献**
トマ・ピケティ（2014）『20世紀の資本』（山形浩生・守岡桜・森本正史訳）みすず書房。
矢吹晋（2018）『中国の夢―電脳社会主義の可能性』花伝社、2018年。
Kornai, János（1992）*Socialist economy*, Princeton University Press.
Kornai, János（1985）*Economics of Shortage*, Amsterdam: North Holland Press.

（やぶき・すすむ／横浜市立大学名誉教授）

# 第 2 部
# 一帯一路とアジア地域協力の諸相

第 7 章

# シルクロード経済ベルトにおける中欧班列
新しい国際基幹輸送モードとして成り立つ条件

李瑞雪

> 要約
> ・東アジアと欧州間の貿易を支える新たな国際基幹輸送ルートとなることを期待
> ・PC などの ICT 機器や自動車、日用品が代表的なウェストバウンド積荷
> ・中欧班列の対応する物流需要のセグメントを定義することが重要
>
> 政策提言
> ・国際鉄道貨物輸送に関わるルールの統合と精緻化といった供給側の視点が必要だ

## 1　問題提起

　中欧班列と呼ばれる中国と欧州を連結するユーラシア横断鉄道コンテナ定期輸送は、一帯一路イニシアチブ（BRI）のシンボル的なプロジェクトの１つと認識され、注目を集めている（李 2016）。2018年６月の時点で、中欧班列は60以上の路線があり、中国と欧州のそれぞれ40以上の都市を結んでいるというが、新路線は次々と開通されるため、正確な路線数は把握しにくい（**図１**）。中鉄コンテナ社の集計によると、中欧班列の2017年輸送実績は列車3,673本、コンテナ317,930TEU であったという。2013年はたった80本、6,960TEU に過ぎなかった中欧班列は、４年あまりで順調に輸送規模を伸ばし、東アジアと欧州間の貿易を支える新たな国際基幹輸送ルートになってくるだろうと期待される。

　しかし、中欧班列によって運ばれる貨物の価値総額は約200億米ドル（2017年実績）に留まり、中欧間の年間約6,000億米ドルにのぼる貿易総額における輸送分担率（金額ベース）はわずか３％前後にすぎない。数量ベースで見ても、中欧班列は2017年、年間約1,400万 TEU にのぼる中欧間海上コンテナのわずか２％の規模である。急速に伸びているとはいえ、中欧班列はシルクロード経済ベルト

図1　中欧班列の主要ルート

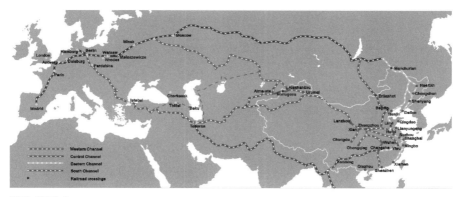

出所）筆者作成

における基幹輸送モードとして確立するまで、なお大きく成長していかなければならない。

　国際鉄道輸送である中欧班列は、海上輸送より速く、航空輸送より安いということで、国際海運と国際空運の中間にある第3の輸送モードと位置付けられている。しかし、この「中間」や「第3」の言い方は極めてあいまいで、中欧班列のサービスを利用する妥当な貨物範囲と地理的範囲に関するこれまでの議論は印象論的なものが多い。中欧班列はどのような貨物セグメントにおいて、ほかの輸送モードより優位性を有するか。この点を明らかにすることが、中欧班列は健全かつ持続的な拡大を遂げ、国際基幹輸送モードに成長していくうえで、重要である。

　このような問題意識の下で、本章では国際輸送手段と貨物特性との適合性という視点から、関連の先行研究を整理し、中欧班列の積荷の実態を確認するうえで、事例分析を通じて中欧班列がフィットする貨物の範囲や特性を検討し暫定的推論を示すとともに、今後の研究課題を述べる。

## 2　実態の確認と先行研究の整理

　中欧班列の積荷の種類について数多くの報道があるため、確認するのは難しいことではない。表1は中欧班列の情報センターが設置されている中鉄コンテナ社

表1　主要な中欧班列の積荷種類

| 路線 | 中欧班列（重慶） | 中欧班列（武漢） | 中欧班列（成都） | 中欧班列（鄭州） | 中欧班列（蘇州） | 中欧班列（義烏） |
|---|---|---|---|---|---|---|
| 主な積荷の種類 | PC、通信機器、精密機械、化学原料など | PCパーツ、液晶モニター、自動車および部品など | 電子電器、機械設備、服装、自動車部品など | ICT機器、自動車部品、日用雑貨など | ICT機器、強化ガラス、日用品など | 日用雑貨、服装、小型家電など |

出所）黄（2016）に基づく抜粋・整理、一部加筆。

の集計に基づいて、主要路線の積荷（ウェストバウンドのみ）をまとめるものである。

表1は2015年、16年の主力積荷構成を反映しているものの、その後も大きな変化が見られない[1]。また、汪ほか（2017）の調べによると、西安を発駅とする中欧班列（長安号）の主な積荷は機械設備、機械部品、軽工業品、食品、建材、工業原材料などを含むという。王（2017）は完成車、タイヤ、化学工業品、石材、ソーラパネル、食品などに中欧班列の積荷範囲が着々と広がりつつあると指摘した。発着駅や路線によってバラエティーがあるが、PCやタブレットなどのICT機器、自動車部品、機械設備、日用品は中欧班列における代表的なウェストバウンド積荷となっていることが、既存文献から明らかになっている。

中欧班列のサービスの適用範囲に関する学術的研究はまだ数少ない。秦ほか（2016）は輸送スピードへの要求度合いによって、貨物を時間優先型と運賃水準優先型に分け、時間を説明変数とする貨物価値関数 $F(t)$ を提示し、時間の推移と貨物価値の変化の相関関係を表す貨物価値特性曲線を描いた。秦らの描いた曲線は仮説なのか、帰納的に導出した命題なのかが曖昧で、一般に受け入れられる知見とは言えない。しかし、同曲線に基づきながら、付加価値の特に高い貨物を除いた時間優先型の貨物の輸送需要に中欧班列がフィットするという秦らの分析結果は、上述した積荷実態に符合するし、実務家の直感にも共通する。秦らの分析によれば、電子製品（携帯電話、PC、液晶モニターなど）、家電、日用雑貨などが中欧班列のサービスに最も適するという。

---

1）筆者は2018年6月1日に中鉄コンテナの国際聯運部部長の張文氏にインタビューした際に、中欧班列の主要積荷を確認したところ、表1の記載内容にほぼ一致する。

貨物の価値を捨象したうえで、中欧班列の経済的輸送範囲を検討する研究も見受けられる（莫ほか 2015）。王ほか（2017）では、莫らと同様に、貨物の価値という変数を考慮せず、輸送距離と輸送コストの 2 つの説明変数を用いて中欧班列のハブ駅と国境駅の最適な選択案を算出してみた。そのうえで、ロシアなど沿線国の鉄道運賃率の変動を踏まえて、柔軟に貨物の集結点とルートを決定すべきだと、王らは主張する。しかし、輸送コスト負担力を大きく左右する貨物自体の価値を無視して、輸送モードの利用範囲や利用方法を検討することは妥当性が欠ける。

　中欧班列は集荷範囲と発駅の立地を軸に 4 タイプに大別できる（李 2016）。重慶や成都、長沙、瀋陽などは「内陸発・域内貨物依存型」；連雲港、大連、青島、営口などは「沿海発・域外依存型」；鄭州、西安、ハルビン、蘭州、ウルムチなどは「内陸発・域外貨物依存型」；蘇州、義烏、東莞、広州、アモイなどは「沿海発・域内貨物依存型」である。この分類法は中欧班列の地理的集荷範囲と域内物流条件、域内産業集積の特徴との相互関係性を解明するために明瞭な視座を与える。しかし、域内産業集積から生成する貿易財は中欧班列を利用する必然性がない。域内にどのような産業集積が形成すれば、中欧班列の拡大と相乗効果が生まれるかはまだ究明されていない。

　こうした先行研究からは、中欧班列の積荷種類や積荷範囲の実態を大雑把に把握できる。即ち、PC などの ICT 機器や自動車、日用品は中欧班列の主力貨物となっており、輸送時間と輸送コストの点から中欧班列利用の合理性が認められる。しかし、これはあくまでも現象面からとらえた現状認識であり、中欧班列のサービスが適する積荷範囲と、それを規定する要因の解明に至っていない。

## 3　中欧班列の利用事例

　ここ数年、外航海運から中欧班列への貨物シフトは、中欧班列の拡大につながっている。この貨物シフトは各中欧班列の運営企業は政府からの補助金を運賃引き下げの原資に利用し、海運並みの安い運賃水準を提示しているから発生していると指摘される。しかしその一方で、海運から中欧班列への切り替えは、荷主のトータル・サプライチェーン・コストの節約に貢献できるため行われたケースも少なからず見受けられる。

ATM メーカーのA社は中国にある工場からチェコ、スロバキア、ハンガリーなどの東欧諸国市場向けに ATM 機を年間数千台ほど供給する。従来、海運とドレージ輸送を合わせて約9週間もかかる。2016年から、A社は大手物流企業DHL 社からの提案をうけて中欧班列の利用を試した。その結果、ドアからドアまでの輸送時間は4週間に短縮できた。輸送費は2割弱の増加となるが、在庫を半減することにより在庫保持コストは5割ほど削減でき、トータルでサプライチェーン・コストは約10%減という効果が得られた。そのうえ、納品のリードタイムは大幅に短縮し、顧客満足度の向上に寄与するのみならず、仕様変更などの変動に柔軟に対応する能力の向上にもつながった[2]。

　このケースは幾つかの特徴がある。ATM 機は比較的に高価な商材だが、重量物であるため、空運に相応しくない。チェコなど東欧諸国向けの輸出であるがゆえに、西欧の主要港湾からのドレージ輸送は多大なコストと長い時間を要する。中欧班列を使うと、幹線輸送は短くなるのみならず、ドレージ輸送も大幅に短くなり、コスト減と時間短縮の要因になる。

　大手物流企業・長久物流社の手掛けている自動車輸送のケースも示唆に富む。中国の大慶市にボルボの完成車工場が立地しており、ここで製造されるボルボS90型の乗用車は中国市場で販売するだけでなく、欧州市場にも年間2〜3万台出荷する。また、同工場は欧州のサプライヤーから一部の部品供給を受ける。2017年6月から、ボルボの完成車輸送は大連港経由の海上輸送から中欧班列に全面的に切り替えた。毎週、完成車を積んだ5〜6本のブロックトレインは大慶駅から出発し、約18日間でベルギーのゼーブルージュ港に到着する。従来の海運より10〜15日短くなる。長久物流はこの業務を企画から運営まで一手で請け負っている[3]。

　海運から中欧班列に切り替えることによって、ボルボは多大なメリットを享受している。中欧班列の便数が多く、ほぼデーリー出荷ができるため、生産と出荷物流の同期化が実現し、輸出用完成車の在庫はゼロに近い状態になっている。輸

---

2）A社のケースに関する記述は筆者が2018年6月5日にDHL（上海）で実施した聞き取り調査に基づく。話し手の要請により、A社の社名を伏せる。

3）筆者は2018年6月4日に長久物流（上海）を訪問し、ボルボのプロジェクトを担当する伊磊氏などにインタビューを実施した。

入する生産部品は中欧班列の帰り便に載せることによって、調達のリードタイムが短縮し、部材在庫を大幅に圧縮できた。さらに、販売市場の動向に合わせて、柔軟に到着駅とルートを設定し直したりして、素早く市場に対応することが可能となっている。なお、こうした数々のメリットは海運とほぼ同水準の輸送コストで実現できる点も特筆すべきである。

ボルボ（大慶）プロジェクトの成功を受けて、長久物流はボルボの成都工場から欧州市場向けに輸出する完成車の輸送業務や、ボルボの欧州工場から中国へ輸出する完成車の輸送も中欧班列を利用するプロジェクトを始動し、また、ボルボ以外の欧州系自動車メーカーや部品メーカーと同様な業務を開始している。

## 4　暫定的推論と今後の研究課題

中欧班列はシルクロード経済ベルトにおける国際基幹輸送モードになるか。それを占う簡便な指標の一つは東アジア・欧州間の輸送分担率である。輸送規模を拡大させ、輸送分担率を向上させるためには、中欧班列のサービスに適合する貨物の特性が解明されなければならない。即ち、中欧班列の対応する物流需要のセグメントを定義することが重要である。単に「海運より早く空運より安い中間的サービス」といったあいまいなサービス定義では不十分である。

既存文献および本章でとりあげた両事例から、中欧班列に適合する貨物に関する幾つかの要素が浮かび上がった。それは、①比較的高い商品価値、②重量物（あるいは嵩張り物）、③内陸部市場、④グローバル・サプライチェーンの同期化、⑤比較的速い価値減退（陳腐化）の５つである。この５つの要素のうち、３つ以上備える貨物は中欧班列のサービスに適合すると考えられる。A社のATM機は①、②、③を満たし、ボルボの完成車および自動車部品は①、②、④を満たす。現在の中欧班列の主力積荷となっているPCなどのICT機器は①、④、⑤を満たすものと思われる。

中欧班列の実態から導出するこの暫定的推論は、踏み込んだ事例研究と実証研究によって検証・修正しなければならない。比較的高い商品価値と比較的速い価値減退のそれぞれのスペクトラムを測定するための指標開発も必要であろう。さらに、貨物適合性以外の視点から、国際基幹輸送モードの成立条件を検討することは欠かせない。例えば、輸送キャパシティ制約や国際鉄道貨物輸送に関わるル

ールの統合と精緻化といった供給側の視点から、中欧班列の克服すべき課題を考察することは不可欠である。今後も本研究を続けていく。

付記
　本章は『グローバルアジア・レヴュー』第7号に掲載された論文「中欧班列は国際基幹輸送モードになるか：貨物適合性の視点から」を再構成したものである。なお、本稿は科学研究費助成金（基盤C：15K03739；基盤B：18H00883）より研究助成を受けており、その研究の成果を反映している。記して感謝したい。

**参考文献**
黄麗（2016）「加速発展中欧班列的策略浅析」『物流技術』第35巻第4期。
李瑞雪（2016）「鉄道貨物がつなぐ現代のシルクロード："中欧班列"の実態と可能性」『中国「一帯一路」構想および交通インフラ計画について』国立研究開発法人科学技術振興機構　中国総合研究交流センター。
莫輝輝・王姣娥・宋周鶯（2015）「絲綢之路経済帯国際集装箱陸路運輸的経済適応範囲」『地理科学進展』第34巻第5期。
秦歓歓・秦勝・鄭平標（2016）「基於貨物価値的中欧班列目標貨源分析」『鉄道貨運』第34巻第8期。
王姣娥・焦敬娟・景悦・馬麗（2017）「"中欧班列"陸路運輸腹地範囲測算与枢紐識別」『地理科学進展』第36巻第11期。
汪小梅・汪令濤・劉壘壘・樊麗（2017）「"絲綢之路経済帯"中欧班列運輸模式比較研究」『価値工程』2017年2月号。
王雄（2017）「浅析"一帯一路"背景下蓉欧快鉄発展現状、挑戦与対策」『西部経済管理論壇』第28巻第3期。

（り・ずいせつ／法政大学経営学部教授）

第 8 章
# 「一帯一路」の進展と北東アジア物流

朱永浩

> **要約**
> ・多角的な視点に立って「一帯一路」の輪郭を浮き彫りにすることが大切である
> ・「一帯一路」は、北東アジア地域協力の推進を支えるリード役になりうる
> ・そこで課題となるのが、ハード・ソフト両面での物流インフラの改善である
> **政策提言**
> ・目指すべき政策目標は、中長期的な戦略の策定および協力推進体制の構築である

## はじめに

　2013年に中国が提唱した「一帯一路」に対する関心は、世界的に高まっている。2017年5月には、「一帯一路」国際協力サミットフォーラムが北京において開催され、130カ国あまりの国と80以上の国際機関の代表が参加した。フォーラム期間中、中国は協力重点分野として、①政策協調、②インフラの相互連結性、③貿易の円滑化、④資金の融通、⑤民心の通い合いを提唱した。また、国際協力の枠組みとしての「一帯一路」の機能を向上させるため、関連国への投資や輸出入の拡大目標を発表し、11カ国との協力覚書および30カ国との経済・貿易協力協定を締結した。

　このように「一帯一路」が具体化段階に入り、グローバルな広がりを見せているなか、関連国の経済成長への寄与に加え、中国経済にも多くのメリットが及ぶと期待されている。したがって、「一帯一路」の進展に伴い、新規物流インフラ整備および既存の国際交通網の拡張を梃子に、国際貨物の輸送力が増強されれば、北東アジア[1)]地域間における経済協力の行方にも大きな影響を与える可能性がある。

　そこで本章では、歴史的評価や、概念の解釈、経済的な合理性などの観点か

ら、世界中から注目されている「一帯一路」の輪郭を浮き彫りにしていくための要点を整理した上で、「一帯一路」に関わる6つの経済回廊、とりわけ中国・モンゴル・ロシア経済回廊（CMREC）の動向を分析し、北東アジア物流の国際協力という視点から検討を加える。

## 1 「一帯一路」の進展をどう見るべきか

### (1) 陸海の経済圏を同時に築く「歴史的な実験」

歴史的な観点から「一帯一路」を紐解こうとした場合、陸（一帯）と海（一路）とを分ける必要がある。「一帯」は、唐・明の時代に隆盛を誇った陸上の交易網「シルクロード」から着想を得たものである。当時の世界経済の中心は中国だったことから、世界の人々が中国に向かい、また様々なものが世界へと出ていった。「陸のシルクロード」の中心地だった長安（現・西安）は多様な宗教・民族を包含し、今でいうグローバリゼーションの最先端を行く大都会であった。すなわち、中国が陸のシルクロードの主役として位置づけられ、また実際のプレーヤーとしての重要性を持っていた。

他方、「一路」にあたる「海のシルクロード」がどの時代に、またどのように繁栄したのかという点は検討を要する。歴史上、果たして中国が海の主役だった時代はあったのか。鄭和（1371-1434年）[2]は例外として、陸のシルクロードが隆盛を見た唐・明の時代、中国の造船技術では世界の海を股にかけて交易を行うことは困難であった。当時の海上交易は、主にアラビア人、ジャワ人、そして海賊と呼ばれた人々が担っていた。その後、15-17世紀の大航海時代は、スペインやポルトガルなどヨーロッパの国々が主役となる。

このように、歴史的に見て海上交易網における担い手は極めて多様であり、決して中国を中心に海の世界が動いていたわけではない。つまり、中国の歴史上、陸のシルクロードと海のシルクロードの交易網が同時に繁栄した経験はないとい

---

1) 本章でいう「北東アジア」とは、日本、大韓民国、朝鮮民主主義人民共和国、モンゴル、ロシア極東地域、中国東北部の6カ国・地域を対象としている。
2) 明代の宦官である鄭和は、1405-1430年の間、7回にわたる南海遠征の総指揮官として船団を率い、東南アジア、アフリカ東岸にまで到達していた。

うことである。この事実を踏まえれば、今日の「一帯一路」は陸と海の国際的な経済圏を同時に構築していくという「歴史的な大実験」とさえ言える。

### （２）変容する「一帯一路」の解釈

　2013年の提唱以降、「一帯一路」の解釈はどのように変貌してきたのか。結論から言えば、概念としてより広がりを持ち、かつ抽象的になっている。当初、「一帯一路」は「One Belt and One Road」（OBOR）に英訳されることが多かったが、これは中国（起点）とヨーロッパ（終点）を結ぶ「陸上と海上の交易路」として捉えていた。しかし最近では、「The Belt and Road Initiative」（BRI）が主流である。この呼称の変化が何を意味するのか。BRIは東南アジア経由でアメリカに向かう物流ルート、あるいは北極の開発など、地理的な限定は設けられておらず、これらもすべて「一帯一路」に位置付けられている。

　すなわち、「一帯一路」に関わる国際物流ルートが全て西側（ヨーロッパ）に向かうとは限らず、東側、南側、北側へと向かう動きもあり、1本の線では説明できない状況が生まれている。また物流ルートの方向のみならず、インフラ整備や貿易・投資といった経済分野での協力体制のほか、文化交流を含むソフト面など分野別の拡大という側面も指摘すべき点である。つまり、今や「一帯一路」は、明確なルートを辿る一つの概念というより、一種の「イニシアティブ」として捉えるべきものへと変貌している。

### （３）「一帯一路」の現在地とこれからの捉え方

　生き物のように常に動いている「一帯一路」の一瞬を捉え、それが何なのかを論じることは困難である。したがってここ数年の動きだけを見て、「一帯一路」の長期的な見通しも今は判断が難しい。「一帯一路」を一種の流行りとして見るべきか、歴史における一つのピースと見るべきかは、将来の課題となろう。

　経済学的なロジックから見て、あえて一つの指標を定めるとすれば、経済性の有無となるだろう。中国政府が絡んでいるからといって、すべての「一帯一路」関連事業がビジネスチャンスに繋がると考えるべきではないし、また中国政府が絡むがゆえにすべてを否定することも意味がない。「一帯一路」の合理性を見るためには、中国政府のバックアップや補助金がなくとも、その事業が経済的な合理性や持続性を持つのかどうか、発展する可能性があるかどうか、という多角的

図1　「一帯一路」の6つの経済回廊

The Belt and Road Initiative: Six Economic Corridors Spanning Asia, Europe and Africa

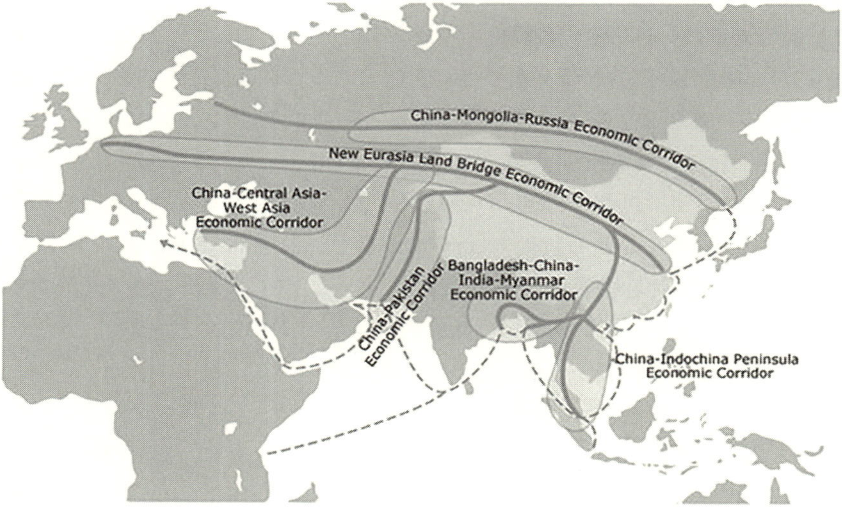


出所）香港貿易発展局（http://china-trade-research.hktdc.com/business-news/article/The-Belt-and-Road-Initiative/The-Belt-and-Road-Initiative/obor/en/1/1X3CGF6L/1X0A36B7.htm、2018年8月1日アクセス）。

な視点に立って冷静に見極めることが大切である。

## 2　中国・モンゴル・ロシア経済回廊と北東アジア地域協力

### （1）動き出す6つの経済回廊

2015年3月、中国国家発展改革委員会と外交部・商務部は「シルクロード経済ベルトと21世紀海上シルクロードの共同建設推進のビジョンと行動」を共同発表し、その中で「一帯一路」関連国との連携を強化する方針が示された。

具体的には、「一帯一路」の対象地域として、アジア、ヨーロッパ、アフリカにわたる6つの経済回廊が特定された（**図1**）。すなわち、①中国・モンゴル・ロシア経済回廊（CMREC）、②新ユーラシア・ランドブリッジ経済回廊（NELBEC）、③中国・中央アジア・西アジア経済回廊（CCAWAEC）、④中国・インドシナ半島経済回廊（CIPEC）、⑤中国・パキスタン経済回廊（CPEC）、⑥バン

グラデシュ・中国・インド・ミャンマー経済回廊（BCIMEC）である。①－⑥のいずれも、ロシアやモンゴル、カザフスタン、パキスタンなど、中国と国境を隣接する国が含まれていることから、近隣諸国への積極的なアプローチが目立っている。

### （2）CMREC と北東アジア物流への期待

　北東アジア地域において国際的な意義を持つ CMREC が、「一帯一路」の経済回廊の一つとして特定された。CMREC がいま、北東アジアの地域間経済協力を変貌させる原動力として、ロシア主導の「ユーラシア経済連合」[3]、モンゴルの策定する「草原の道」計画[4]との連携を図りながら、「一帯一路」の重要な一翼を担おうとしている。とりわけ、国際物流は中国、ロシア、モンゴルの 3 カ国において、優先的かつ重点を置く協力分野である。

　2018年時点で、中国発のロシア・モンゴル経由でヨーロッパと鉄道で結ぶ CMREC の輸送ルートは、4 本の鉄道路線が存在する。すなわち、①「阿拉山口・ホルゴス〜中央アジア〜ロシアのシベリア鉄道（SLB）、②「エレンホト〜モンゴル〜SLB」、③「満洲里〜SLB」、④「綏芬河〜SLB」の 4 ルートである。これらの鉄道路線は、中国からヨーロッパへの物流・国際輸送を最短距離で結ぶコンテナ鉄道輸送の主要ルートと位置付けられている。

　そして、2011年から「中欧班列」（China Railway Express）という国際定期貨物列車の輸送サービスが開始された。2018年 3 月現在、「中欧班列」を運営しているのは中国の43都市で、ヨーロッパの41都市（13カ国）と繋がっている。2017年の年間運行便数は、3,270便に上っている（焦・景 2018：28）。

　こうした北東アジア国際物流の整備に積極的にアプローチする中国の動きは、地理的に離れた日本を連結させる場合、ロシア極東地域を経由する物流の新たなルート（陸のシルクロードの東側への延長）を開拓することが不可欠である。今後、ロシア極東地域の港湾を経由する国際複合一貫輸送（中国〜ロシア〜日本）

---

　3）ユーラシア経済連合（EAEU）は、ロシア、ベラルーシ、カザフスタン、アルメニア、キルギスの 5 カ国から構成される地域経済統合のフレームワークである。
　4）モンゴルの「草原の道」計画は、997 km の幹線道路と、モンゴル経由でロシアと中国を結ぶ1100 km の地域間送電・送ガス・送油ネットワークの建設が計画されており、投資予定額は500億ドルである（何・田 2016：59）。

の常態化の実現に向けて、中国は積極的に動く可能性が高いと考えられる。

　他方、ロシア極東地域では、2015年7月に制定された「ウラジオストク自由港法」により、ウラジオストク港とその周辺一帯は、税制面での優遇措置や通関の迅速化などの規制緩和が受けられる特別経済区域に指定された。今後、中ロ国境地帯での輸送インフラ整備の推進および物流サービスの向上により、ロシア極東地域と中国東北部を含む北東アジア経済連携の拡大が期待される。

### （3）ハード・ソフト両面での物流インフラの改善

　これまでの北東アジア地域の円滑な国際物流を阻害する要因として、主に国境地帯に存在する4種類の「不連続点」が指摘される。すなわち、①鉄道や道路の未接続による不連続点、②鉄道軌道幅の相違（中国側は標準軌の1,435 mm、ロシア・モンゴル側は広軌の1,520 mm）による不連続点、③国境通過に伴うCIQ（税関・出入国管理・検疫）の手続き・検査による不連続点、④トラック輸送の乗り入れ範囲の制限による不連続点（ARAI, ZHU, LI 2015: 2）。このうち、①と②はハード・インフラ面（鉄道、道路等）に起因するものであり、③と④はソフト・インフラ面（運送事業関連制度、安全規制等）の障壁である。

　これらの不連続点という課題に対する具体的な対応策について、ハード・インフラ面の整備のボトルネックとなっている部分の解消はもとより、ソフト・インフラ面の課題に関しても、複雑な制度の簡素化や、制度運用の透明化、各関係国間の協力推進の戦略と工程表の策定・情報の共有、国際協力に欠かせない人材育成体系の整備など、様々な仕組みの構築および実効性の確保が必要となる。今後はこうしたハード・ソフト両面での物流インフラの改善により、国境を越えた貿易や投資が一層拡大し、北東アジア地域経済の活性化および地域社会の安定化への寄与が期待できる。

### おわりに

　ここまで見てきたように、グローバルな広がりとそのスケールの大きさを見る限り、イニシアティブとしての「一帯一路」は全面展開の新しい段階に入ったと言える。また、壮大な構想の重要な一翼を担っているCMRECが推進されることで、北東アジア地域における国際物流分野を中心とした経済連携の機運も高まっている。

そんな隣の経済大国・中国が推進する「一帯一路」と、日本はどう向き合っていくべきなのか。第1に、歴史的かつ多角的な視点に立って「一帯一路」の輪郭を浮き彫りにし、経済的な合理性や持続性を見極めることが重要となる。第2に、関係諸国との官民にわたる関係者の調整、推進体制の構築、必要な人材育成体系の整備など、中長期的な戦略を策定することが重要である。とりわけ、民間企業に任せたままでは実現しない便益を実現させるための協力体制作りに積極的に関与していくことは政府の役割である。第3に、中長期的な戦略のもと、日本は物流分野の協力を通じて北東アジア地域での多国間協力の共同利益を得ることが期待できる。そのためには、国境地帯のインフラ整備と物流サービスの改善状況を考察し、適時適切な協力ができるような準備を進めていく必要がある。

**参考文献**
朱永浩（2013）『中国東北経済の展開－北東アジアの新時代』日本評論社、1-229頁。
何茂春・田斌（2016）「"一帯一路"的先行先試－加快中蒙俄経済走廊建設」、『国際貿易』2016年第12期、59-63頁。
焦知岳・景陽諾（2018）「中欧班列運輸存在的高成本問題及原因分析」、『対外経貿実務』2018年第7期、28-31頁。
ARAI Hirofumi, ZHU Yonghao and LI Jinbo（2015）"Toward Expanding Japan-Russia-China Multimodal Transportation," *ERINA REPORT*, No.125, pp.1-19.

（ずう・よんほ／福島大学准教授）

第 9 章

# 地域公共財から見るインフラ投資への日中協力の構築

## 徐一睿

**要約**
- 途上国にとってインフラ整備資金の不足は成長の足かせとなる
- 一帯一路は、地域公共財としてのインフラ整備に新たなチャンスを与える
- PPPを中心とする投資方式に多国間協力の枠組みが必要である

**政策提言**
- 一帯一路沿線に共同需要と共同利益を持つ国々の協業システムの構築が不可欠である

## はじめに

　本章は、地域公共財としてのインフラ整備の資金調達に焦点を絞り、一帯一路構想における中国政府と中国企業の対外経済関係の特徴を考察する。中国政府と中国企業がPPPを中心とする貿易、投資、援助（三位一体）の対外経済関係を構築するなか、多国間協力の枠組み、特に日中協力の可能性について探る。

## 1　途上国の課題―インフラ整備―

　国際協力銀行（JBIC）は毎年「日本企業の海外事業展開に関する調査報告書」を公表している。この報告書において、多くのアジアの国々は日本企業の海外事業展開として有望視されるが、課題として「インフラが未整備」も顕著である。そして、世界経済フォーラムが発表した「国際競争力レポート」にインフラの整備評価に関するデータがある。このレポートで確認できるように、アジアにおいて、香港、シンガポール、日本、韓国、台湾、マレーシア、中国、タイといった一部の国や地域は世界平均レベルを上回っているが、南アジア、東南アジア、中央アジアの多くの国々は世界平均点数を大きく下回っている。インフラ整備はこ

れらの国々の国際競争力の足かせになっている。

　これらの途上国は極めて強いインフラ整備のニーズがあるものの、インフラ整備の資金を調達できないという大きな壁にぶつかっている。一般的に、インフラ整備資金の調達は、①税収、②起債（国債、地方債）、③国内外の金融機関からの融資、④外国政府と機関による支援の4つの方法がある。しかし、多くの途上国において、貧しさに加え、徴税コストも極めて高く、安定した税源の確保が難しい。安定した税源を確保することができなければ、起債することもできない。国内外の金融機関からの融資では、申請手続きの煩雑さだけでなく、税収を基礎とした長期的な返済計画が立てられなければ、融資を受けることも難しい。多くの途上国の初期発展段階において依存せざるをえないのは、外国の政府と国際機関による直接支援や金融支援である。

　アジア太平洋経済社会委員会（ESCAP）から2006年に出された報告書によると、2006年から2010年まで、アジアパシフィック地域におけるインフラニーズは2280億ドル、そのうち、政府部門による資金供給は約280億ドル、資金ニーズの12.3％を占める。民間部門による資金供給は約200億ドル、資金ニーズの8.8％、資金不足は約1800億ドル、全体の78.9％を占める。外国の政府と国際機関による資金援助も大変不足している。アジア開発銀行研究所（ADBI）は2010年から2020年の10年間アジアのインフラ投資需要に対する試算を行った。この10年間で総額8兆ドルの投資需要があり、単純計算すれば、平均年間7000億から8000億ドルの投資需要が生まれる。しかし、実際、世界銀行とADBのアジア向けのインフラ年間投資額はわずか300億しかないという現状である。

## 2　地域公共財としてのインフラ

　「公共財」という概念は1954年にサミュエルソンによって提起されたものである。「公共財」が提起された当初、その分析対象となっているのは一つの国の内部に限られるものであった。しかし、その後のグローバル経済の進展とともに、国際的な分業が進み、ヒト・モノ・カネの国境を超える動きが急速に発展する中、国際公共財という概念は経済学だけでなく、国際関係論にとっても極めて重要な概念として改良されてきた。オルソン（1971）は従来の「公共財」という分析を応用して、国際公共財（international public goods）という概念を打ち出し

ていた。その後、アメリカの学者であるキンドルバーガーは『大不況下の世界1929-1939』という本を出版し、彼が注目したのは、国際経済の安定を維持するためのリーダーシップの役割である。その後ギルピンなどは覇権安定論を定着させた。ギルピンなど覇権安定論者たちの主張からすると、絶対的優位性を持つ覇権国は、国際社会に安定した国際金融体制、開放的な貿易体制、安心できる安全保障体制、有効な国際援助体制などの国際公共財を供与することで、システム内における安定と繁栄を享受することができる。そのため、絶対的優位であるアメリカの覇権が必要不可欠である。また、この理論の下で、フリーライダー問題も解消できるとされている。

　白・中戸・浅羽（2008）は、覇権安定論が提起された歴史的文脈と理論的性格からその背景と背後に隠された意図を論証し、「米国中心のイデオロギーの性格がある」と強く批判した。そして、昨今の国際政治や経済の状況をみると、アメリカを中心とする覇権安定論はもはや的外れの議論であると言っても過言ではない。90年代以降に勃興してきたのは地域主義に関する議論である。財政学の議論に従って言えば、国が提供する公共財は国全体の全ての住民を対象とするが、地方自治体が提供する公共財は特定の地域の住民に限定するものである。それを国際のレベルでみると、国際公共財と地域公共財に置き換えられる。多くの国々が共存しているある特定の地域において、共同需要と共同利益がすでに存在しており、また、これらの共同需要と共同利益はグローバルな需要とグローバルな利益に反しないが、その地域における独自性がある。グローバル範囲の国際公共財の供給が不足しているか、その地域の共同需要を満たすことができない場合、この共同需要と共同利益は、地域に属する国々の協力を促進し、その共同需要と共同利益を保証する新たなシステムの構築に邁進させる。これらの地域に限定されるサービス、更にそのコストは地域に属する国々が共同分担するものを地域公共財と呼ぶ。

　この地域公共財の代表たるものは、地域の国々をつなぎ、そして地域間の物流を促進し、地域の住民の生活を改善するための電力、工業用水、道路、鉄道、港湾、空港といったインフラである。これら国を跨る地域公共財の規模は大きく、一つの国だけで全てを賄うことができない。そのため、国際協力の強化で、各種形態の協力を通じて、集団行動による地域公共財の共同生産と共同供給をしなければならない。一帯一路構想の提起は、地域公共財としてのインフラ整備に新た

なチャンスを与えている。中国の国家主席である習近平は2014年の8月にモンゴルを訪問する際に、「中国版のフリーライダー論」を提起した。彼は「中国の発展する列車に搭乗するのは大歓迎、快速急行に乗るのも良いし、フリーで搭乗しても良い。我々は歓迎する」とした。

## 3　PPPの推進と日中協力

　中国は「一帯一路構想」を打ち出してから、ユーラシアを接続するインフラをターゲットとした新たな国際金融機関を創設したが、これらの金融機関のみで途上国のインフラニーズにすべて応えることができない。最近、中国の外交部のスポークスマンが「一帯一路構想」に関する発言で、「政府引導（誘導）、企業主体、市場運作（運営）」という言葉がよく出てくる。その3つの言葉を具現化し、さらに、中国の対外経済関係の中心となるのは、PPPである。

　一帯一路構想下における中国の対外経済関係を**図1**のようにまとめることができる。

　これを3つのカテゴリーに分けることができる。第1カテゴリーは、中国政府の支援先の政府に対する無償協力や無利息や優遇借款といった政府援助である。第2カテゴリーは、PPP方式である。第3カテゴリーは、完全に企業を中心とする商業ベースの経済活動である。もちろん、第2カテゴリーと第3カテゴリーに関しては、中国政府の公的支援も存在している。日本では、外務省や国際協力機構（JICA）による対外経済援助や国際協力銀行（JBIC）による貿易金融、投資金融支援などの政府支援があると同様に、中国政府は、民間企業による案件形成に対して、中国輸出入銀行の金融優遇措置や中国輸出信用保険公司の貿易保険などによる公的支援も行われている。

　まず、中国政府による政府支援について、見てみよう。ここでは、中国の財政部予算司が公表した中央政府の支出項目から対外援助予算項目を抽出して、その予算の長期的傾向を確認したい。このデータからみると、近年、中国の急激な経済成長とともに、対外援助予算も次第に増えてきている。2003年の対外援助予算は52.23億元（約6.3億ドル）だったものが、2015年の213.58億元（約34.3億ドル）に増えた。しかし、一帯一路構想が2014年に提起されてから、中国の対外援助予算はさぞ増えるだろうと予想されがちだが、実際、財政部のデータから見る

図1　PPPを中心とする貿易、投資、援助（三位一体）の対外経済関係

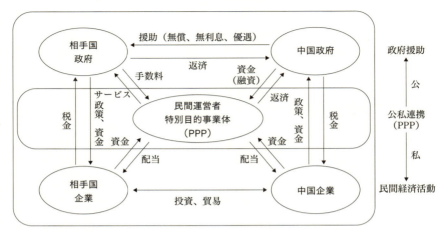

出所）筆者作成

と、予算ベースで増えるどころか、むしろ減少している。2016年では206.35億元（約31.1億ドル）、2017年では187.64億元（約27.2億ドル）と減少傾向にある。対外援助予算の対GDP比で見た場合、2003年は3.8％で、その後は横ばいで推移し、2008年に4％に達したものの、その後は減少傾向にあり、2017年に2.3％まで下がってきた。

　政府の援助と対照的に、民間ベースでの投資は活発化している。中国の商務部が公表した「中国対外直接投資統計公報」（各年）からみると、中国の対外直接投資は近年急速に増え続けている。2008年、中国の対外直接投資は金融類と非金融類を合わせると559.1億ドルであるのに対して、2016年の1年間で1961.5億ドルに飛躍した。また、対外直接投資のストックをみると、2008年では1839.7億ドルだったものが、2016年では1兆3573.9億ドルになっている。2014年を境に、中国の外資受け入れと対外投資に逆転現象が見られるようになった。

　中国企業が対外投資を活発化しているなか、中国政府は一帯一路というプラットフォームを提供しつつ、「政府引導、企業主体、市場運作」という理念のもとで、PPPを中心とする貿易、投資、援助の三位一体の対外経済構造が形成されつつある。

　途上国において、インフラ整備に必要な資金調達方法が限られている中、PPP方式が歓迎されていると同時に警戒感も見せている。フィリピンの公共事業道路

相であるビリヤール氏は「インフラ黄金時代を迎えている」と言及しつつ、「PPP方式を積極的に活用したい」と期待感を寄せているが、同時に、彼は、スリランカでは中国向けの債務が膨らんで南部の港の運営権を中国に譲った事例をあげながら、域内で中国への警戒論も強調している[1]。そして、トム・ミラー（2018）は中国企業の対ミャンマー投資の状況について、現地の住民の視点から、中国企業と住民の緊張関係を紹介している。しかし、すべての投資プロジェクトは現地住民の強い反発を呼んでいるわけではない。彼によると、「多国籍事業という性質が、民心への配慮という難しい水域を中国がうまく泳ぎ切るのを助けてくれるかもしれない」、「石油と天然ガスのパイプラインは、ミッソン・ダムやレパダウン銅山ほど、ミャンマー国内での批判を受けなかった。韓国やその他の国と協力して進めたからだろう」とも指摘した[2]。

　PPPを中心とする貿易、投資、援助（三位一体）の対外経済関係は途上国のインフラ開発資金のニーズに答えるために、重要な役割を果たすことができる。また、中国企業は積極的にリスクを取ってインフラプロジェクトを推進していることも評価すべきであろう。しかし、中国企業が単独でプロジェクトを進めた場合、地域の住民にどこまでの理解を得られるかという大きなリスクも兼ねている。中国政府と中国企業による単独でプロジェクトを展開するより、多国政府、多国企業による共同プロジェクトが現在中国政府、そして中国企業が直面しているリスクを解消する鍵を握っていると言っても過言ではない。

　実際、スリランカのハンバントタ港の投資プロジェクト以降、中国企業の投資に変化が見られるようになった。例えば、コロンボ港埋め立て建設プロジェクトは、中国企業だけでなく、スウェーデン、シンガポール、イギリス、オランダ、スリランカの企業による共同参加のプロジェクトとなり、中国も多国政府と多国企業との協力の道を探っている。インフラ輸出に関して、確かに、東南アジアの一部地域において、日本と中国の競合するものが増えているとはいえ、グローバル地域から見ると、必ずしも競合的であろうとはいえず、むしろ、多くの地域において補完関係にある[3]。日中の協業は、一帯一路沿線の多くの途上国にインフ

---

1）「フィリピン公共事業道路相、中国への過剰依存に慎重」『日本経済新聞』2018年4月16日。
2）トム・ミラー（2018）p.170。

ラという地域公共財をもたらすという意味において、極めて重要な意義を持つ。

## おわりに

　アジアの途上国に極めて大きいインフラのニーズがある。しかし、現在の国際社会において、そのニーズを満たせない状況が続いている。中国の一帯一路構想は、既存の制度的枠組みを越えて、沿線諸国に新たな道路、鉄道、発送電網、港湾、空港といったインフラ整備の可能性を供与している。しかし、中国企業の対外進出で、地域の住民の中国企業に対する不満や抵抗も見られるようになった。こうしたリスクをヘッジするためにも、地域における共同需要と共同利益を満たすためにも、各種形態の協力を通じて、集団行動による地域公共財の共同生産と共同供給をできる協業システムを構築しなければならない。アジアにおける2つの超大国である中国と日本は、互いに知恵を出し合い、競合を乗り越え、協業するシステムを共に構築することで、アジアのさらなる発展を牽引していかなければならない。その第一歩はまさに、地域公共財としてのインフラ整備であり、これこそ、日中両国の協力システムの試金石であろう。

## 参考文献

キンドルバーガー、チャールズ、R.（1982）『大不況下の世界—1929-1939』（石崎昭彦・木村一朗訳）東京大学出版会。
白昌宰・中戸祐夫・浅羽祐樹（2008）「覇権と国際政治経済秩序：覇権安定論の批判的評価」『立命館国際研究』20-3。
野村総合研究所レポート（2017）「インフラ輸出における日中の競合と補完」『知的資産創造』2017年11月号。
ミラー、トム（2018）『中国の「一帯一路」構想の真相：陸と海の新シルクロード経済圏』（田口未和訳）原書房。
Gilpin, Robert (1987) *The Political Economy of International Relations*, Princeton University Press.
Olson, Mancur (1971) "Increasing the Incentives for International Cooperation," *International Organization*, Vol.25, N0.4.

（じょ・いちえい／専修大学経済学部准教授）

---

3）野村総合研究所レポート（2017）

第10章

# 中国企業の一帯一路事業の進展と日本企業の参画

## 朱炎

---

**要約**
- 中国企業が沿線国で進めている一帯一路事業が進展している
- 一帯一路事業は進展し、成功を収めたプラス要因がある一方、直面する問題点もある
- 日本企業は一帯一路事業に参画する優位性があり、拡大する可能性は十分ある

**政策提言**
- 日本企業は自らの優位性を生かし、一帯一路事業に参画する形式を真剣に検討すべき

---

## はじめに

　中国の一帯一路構想の実施によって、中国企業の海外展開も新たな発展のチャンスを迎えた。本章は一帯一路構想の実施に伴って、中国企業の海外展開拡大の実態を観察し、事業が進展した背景と直面する問題点を検討するうえ、日本企業がこうした事業に参画するあり方を展望する。

## 1　中国企業の一帯一路事業の進展

　まず、沿線国に対する直接投資と企業の進出、工事請負が拡大している。

　沿線国への直接投資は、一帯一路構想の実施以降、年間140億ドル前後で推移し、対外投資全体に占める割合は12％前後である（**表1**）。直接投資に伴って、企業の進出も増えている。商務部の発表によると、2018年4月まで、中国企業は沿線の24カ国に75の「境外経貿合作区（工業団地）」を設立し、累計投資額は255億ドル、3,800社以上の中国企業が入居している。こうした企業は現地で22万人の雇用を創出している[1]。

　一帯一路沿線国で展開する事業の規模を工事請負のデータからも確認できる。

表1　一帯一路沿線国への直接投資と工事請負

(単位：件、億ドル、％)

| | 直接投資 | | 工事請負 | | | | |
| --- | --- | --- | --- | --- | --- | --- | --- |
| | | | 新規契約 | | | 工事完成 | |
| | 投資額 | シェア | 案件数 | 契約額 | シェア | 売上額 | シェア |
| 2014年 | 125.4 | 12.2 | | 862.6 | 45.0 | 643.7 | 45.2 |
| 2015年 | 148.2 | 12.6 | 3,987 | 926.4 | 44.1 | 692.6 | 45.0 |
| 2016年 | 145.3 | 8.5 | 8,158 | 1,260.3 | 51.6 | 759.7 | 47.7 |
| 2017年 | 143.6 | 12.0 | 7,217 | 1,443.2 | 54.4 | 855.3 | 50.7 |
| 2018年1-6月 | 76.8 | 12.3 | 1,922 | 477.9 | 44.8 | 389.5 | 53.5 |

注）直接投資は、2017年までは非金融分野の投資、2018年は金融も含む。シェアは中国の対外投資、対外工事請負全体に占めるシェア。
出所）中国商務省「対"一帯一路"沿線国家投資合作情況」(月報) によりまとめ。

　工事請負は、主にインフラ整備を受注し、施設と工場などの建設を請負い、資材・設備を提供し、一部は運営も引き受ける。表1で示したように、工事請負の新規案件の契約額、従来案件の実施を表す工事完成の売上額など、いずれも拡大しており、中国の対外工事請負全体の約半分を占めている。

　次に、中国企業が進めているインフラ整備の事業が進展し、数多くの成果を収めた。

　鉄道の場合、インドネシアでは、ジャカルタ－バンドン間の高速鉄道は2016年に着工した。アフリカでは、エチオピアとジブチ両国の首都を結ぶ鉄道は16年に完成し、18年1月に正式に運行開始した。ケニア東部の港湾都市モンバサから首都ナイロビを結ぶ鉄道は2017年に運行を開始した。東南アジアでは、ラオス初の鉄道とタイ北部鉄道は建設中にある。ヨーロッパでは、ハンガリー－セルビア鉄道が2015年に着工した。

　港湾建設に関しては、パキスタンのグワダル港、ギリシャのピレウス港、スリランカのハンバントタ港などが成功事例として取り上げられる。

　ほかにも、発電所建設にも力を入れている。例えば、パキスタンでは、カロト水力発電所のほか、合計10数カ所の火力発電所を建設している。

---

1) 中国商務省の記者会見、2018年5月31日 (http://www.mofcom.gov.cn/xwfbh/20180531.shtml)。

ちなみに、中国企業が沿線国で進めるインフラ事業の多くは、中国の技術基準を採用している。
　第3に、中国の近隣国、一帯一路の重要な節目となるパキスタンとカザフスタンでの協力事業の進展である。
　中国とパキスタンの「中パ経済回廊」は一帯一路最大の協力案件であり、モデル事業でもある。その主要事業として、アラブ海に面するグワダル港の建設、グワダル港と新疆カシュガル（喀什）を結ぶ全長3,000 kmの輸送通路（道路、鉄道、石油ガスパイプライン及び通信線路）の構築がすでに始められた。また、製造業投資、発電所建設などの事業も進めている。
　カザフスタンでの事業も比較的順調に進んでいる。カザフスタンは中国からヨーロッパへの鉄道輸送の通過点であり、国境地帯の2カ所に保税区（経済特区）と国境合作区が設けられている。また、両国間の「国際産能合作」により、中国企業はカザフスタンで様々な製造業分野に投資している。

## 2　進展する背景と直面する問題

　一帯一路構想の実施に伴う中国企業による海外事業は概ね順調に進展している。進展には以下のような背景がある。
　第1に、沿線国のニーズに合い、ウィンウィンの関係を構築した。一帯一路構想の実施は関係国の自らの発展計画とすり合わせ、すなわち政策協調を実施したうえで行われているので、関係国のインフラ整備、産業発展の需要を取り入れているため、当然、所在国で評価され、事業の実施も支持される。
　第2に、中国企業が実施する一帯一路の事業は、中国国内からもバックアップされている。一部の重要案件の調印、着工、操業式に中国の指導者が出席することが多い。また、様々な金融機関が中国企業の一帯一路事業に様々な金融支援を行っている。一帯一路の実施のため設立されたアジアインフラ投資銀行（AIIB）のみならず、中国の政府機関と金融機関が出資するシルクロード基金、政府系金融機関が一帯一路実施のため設立したファンドなどを活用できる。
　第3に、事業推進の多様化である。沿線国に進出する中国企業は国有大手企業のみならず、民間企業も増えている。しかも、一帯一路の実施のため設立された様々な基金も出資者として加わっている。

一方、インフラ整備において、中国企業は入札を通じて、PPP案件として参加するが、実施の方法が多様化している。一般的なEPC（Engineering Procurement Construction、設計・調達・建設を一括して元請け）、BOT（建設・運営・移転）に止まらず、事業の広がりを持つDBFOT（設計・建設・融資・運営・移転）、O&M（Operation & Maintenance、運営・保守）などの形式もあり、リスクが比較的高いBOO（建設・所有・運営）、BOOT（建設・所有・運営・移転）なども含まれる。

　しかし一方で、一帯一路関連の事業は様々な問題にも直面している。

　まず、政治的リスクである。一帯一路沿線国の一部は政情不安を抱え、政権交代によって、従来の親中的、一帯一路を支持する政権が認可した案件が延期、中止され、計画が見直しされた。そのうち、中国が推進する案件が腐敗と指摘され、現実の需要を上回り、もしくは国の負担能力を超えた事業と指摘されることもある。例えば、2018年5月に登場したマレーシアのマハティール政権は、前政権が進めていた大型案件に腐敗、実需より過大が存在すると批判し、中国企業が建設する東海岸鉄道など4つの案件（総工事費200億ドル強）を中止させた。2018年7月末に行われたパキスタンの総選挙で勝利し、首相に就任したイムラン・カーン氏は、選挙中に、中国との一帯一路の協力に批判的であり、腐敗が存在していると指摘したため、今後、中パ経済回廊の実施が懸念される。

　次に、一帯一路関連の投資とインフラ整備の案件は十分な利益を得られず、失敗の可能性もある。例えば、一帯一路関連のインフラ整備案件の多くは、従来から計画があり、採算が厳しいため、実施に移せないものが多い。中国企業が建設、運営を請け負っても、収益性に保証がない。また、沿線国ではビジネス環境、市場経済の浸透にも問題があり、契約を守るとは限らない。しかも、中国企業は対外投資、海外でインフラの建設・運営には経験不足である。

　第3に、一帯一路関連の事業の多くは、対外援助の性格を持つが、中国企業がビジネスライクで対応する場合には、利益を追求する企業の性格と矛盾が生じる可能性もある。

## 3　日本企業の参画への展望

　一帯一路構想の実施は、日本企業にとって、ビジネスチャンスであり、発展の

きっかけにもなりうる。しかし、日本企業の一帯一路に対する認識と姿勢も日本の政界、世論の影響で変化してきた。2017年以降、日本政府は条件付きで中国主導の一帯一路に日本も参加すると表明した。2017年12月、日本政府は「民間経済協力のガイドライン」を策定し、省エネ・環境協力、産業高度化、物流利活用の3分野において、日本企業の一帯一路事業の参加を容認した。このような影響で、日本企業も一帯一路事業への参画に積極的になり、期待も高まった。

　日本企業はいかにして、中国企業が進めている一帯一路案件に参画するか。基本的には「第三国市場における民間経済協力」であるが、具体的には以下のようなビジネスチャンスを掴むことができる。

　第1に、中国企業が進める事業に協力者、共同事業のパートナーとして様々な形式で参加する。例えば、企業設立する際の合弁相手、インフラ整備の際の設備提供、技術サポート、共同入札などができる。製造業の場合の調達と販売の協力、サプライチェーンの相互乗り入れなどができる。同様に、日本企業が進める案件に中国企業をパートナーとして受け入れることもできる。実際、インドで日本企業が進める新幹線建設を日中共同事業に、という提案もある[2]。

　第2に、一帯一路構想の実施によって、中国企業が整備したインフラ施設などを活用する。例えば、沿線国で発電所の建設によってエネルギー事情が改善し、道路整備などで物流が改善した。これはいずれも日本企業の進出の際に活用できる。中国からヨーロッパまでのコンテナ鉄道輸送、中国が世界各国で開発した港を活用すれば、日本企業のグローバルな物流が便利になる。実際、日本通運は日欧間の輸送に中国の鉄道、一帯一路の輸送ルートを活用している。日本郵船は、中国が投資するスリランカの港を自動車輸送に活用する。

　第3に、日本企業の技術、ノウハウ、海外事業の経験を生かし、中国企業の一帯一路事業にサービスや、サポートを提供する。

　第4に、一部の一帯一路沿線国では、中国企業のプレゼンスが日本企業を上回っている。日本企業が中国企業の一帯一路事業に参加することは、こうした国への進出を拡大し、さらなる発展を図るチャンスでもある。

　実際、日本企業は中国企業が進める一帯一路事業に参画する様々な有利な条

---

2）「インド新幹線、日中連携の布石を」（NNA ASIA アジア経済ニュース、2018年7月5日刊）。

件、すなわち優位性も持っている。日本企業と中国企業は早い時期にビジネス上の協力関係を築いている。中国に進出する日本企業は、中国企業と合弁、販売協力、資材・部品の納入、研究開発など、様々な形で協力事業を行ってきた。このような協力関係を日本にも広げ、中国企業の日本事業に中国での事業のパートナーである日本企業が協力している。このような協力関係をさらに広げると、一帯一路沿線国における中国企業が実施する事業に日本企業が参加することもできる。いわゆる「第三国での日中民間経済協力」は十分可能であり、中国企業と日本企業の双方にとってウィンウィンの事業になる。

加えて、日本企業は優れた品質と性能を持つインフラ関連の機械設備を提供できるため、中国企業にとって有利な調達先になる。また、日本企業の海外で行ったインフラ整備事業の歴史が長く、工事請負、資材提供、運営など、蓄積した経験は中国企業にとっても有益である。

いままで、中国企業が海外で行ったインフラ整備事業に、欧米の大手企業が資材・機械設備のサプライヤー、技術サポート、資金調達の斡旋、などの形で参加している。日本企業もこのような形式で参画できるはずである。

例えば、米国のGEは、中国企業が沿線国で建設した発電所など数十の案件に様々な資材を提供し、大型ガスタービンだけでも60基以上を販売した[3]。ドイツのシーメンズは、電力、公共サービス、石油・天然ガス、化学、鉱山、製造業などの分野で、中国企業の海外事業に協力し、融資の斡旋も行った[4]。金融分野では、英系香港上海銀行（HSBC）は一帯一路事業に積極的に参加し、一帯一路専門の部署を設け、プロジェクト融資のみならず、オフショア人民元業務、企画、コンサル、為替、リスク管理など、提供する金融サービスは多岐にわたる[5]。GE、シーメンズ、香港上海銀行のような一帯一路事業への参画は、日本企業もできるはずである。

さらに、日本企業の海外展開は一帯一路沿線国にもカバーしているので、中国

---

3）「通用電気（GE）与工程総承包（EPC）携手共進」、中国日報網2016年11月29日（http://house.qq.com/a/20161129/022826.htm）。

4）「EPC企業走出国門 迎歴史新機遇」、第一財経網2016年5月30日（https://www.yicai.com/news/5020297.html）。

5）「滙豊：高度重視"一帯一路"所帯来的市場機遇」、『経済参考報』2018年8月2日（http://www.jjckb.cn/2018-08/02/c_137363190.htm）。

企業にとって、沿線国にある日系企業のプレゼンスを活用できる。ASEAN（東南アジア諸国連合）の場合、2016年までの直接投資残高でみると、日本からは1672億ドルに対して、中国は717億ドルである。日本の対ASEAN投資のうち、製造業は947億ドル、投資全体に占めるシェアは56.7％であるが、中国は132億ドルと18.4％に止まっている。すなわち、ASEANでは日系製造業は圧倒的な力を持ち、中国企業の一帯一路事業に協力しやすい。同様に、金融、流通分野にも、ASEANにおいて日本企業のプレゼンスは中国より強い。

　中国企業が進めている一帯一路事業に日本企業が参画することは双方にとっても有益であり、ウィンウィンになり、大きく発展する可能性は大きいであろう。日本企業は自らの優位性を生かし、一帯一路事業に参画する地域、産業、形式などを真剣に検討すべきであろう。

（しゅ・えん／拓殖大学政経学部教授）

第11章

# 「一帯一路」と東アジア海上国際物流の進展と課題
国際ロジスティクスの高度化と効率化で日中韓連携を

唱新

> 要約
> ・東アジアはEUに並ぶ世界最大の海上コンテナ国際物流集積地域
> ・「一帯一路」はEUと東アジア世界2大経済圏の物理的連結性強化に寄与
> ・東アジア海上国際物流の高度化と効率化で日中韓連携を
> 政策提言
> ・東アジア国際ロジスティクスの高度化と効率化で日中韓連携を

はじめに

　世界貿易量の約8割、貿易額の約7割が海上輸送によって運ばれているといわれている。海上輸送の貨物は原油、石油製品、石炭、鉄鉱石、穀物、工業製品などが含まれているが、その内の工業製品は主にコンテナ船によって運ばれている。

　一方、東アジアでは2000年以降、中国のWTO（世界貿易機関）加盟、ASEAN（東南アジア諸国連合）を中心とする地域統合の進展などを契機に、国際生産ネットワークの拡大はサプライチェーンの発達をもたらし、域内における工業製品の貿易だけでなく、欧米への輸出も急速に増加してきた。それにより、コンテナ輸送を中心とする海上国際輸送も飛躍的に伸びてきた。因みに本章は東アジア海上物流の進展状況、中国の「一帯一路」政策による東アジア海上物流への影響及び中日連携の可能性について考察したい。

## 1　東アジア港湾・海運業の現状

　米IHS Global Insight社の統計によると、2017年の世界コンテナ荷動き量は1.4

表1　東アジア港湾・海運業ランキング（2017年）

| 順位 | コンテナ取扱港湾（千TEU） | | 海上コンテナ取扱量（千TEU） | | 商船保有船腹量（船主国ベース、千DWT） | |
|---|---|---|---|---|---|---|
| | 港湾名（国名、世界順位） | 取扱量 | 国・地域（世界順位） | 取扱量 | 国・地域（世界順位） | 載貨重量 |
| 1 | 上海（中国、1） | 37,130 | 中国（1） | 199,566 | 日本（2） | 223,615 |
| 2 | シンガポール（2） | 30,900 | シンガポール（3） | 31,688 | 中国（3） | 183,094 |
| 3 | 深圳（中国、3） | 23,979 | 韓国（4） | 26,373 | シンガポール（5） | 103,583 |
| 4 | 寧波（中国、4） | 21,560 | マレーシア（5） | 24,570 | 香港（6） | 97,806 |
| 5 | 釜山（韓国、5） | 19,850 | 日本（7） | 20,257 | 韓国（7） | 77,277 |
| 6 | 香港（中国、6） | 19,580 | 香港（8） | 19,580 | 中国台湾（13） | 50,422 |
| 7 | 広州（中国、7） | 18,885 | 中国台湾（11） | 14,865 | インド（16） | 24,852 |
| 8 | 青島（中国、8） | 18,000 | インドネシア（14） | 12,432 | インドネシア（20） | 20,299 |
| 9 | 天津（中国、10） | 14,500 | インド（15） | 12,083 | マレーシア（22） | 19,524 |
| 10 | ポートクラン（マレーシア、11） | 13,183 | ベトナム（20） | 8,496 | ベトナム（29） | 9,221 |
| 11 | 高雄（中国台湾、13） | 10,465 | タイ（21） | 8,239 | タイ（32） | 7,559 |
| 12 | 大連（中国、15） | 9,614 | フィリピン（24） | 7,421 | フィリピン（53） | 1,927 |
| 13 | アモイ（中国、16） | 9,414 | ミャンマー（61） | 1,026 | 北朝鮮（66） | 830 |
| 14 | 営口（中国、23） | 6,086 | カンボジア（83） | 482 | ミャンマー（88） | 158 |
| 15 | ホーチミン（ベトナム、24） | 5,987 | ブルネイ（110） | 125 | カンボジア（129） | 8 |

注1）コンテナ取扱港湾は2016年のデータである。
　2）DWTは載貨重量トンである。
資料）コンテナ取扱港湾はContainerisation International Yearbook、海上コンテナ取扱量と商船保有船腹量はUNCTAD（United Nations Conference on Trade and Development）のデータにより作成。

億TEUであり、その内、東アジア域内荷動き量は2874万TEU（世界シェア20.5％、以下同）、東アジア⇔北米間（往復）は2415万TEU（17.3％）、東アジア⇔欧州（往復）は1920万TEU（13.7％）で、東アジア発のコンテナ荷動き量は世界全体の51.5％を占めている。さらに海上物流の拡大は港湾や海運業の成長を促進しただけでなく、海上ロジスティクスの高度化・効率化をもたらした。

一方、UNCTAD（国連貿易開発会議）の統計では2017年の世界コンテナ取扱量は7.5億TEUであるが[1]、表1に示されているように、世界の港湾と海上コンテナ輸送では東アジアは圧倒的な優位を占めている。

まず、コンテナ取扱ハブ港についてみれば、2016年の世界のコンテナ取扱量上位20位のハブ港の中で、アラブ首長国連邦のドバイ港（世界9位、以下同）、オ

ランダのロッテルダム港（12位）、米国のロサンゼルス港（18位）を除いて、中国を中心にシンガポール、韓国など、東アジアの港がほぼ独占している。

　その中で、マラッカ海峡にはシンガポール港、マレーシアのポートクラン港の２港、南シナ海にはホーチミン港、広州港、深圳港、香港港の４港、東シナ海には上海港、寧波港、青島港、釜山港、高雄港の５港、渤海、黄海には大連港、天津港、営口港の３港があり、渤海、黄海、東シナ海、南シナ海では海上コンテナ輸送が高度に発達する一方、インド東側のベンガル湾とミャンマー西側のアンダマン海及びインド洋には大規模なコンテナ港がなく、アジアでの海上コンテナ輸送の不均衡も顕著であり、今後の課題でもある。

　次に国・地域別のコンテナ取扱量についてみると、表１のとおり、東アジア域内では格差が非常に大きい。その中で、中国は２億TEU弱で、世界の約26.7％を占めており、中国、シンガポール、韓国、マレーシア、日本の、上位５カ国のコンテナ取扱量は約３億TEUとなり、世界の約40％を占めている。一方、ASEANではシンガポールとマレーシアを除いて、そのいずれもコンテナ取扱量が少なく、とくにミャンマーとカンボジアは150万TEUに過ぎない。東アジアの中で、シンガポールとマレーシアを除いたASEANでは港湾の整備とコンテナ海上輸送は立ち遅れているといえよう。

## 2　「一帯一路」とユーラシア海陸一貫輸送ルートの開設

　これまでにEUと東アジアという２大経済圏は主に海上輸送ルートで結ばれているが、中国の「一帯一路」政策で実施している「ユーラシア陸上一貫輸送ルート」はEUとアジアの物理的連結性強化において重要な意味合いがある。

　「一帯一路」の構想でとくに急速に進展しているのは「ユーラシア陸上国際一貫輸送ルート」の開通であり、それを象徴する出来事は中国から欧州までの「中欧班列」の急拡大である。

---

1）米IHS Global Insight社の統計は海運会社ベースのデータに対し、UNCTADの統計は港湾ベースで、その中で、中継港での積み替え輸送は２回分（出貨・入貨）をカウントし、内航海運と国際輸送の両方、空コンテナなども含むため、両者の集計したコンテナ荷動き量は大きく異なっている。

「中欧班列」とは中国・欧州間の定期的国際コンテナ一貫輸送貨物列車（CHINA RAILWAY Express: CR express）のことである。1997年に江蘇省の連雲港の開港により、中国新疆の阿拉山口、カザフスタン経由でモスクワに至る「チャイナ・ランドブリッジ」が開通したが、現在の「中欧班列」は中国から、内モンゴルの「満州里税関」（東ルート）、「二連浩特税関」（中ルート）、新疆ウイグル自治区の「阿拉山口税関」（西ルート）など3つのルートで、シベリア・ランドブリッジとチャイナ・ランドブリッジを経由して、欧州各国にいたっており、輸送距離は12,000キロメートル、輸送期間は15日間前後である。その最大のメリットは輸送期間が海上輸送より2分の1から3分の1に短縮出来ることである。

　中国「国家鉄道総公司」の発表によると、この「中欧班列」は2011年3月19日に「中国・重慶～ドイツ・デュイスブルク」の開業から始まったが、2018年6月までに、中国国内の48の都市と沿線の14カ国の42の都市の間に51本の国際定期貨物路線（1日9便）が開業し、計9,000便に急拡大し、累積コンテナ輸送量は80万TEUに上がった[2]。

　この「中欧班列」の新しい進展としては、成都、重慶、鄭州などの内陸拠点都市を鉄道で中央アジアや欧州とつなげると同時に、天津、青島、連雲港などの沿海港湾を通じて、日本、韓国、ASEANとの連結強化をにらんで、東アジア各国・地域とのコンテナ陸海国際一貫輸送ルートの構築にも取組んでいる。このことは日本と韓国の企業にとって、中国西部地域、中央アジア、東欧などユーラシア大陸市場を開拓するために欠かせない国際輸送ルートを開通することになっている。

　この「中欧班列」を一層拡大するために、2016年10月に中国鉄道総公司は「中欧班列建設発展計画（2016～2020年）」を実施し、2020年に向けて、国内では主要都市をカバーする「中欧鉄道網集荷ステーション」を設置すると同時に、沿海港湾を活用して、国際海陸一貫輸送を拡大し、2020年には年間5,000便の運行を実現する。その計画を推進する枠組みとして、2017年5月に「中欧班列輸送協調委員会」を立ち上げ、輸送網の整備、新技術の開発、通関手続きの簡素化などを通じて、輸送期間の短縮、コストの削減、品質の向上に取組んでいく。

---

2）『一帯一路網』（https://www.yidaiyilu.gov.cn/zchj/rcjd/60645.htm）

図1 東アジア諸国及び欧州主要国のコンテナ海上輸送能力と国際物流の効率性

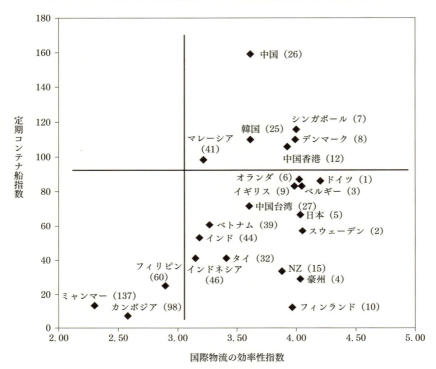

注1）（ ）内は国際物流効率性世界ランキングでの順位である。
 2）国際物流の効率性指数は①通関手続きの効率性、②貿易・物流のインフラ、③適切な輸送便確保の容易性、④輸送サービスの能力・質、⑤荷物の追跡・管理、⑥納期内到着度などの6分野に関するアンケート調査に基づいて、5段階で評価・スコア化したものである。
 3）定期コンテナ船指数は当該国の港湾における定期貨物船について、①運航している船舶数、②船舶のコンテナ総積載能力、③運航している最大船舶規模、④定期船サービス数、⑤海運サービスを展開する企業数などの5項目で評価し、2004年でトップの国を100として各国の評価を指数化したものである。
 出所）UNCTAD（United Nations Conference on Trade and Development）のデータにより作成。

## 3　国際物流の高度化と効率化で日中韓連携を

　海上コンテナ国際輸送規模の拡大にともなって、国際物流の効率性とサービスの質の向上も重要な課題となっている。
　世界各国のコンテナ国際輸送の能力と効率性に関しては、UNCTADは世界157カ国を対象に定期コンテナ船指数と国際物流効率性指数で評価・スコア化している。そのコンテナ国際輸送能力と物流効率性の相関関係は図1のとおりであ

る。

　この図1でわかるように、中国、シンガポール、韓国などの東アジアの国・地域はコンテナの海上輸送能力は高いが、欧州各国の方が輸送効率性が高いのである。東アジアが海上物流の効率性で欧米に遅れているのはシンガポールを除いたASEAN各国の効率性が低いからである。このことに関しては、いまのASEANでは通関手続きの円滑化、簡素化、電子化で改善に取組んでいる。

　また、東アジア全体では、荷物の追跡管理が欧米に比べ大幅に遅れている。しかし、最近の新しい動向として、日中韓連携でコンテナの位置情報システムの導入による荷物追跡システムの構築やコンテナ物流関連規格の共通化を通じて、まず、3カ国間のコンテナ国際物流の効率化に取組んでおり、将来、その対象港をASEANやEUにも拡大していこうと目指している[3]。

むすびにかえて

　要するに世界コンテナ国際物流では中国を中心にシンガポール港、韓国の釜山港を含め、東アジアは圧倒的な優位性を持っているが、ASEANとインドはまだ、立ち遅れている。また、国際物流の効率性の面では東アジア全体は欧米に遅れている。今後、グローバルサプライチェーンの管理を強化するためには、陸海上の国際ロジスティクスの高度化、効率化が不可欠であるが、日本にとって、世界で圧倒的首位の中国と釜山港をもつ韓国との地理的近さを活かして協力体制を強化することは重要な課題となっている。

（ちゃん・しん／福井県立大学経済学部教授）

---

3）『日本経済新聞』（朝刊）2018年8月23日。

第12章

# 氷上シルクロードの展開
## 氷海の新物流・エネルギールートの出現

大塚夏彦

> **要約**
> ・北極海航路はLNGや原油の通年輸送の開始により、新たなルートとして実用段階に
> ・中国は北極政策を背景に一般貨物での北極海航路利用に挑戦し、成功しつつある
> ・世界の一部は長期的視点で北極海航路の新たな活用に関心を持ち始めた
>
> **政策提言**
> ・日本は地理的な優位性を最大に活用し、北極海航路を多様に活用する戦略を展開すべし

## 1　北極海航路の啓開

　北極海を渡って大西洋と太平洋との間をつなぐ航路には、ロシア側を通る北東航路、カナダ側を通る北西航路、および北極海中央を横断する極点航路と呼ばれるルートがある。このうち北東航路を使うと、欧州と東アジアの港との海上距離を、スエズ運河とマラッカ海峡を経由する一般的な経路に比べて、30～40％も短縮することができる（図1、図2）。また、スエズ運河やマラッカ海峡は、事故や事変が発生すると利用不能になるリスクがある。北東航路はこうした非常時の代替路となりうる。

　北東航路、北西航路とも、古くから繰り返し行われた探検や調査をへて、やっと航路の全容が明らかになる。北東航路の完全航海は19世紀（スウェーデンのノルデンショルド）、北西航路の完全航海は20世紀の初め（アムンゼン）に達成された。20世紀、日露戦争やロシア革命を経て、次第に北東航路は戦略的な重要性を高めていく。1930年代、旧ソ連は北方艦隊をバレンツ海に面するコラ半島に編成するとともに北極海航路管理局を設立し、航路の開発・管理を所轄させた。ここに北極海航路とは北東航路のうち、ノバヤゼムリヤ島東岸からベーリング海峡

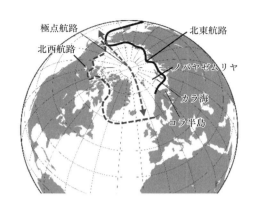
図1　北極航路

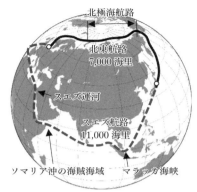
図2　北極海航路

の間の約2,300海里区間のロシア名称である（区間の定義は2013年に更新された現在のもの）。1980年代に入ると、旧ソ連は原子力砕氷船団と氷海商船隊を整備して、北極海沿岸地域への国内輸送に就航させた。

　米ソ冷戦時代、北極海航路は実質的には外国には閉ざされていた。しかし1987年、ペレストロイカ政策を進めるゴルバチョフ書記長は、北極海航路を国際商業航路として開放する演説を行った。この背後には、終結にむかう東西冷戦構造のもと、北極海航路の重要性が、戦略的なものから経済的なものへと移行した状況がある。しかしながら、北極海航路通航には4カ月前にロシアへの許可申請が必要であると同時に、原子力砕氷船の支援とその高額な費用負担が義務付けられていた。加えて、氷海航行可能な貨物船は非常に少なく、氷海航行の不確実性、夏期のみに限定される利用期間、不透明な制度などの問題から、北極海航路は国際海運市場の関心を得ることはできなかった。

## 2　北極海航路の利用

### （1）商業利用の拡大

　21世紀にはいると、北極海の夏期海氷が顕著に減退していることが明らかになってきた。2010年代になると中国の鉄鉱石需要が急成長を見せた。同時に原油ならびに燃料価格が高騰し、海運業界は輸送コスト削減のために、低速運転などの対策を余儀なくされていた。一方ロシアにとっては、海氷減退によって北極海航

路の航行環境が緩和することにより、北極圏の開発や国際海運を通じて、経済発展を目指す機会が現れた。

　こうした背景のもと、2010年に実施された北極海航路による試験輸送の成功を契機に、欧州およびロシア沿岸と東アジア間の資源貨物のトランジット輸送[1]が始まった。この輸送は、2013年には71航海136万トンまで増大し、鉄鉱石、ガスコンデンセート、ナフサなどがアジアへ、ジェット燃料などが欧州に輸送された。日本には、2013年までにLNG、ナフサ、冷凍鯨肉が輸送された。

　その後2014年、燃料価格の下落、中国の鉄鉱石需要低迷、海運市場低迷に加え、ロシアに対する米・欧の経済制裁発動を受けて、北極海航路のトランジット輸送は急減した。この低迷は2018年も継続している。一方で北極海航路の総貨物量は継続的に増大し、2017年は歴代最高の1千万トンを記録した。これにはロシア北極海沿岸からの原油輸送と、後述するヤマルLNG基地関連貨物の増大が背景となっている。また近年、無氷となる期間は氷海用の商船だけでなく一般船も北極海航路を航行するようになっている。夏期における船の航行速度は、無氷時には通常海域と同等、砕氷船支援時には概ね10〜12knの速度で安定的に航海が行われている。

　北極海航路の商業利用拡大に並行して、ロシアは航行規則の更新を進め、航行申請と許可の手続きを簡略化するとともに、砕氷船支援の要否の条件が整理され、無氷や軽微な氷況では砕氷船なしの航行も可能になった。砕氷船料金制度も更新され、砕氷船支援を受けた海域範囲に応じた料金に明確化されるとともに、砕氷船支援を受けない場合は、料金は発生しないことになった。

（2）北極海の天然資源開発と北極海航路

　現在、北極海航路で輸送されている貨物の多くは、北極海沿岸で積み出された天然資源と、資源開発に関連する貨物となっている。主要な貨物は、カラ海やペチョラ海（いずれも北極海航路の西端の海域）で産出される石油、エニセイ川下流域から運ばれる金属（ノリリスク産）関連生産品と資機材のほか、オビ湾西岸のヤマル半島で進められているヤマルLNG基地への資機材などである（**図3**）。

---

1）本論でのトランジット輸送とは、北極海沿岸のロシアの港に寄港せずに、大西洋側港湾と太平洋側港湾の間を輸送することを示す。

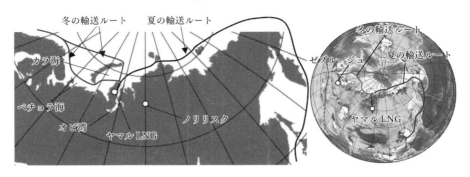

図3　ヤマルLNG

　ヤマルLNGは北極海沿岸では初めてのLNG基地であり、建設のために輸送された貨物量は200万トン以上にのぼった。2017年末にLNG生産が始まり、2018年から積み出しが開始されている。現在、550万トン生産トレーンが2系列稼働しており、第3トレーンは2019年の稼働を目指している。この3トレーンが全稼働すると年間1650万トンのLNGが、冬はカラ海を横断して欧州へ、夏は北極海航路を東航して中国などのアジア市場に輸送される[2]。LNGの輸送は、新造砕氷LNGタンカー（17万$m^3$）により砕氷船に頼らずに行われ、その航行は年間160往復以上となる。2018年の1月および7月に、この両方の輸送に成功したところである。これにより、今後はLNGが北極海航路の主要貨物の座につくことになる。

　北極であっても、石油・LNGの生産・輸送は通年で行うのが原則である。カラ海とペチョラ海からの原油輸送に加え、ヤマルLNG輸送では、冬期の商業運航を実現しており、北極海の資源開発を支える輸送基盤を現実化したといえる。また、ヤマルLNGのアジア側のユーザーは中国である。今後は中国向けのLNGタンカーが多数、宗谷海峡あるいは津軽海峡を航行し、両海峡は中国のエネルギー安全保障上の重要性を増すことになる。

---

2）輸送先は、欧州側ではゼブルージュ（ベルギー）など、アジア側は中国が主体である。

## 3 商業利用のゆくえ

### (1) 中国が先導する貨物輸送

これまでの輸送事例から、欧州北部と東アジア間の不定期輸送（コンテナ定期輸送ではない）では、海氷が少なく砕氷船使用料を節約できれば、距離短縮による燃料費、傭船料、運転経費などの節約により、輸送コストはスエズ回り航路と遜色ないか有利となることが明らかになっている。また貨物の種類によっては、輸送時間短縮が利益につながる場合がある。LNG船、自動車専用船、冷凍船などは傭船料が高額となるので、輸送期間短縮が便益に結び付く可能性が高まる。こうした有利な条件を選べば、欧州と東アジア間の不定期貨物輸送において、北極海航路は有効な輸送手段となりうる。しかし2014年に北極海航路トランジット輸送は急減し、現在の北極海航路輸送の多くは、航路区間内にある港湾を起点又は終点とする輸送形態となっている。

こうしたなか中国船社は、氷海航行可能な多目的バルク船団による欧州〜東アジア間のトランジット輸送事業を開始し、2014〜2017年の4年間で11回の輸送を実施、2018年は8月末時点で3回の輸送を完了し、2隻が運航中である。同社は、欧州・アジア間の不定期貨物のなかで条件の適合する貨物を発掘するとともに、氷海用多目的バルク船3隻を新造発注するなど、事業拡大をはかっている模様である。こうした北極海航路による輸送機会の増大は、隠れている需要を掘り起こす可能性がある。実際、中国船社が2014年以降に輸送した貨物は、風力発電機材、パルプ、金属、家畜飼料、船舶など多様化しつつある。このうち家畜飼料は、北海道の苫小牧港と釧路港に2017年と2018年に各1回ずつ輸送された。

北極海航路のトランジット輸送が始まったころから、中国関係者はこれをシルクロードになぞらえて関心を表明してきた。2018年に公表された中国の「北極政策白書」は、この姿勢を公的な文書で言及するものとなり[3]、今後も中国は、北極海航路の商業利用を拡大させていく可能性が高い。近年中国関係者は、北極海

---

3) 中国の北極白書では、『中国は「一帯一路イニシアティブ（シルクロード経済ベルトと21世紀の海のシルクロード）」において、『北極のシルクロード』を協働して構築する機会を、関心のある関係者に提供するとともに、北極の接続性（コネクテビティ）と経済・社会の持続的な発展をはかる』と述べている。

航路の中継拠点港として北海道の釧路港[4]や苫小牧港に関心を寄せている。併せて、当地への企業立地により北海道産品の加工・生産と輸出、およびその原材料やその他物品の輸入を促進する事業構想を提案している。ただし、定常的な海上物流が成立するためには、十分な量の荷受け・積み出し双方向の貨物が求められる。しかし現段階では北海道全体を対象としても、欧州との間の貨物においてこの条件を満たすことは容易ではない。中国資本の進出によって、北海道で欧州向け輸出品の新たな生産が事業的に成立するかどうかが焦点となろう。もう一つ重要な点は中国を起点とすると、現状では北極海航路には、貨物需要のある途中寄港地がないことである。その候補地は、航路ルート上に位置する韓国と北海道である。この両地で荷役する貨物が生まれることで、中国が目指す氷海のシルクロードの実現可能性が高まる。

### （2）長期的な海氷減退が現実化すると

現在の海氷減退が長期的に継続すると、北極海航路区間において、夏は無氷期間が拡大し、冬でも1年氷だけが存在する状況が出現する。こうなると、現実的には砕氷船の支援があれば航行可能期間が通年に拡大されるであろう。航行期間の拡大は、北極海航路の利用機会を大きく増やすことが予想される。また貨物船による極点航路の航行も、砕氷船支援のもとで可能となりうる。極点航路の現実化は、ロシアの航行規則に縛られない北極海航路として、新たな輸送シナリオ、用途、重要性を生むことになる。極点航路が通過する北極海中央の公海に関しては、将来の海洋利用に対して、すでに海洋環境保護、安全管理、公海漁業の規制などに関する国際的な議論が始まっている。

---

4）平成28年12月、張小平 中国大使館一等書記官が釧路日中友好協会の例会において「一帯一路構想」に触れ、「釧路はアジアの玄関口として国際港湾物流拠点としての成長が期待できる」と述べるとともに、同月13日付の『釧路新聞』には「釧路は北米にも近い。将来はアジアの玄関口として、南のシンガポール、北の釧路といわれるような魅力がある」と語った。さらに平成30年6月、宋耀明商務公使、在日中国企業協会の王家馴会長ら代表団が、釧路市日中友好協会の招待のもと釧路市を訪問し、「いまや世界は『北の釧路、南のシンガポール』」をテーマとした講演を行った。

## （3）コンテナ輸送の可能性

　コンテナ貨物は、国際海上貨物の価格の50％以上を占めるといわれ、高度にネットワーク化されたサプライチェーンを支えている。その輸送では、大型コンテナ船が多数の港に毎週決まった日時に寄港して貨物を積み下ろししながら、決められた経路の往復を繰り返す。このため、多くのコンテナ船が同じルートに就航する。北極海航路を通じてこれと同じサービスを実現するのは、現時点では困難である。この理由として、北極海航路は当面夏のみの運航であること、氷海航行での定時性確保がまだ証明できないこと、氷海用コンテナ船が極めて少ないこと、北極海航路区間にはコンテナ貨物の荷役需要がないこと、などがある。ただし北極海航路では、現在のアジア・欧州間航路が片道40日以上を要しているのに対して、中間寄港地がない分も奏功し、25日程度で輸送できる可能性がある[5]。北極海航路よるコンテナ輸送の可能性は、輸送コスト削減よりも輸送時間短縮が焦点となるであろう。

　世界有数のコンテナ海運会社である MAERSK 社は2018年、北極海航路を航行する能力を有する7隻の新造氷海コンテナ船を順次就航させている。同社は2018年9月、この氷海コンテナ船を用いて北極海航路の試験航行を実施した[6]。これがすぐに事業化につながるわけではないものの、長期的な事業戦略の中で、北極海航路によるコンテナ輸送事業の可能性を検討するための試験とともに、先行する中国船社に北極海航路市場を独占されないための布石であろうと思われる。

## （4）氷海の新たな物流ルート

　北極海航路輸送に新たに出現したヤマル LNG は、長期契約のもとで定常的に輸送される。これと既往の原油輸送を合わせ、北極海航路は新たなエネルギー輸送ルートとなって、定常的な段階に向かっている。また、中国船社によるトラン

---

5）筆者は、中型の氷海コンテナ船にて夏は北極海、冬はスエズ運河を利用し、冬も中間寄港地を省略して速達サービスを提供するシナリオの輸送コストが、概ね現実的なものとなることを示している。

6）中国浙江省の舟山で進水した氷海コンテナ船 Venta Maersk 号が、ロシア・ウラジオストク港および韓国釜山港にてコンテナ貨物を積み、ロシア砕氷船の支援を受けて北極海航路を通り、ドイツのブレーマーハーフェン港まで25日間で航海、貨物を輸送した。これは、世界初となるコンテナ船による北極海航路の横断である。

ジット輸送事業は、需要獲得の努力が続けられる中、輸送サービスの存在が新たな貨物需要を発掘する可能性も出てきた。中国政府の政策誘導もあって、今後もこの事業への挑戦が続けられるであろう。また2018年に行われたコンテナ船の試験運航は、船社の中に、長期的視点のもとでコンテナ輸送の事業モデルの可能性を評価しようとする動機が生まれたことを示唆している。

　中国が進める北極海航路による商業運航が、定常的な事業として実現する可能性が高まると、これに参入しようとする新たなプレーヤーも出現するであろう。その動機には、事業面だけでなく、シーレーンの維持や、市場寡占化への対抗などの思惑も含まれるであろう。こうして2010年に商業利用が始まった北極海航路は、経済環境、海運市場、国際関係に影響されつつも、商業航路としての新しい段階に踏み出そうとしている。

　中国が展望する氷海のシルクロード開発では、北海道ならびに韓国は中間寄港地としてのターゲットであり、両地域がこの物流路の需要を担うことは、構想の成否に重要な影響を与えうる。一方、これまでは東アジアや極東ロシアを志向して取り組んできた北海道の国際戦略は、新たな海路によって対象を欧州に拡大する機会を得るとともに、この大きな潮流に否応なく取り込まれることになる。日本は北極海航路のアジア側ゲートウェイに位置する優位性を最大に活用し、北極海航路による便益を享受する戦略を備え、行動をとる必要がある。

　　　　　　　　　　　　（おおつか・なつひこ／北海道大学北極域研究センター教授）

第13章

# 日中協力でTPP11と「一帯一路」構想の両立を

## 金堅敏

> 要約
> ・米国の原理主義的市場開放に日本はTPP11・日欧EPA・RCEPの推進で対応
> ・新型開放体制構築で市場開放が進む中国はTPP11並みの高水準RCEP締結が可能に
> ・制度統合の条件整備としての「一帯一路」構想とTPP11は補完関係にある
>
> 政策提言
> ・TPP11をモデルにRCEP交渉を進め、その条件整備としての一帯一路で日中協力を

## はじめに

　米国がTPP（環太平洋パートナーシップ）12の合意から脱退し、その通商政策が自国の交渉力を発揮できる二国間の交渉に転換したのと対照的に、日本は多数国間のメガFTA（自由貿易協定）の形成を急いでいる。2018年3月に日本は、米国を除いた11カ国のTPP11協定を主導し、合意を見たのに続き、同年7月にはEUとの、日EU経済連携協定（EPA）に署名し、両メガFTAの発効を急がせている。また、日本は、中国を含むが、米国を含まない東アジア地域包括的経済連携RCEP交渉についても年内合意に向けて積極姿勢へ転換したと言われている。

## 1　米国の原理主義的な市場開放要求に憂慮を深める日本

　日本がこれらの通商協定の締結を急いでいるのは、米国の保護貿易的な行動に自由貿易の防波堤を築き、米国による二国間FTA締結の圧力をかわす背景がある。

　2年目に入ったトランプ政権は、主要国との間での貿易紛争をエスカレートさ

せており、日本にも貿易不均衡是正の圧力を強め、鉄鋼・アルミの対米輸入品に追加関税を徴収し、自動車輸入にも25％の関税を追加徴収する可能性さえ出てきている。このような厳しい通商政策面での挑戦に、日本は、四正面通商作戦で対応しようとしている。つまり、第１にTPP11の交渉を取りまとめ、アジア太平洋地域での高いレベルの自由化プロセスを推進していくこと、第２にできるだけ早く欧州地域とのEPAを完成させること、第３に2013年５月に開始されたRCEP交渉を加速させ、2018年年内に合意を目指すこと、第４にTPPを離脱し、二国間主義の通商政策を強めた米国を落ちつかせるFFR（日米閣僚級新貿易協議）交渉、の４つの通商政策の同時進行が行われているのである。

　日本は、安全保障では米国に依存しており、貿易、投資、技術交流等の経済分野においても日本にとって最大のパートナーとなっており、日米における強靭で安定する経済貿易関係を維持していくのは優先的な政策選択であると理解されよう。本来、米国と二国間のFTAを結ぶ選択肢も考えられるが、農業分野や一部のサービス分野で守らなければならない国内事情があり、日本には日米FTA交渉に入ると米国からの圧力に耐えられなくなり、国益が大幅に損なわれる恐怖感さえ存在する。したがって、単独で米国からの市場原理主義的な開放圧力に向かうより構成メンバー間の結束で対応できるTPPのような枠組みが日本にとって最適であると日本の通商政策当局は考えているに違いない。実際、日本の通商戦略も、TPP11や日本欧州EPAの推進、RCEP交渉への積極姿勢への転換も、米国産業界に不利な局面を作り出し、米産業界自身から米国政府に通商政策の転換、ひいてはTPPへの復帰に圧力を狙っていると言われている。

　しかし、米国の通商政策が二国間交渉へ転換したのは、まさに日本の好む多数国間交渉では米国の交渉優位性が発揮できず思うような相手国の市場開放成果が得られないことにある。例えばTPPの農産品分野交渉の結果においてその他のメンバー国は０％〜６％前後の品目について関税留保とするのに対して日本は19.0％の関税留保分野を維持している。対日農産物輸出を狙っているトランプ政権が、TPPの結果に不満を抱くのも想像できる。また、越境サービスや金融サービスにおいても日本の留保項目は73項目に上り、TPPメンバー国の中でもっとも多い国となった。その他にもベトナムとマレーシアに数多く留保項目が残っている。

　実際、日米通商新協議FFRにおいて米国のTPP復帰に「圧力」形成の戦略

は効かず、むしろ日本にFTA交渉を一層強めるような反作用をもたらし、米国は日本に「日米物品貿易協定（TAG）」交渉開始をのませたのである。実際、米国は、TPPメンバー中の6カ国とはすでにFTAを締結しており、日本を除く他のメンバー国は経済規模が小さくFTAを締結する意味があまりないので、GDP第3位の日本市場に焦点を絞っているのは明白である。米国の通商攻勢に日本の憂慮は一層深まるに違いない。

## 2　TPP11をモデルにRCEP推進で日中協力の可能性

　上述したように、日本の通商政策が対米中心に展開されてきたのは、安全保障や経済関係から見て合理的な判断と評価されよう。ただし、グローバルの進展やアジア新興国の経済成長でアジアは世界経済成長のセンターになり、米国も欧州もアジアの活力を取り入れる戦略展開を急いでいる。オバマ政権が「アジア復帰」の名目でTPP形成を主導したが、トランプ政権になってTPPを脱退したからと言ってアジアから遠ざかっていくのではなく形を変えた、新たなアジア戦略が練られているに違いない。また、欧州が日本とのEPAを急いだのは、日本の「圧力」戦略と同じように米国を大西洋横断貿易投資パートナーシップ協定TTIP交渉に復帰させる対米通商戦略の一環であるとともに、アジア市場開拓や欧州アジア市場一体化の制度的モデルを提供する戦略も込めている。

　図1が示すように、日本にとって欧・米・中国・TPP11はまさに重要な経済パートナーとなっている。近年では、日本のインバウンド観光戦略を支える中国人観光客及びアジア諸国の消費力が実感でき、新たな協力チャンネルが形成されている。ただ、貿易と投資に強弱は見られる。例えば、中国は日本の最大貿易相手国となっているが、直接投資、なかんずく対内直接投資では潜在性に止まっている。

　実際、過去数十年において日本企業は、生産ネットワークの構築において米国や欧州企業に先駆けてアジアの経営リソースを活かす努力をしてきた。自然発生的な企業行動を制度で安定化させ、かつ台頭してきた市場アクセスを確保するため日本政府も、アジア諸国と二国間のEPAを締結したり、RCEPという広域メガFTAにも取り組んできている。ただし、アジアでは発展レベルや政治体制に多様性があり、中国やインドといった人口大国も存在するので、市場統合の推進

図1　日本と主要国・地域との貿易・投資関係

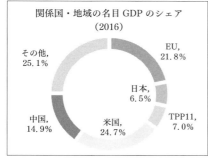
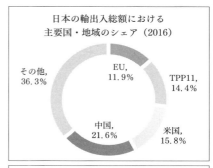
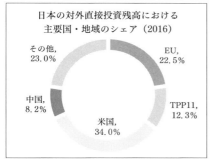
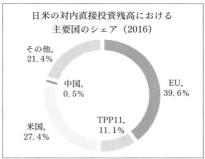

データ出所）世界銀行、日本政府統計

も思うように進まない。

　特に、アジア統合においては、日本と中国は、枠組みの範囲において主導権争いを展開してきた経緯があった。また、RCEP交渉に入ってからは、「高い自由化水準でなければ成長を後押ししない」として、日本は交渉に本腰を入れなかったが、TPP11の合意を主導したことでアジア地域統合に関する日本の自信は深まった。つまり、日本は、TPP11は、関税削減幅が大きく、幅広いルールを定めた自由化レベルが高い合意であると評価し、TPP11というお手本を持ってRCEP交渉にのぞめる体制が整ったと考えたのである。

　他方、2013年に新たな開放型経済体制の整備を掲げる習近平政権は、腐敗撲滅で進展が遅れた市場開放政策を加速させてきている。特に、トランプ政権からの攻撃的な通商圧力に直面する中国は、「自主」開放措置で貿易摩擦に対応させようとしている。習近平主席が2018年4月に開催されたボアオ・アジアフォーラム

表1 主要国の貿易加重平均関税率

(2015年、単位：%)

|  | 中国 | 米国 | 日本 | EU | 韓国 | インド |
|---|---|---|---|---|---|---|
| 全体 | 4.4（3.0前後） | 2.4 | 2.1 | 3.0 | 6.9 | 7.6 |
| 農産物 | 9.7（5.0以下） | 3.8 | 11.1 | 7.8 | 55.4 | 38.0 |
| 非農産物 | 4.0（2.5%前後） | 2.3 | 1.2 | 2.6 | 4.0 | 5.6 |

出所）WTO、中国の（ ）内は見込み

年次総会で宣言した当面の自由化措置は、1）関税の大幅削減による輸入拡大、2）金融規制（資本規制、業務・地域規制）の撤廃と市場開放、製造業資本規制（特に自動車産業の資本）の撤廃、3）法律改正や罰則引上げによる知財保護水準の引上げ、4）投資などのネガティブリスト管理方式の全面実施などによる投資環境の整備、などからなる。これまで実施された措置としては、①抗がん剤（28税目）の関税撤廃、②自動車関税（218税目）を25％から15％（自動車部品は6％）に削減、③日用品（1,449税目：農林水産・軽工業品・アパレル・家電など）の関税を大幅に削減、④生産・部品等（1,585税目：機械電気、素材部品など）、⑤銀行業・保険業・証券業の資本規制段階的撤廃（経過期間5年）や自動車及び他の製造業の資本規制を段階的撤廃（経過期間5年）、などが含まれる。

　以上のような大幅な関税の引下げで中国の実質関税は、表1が示すように先進国の平均レベルに近づいてきているのではないかとみられる。これからの1～2年でさらなる自主的な関税の引下げも考えられるので、身軽になった中国が、高いレベルのRCEP交渉に積極的に出てくる可能性もあると考えられる。

　また、TPP11は、TPPの中の22項目（うち知財関連11項目）を凍結したので、ルール分野で急進からより現実的な形になったと言える。特に、投資家対国家の紛争手続き規定（いわゆるISDS条項）も凍結されたので、筆者から見れば一方で「後退」とも言える。また、国有企業に関する規定も、中国のWTO加盟議定書に規定されている「商業志向」に止まっており、特に国有企業の禁止や民営化必須の規定はない。さらに投資先の国が投資企業に対する技術移転等を要求することを禁止することも、中国のWTO加盟議定書に書かれている。

　日本が言っている21世紀型ルールにおいて電子商取引に関する「TPP 3原則」と呼ばれる規定がある。それは、①情報の電子的手段による国境を超える移動の確保、②コンピューター関連設備の設置・利用要求の禁止、③ソースコードの移

転・アクセス要求の禁止である。この3原則は、中国の現行の「インターネット安全法」に抵触するが、規定には「正当な公共政策の目的」という例外規定があり、また日本欧州 EPA では③のみが規定されている。したがって、交渉次第では、克服できないハードルではないと考える。

上述した日本においても TPP11 で数多くの農産品やサービス分野の留保を確保しており、TPP11 をベンチマークにする RCEP 交渉に向けて日中協力の可能性は十分あると考える。

## 3　制度統合の条件整備に「一帯一路」構想での日中協力を

また、発展レベルの異なるアジア経済の統合には、開発の促進、制度の整備、地域的連結の強化など数多くの課題が残る。TPP11 や RCEP は制度的なハーモナイゼーションに重点を置いてあり、特に TPP11 では開発の側面は欠けているように思われる。他方、これまで中国は、制度的ハーモナイゼーションよりも開発の促進や地域の連結性強化に着目し、2013年に「一帯一路」構想を提起して実施している。つまり、「一帯一路」構想は、制度統合の条件整備にあたるとも解されよう。この意味で TPP11 と「一帯一路」構想は相互補完的イニシアティブで日中協力の可能性は高いと考える。

「一帯一路」構想は5年の歳月が経ったが、改善すべき実施国の債務問題や透明性問題などの課題も顕在化されたが、事績も積み重ねてきている。例えば、中央アジアを経由して中国と欧州を結ぶ「中欧班列」（ユーロシェア鉄道）は大きな伸びを見せ、累積ですでに1万両に達し、2018年だけで5,500両が運営されると見込まれる。中国からは携帯、PC 等の IT 製品、自動車部品、アパレル、雑貨など、中央アジア・欧州からは自動車、食料品、ハイエンドの化粧品、機械などが運ばれている。日米欧の多国籍企業も数多く利用しはじめているという。

「一帯一路」構想の当初は、中国の西部大開発との相乗関係や日米主導の TPP へのヘッジ政策と言われたが、より積極的に解釈すれば、第三の貿易軸（陸の貿易軸）の形成や新型雁行発展形態の形成にあると考える。つまり、第一の貿易軸（海の貿易軸）は、太平洋を挟んでアジアと北米を TPP で結ぶのに対して、第二の貿易軸（海の貿易軸）は、大西洋を挟んで米州と欧州を TTIP で結ぶ。地理的に見て第一の貿易軸は日米主導で進められるが、第二の貿易軸は米欧主導で

行われることになろう。そして第三の軸は中国が提起したが、中欧協力で進もうとしている。ただし、国際秩序形成における中国の役割に日米欧から不信感があり、賛否両論がみられる。ここで日本が加われば、信頼性が補強されるだろうと考える。中国は、「一帯一路」構想における日本との協力を望んでおり、日本の決断しだいである。

**参考文献**
日本内閣官房（2015）「TPPにおける関税交渉の結果」
金堅敏（2018）"如何看待日本欧盟EPA的効果及対中国的影响" Global China.
金堅敏（2018）"前途未卜的日美貿易磋商" Global China.
金堅敏（2018）「深掘りと広がりを見せた中国の「一帯一路」構想と日系企業」、http://www.fujitsu.com/jp/Images/20180412jin.pdf
Jianmin Jin（2017）"Chinese Visions of Transpacific Integration," in Adrian H. Hearn and Margaret Myers (eds) The Changing Currents of Transpacific Integration: China, the TPP, and Beyond, LYNNE RIENNER Publishers.
Martin Schulz（2017）"JEEPPA & Its Strategic Potentials in Asia," Japan SPOTLIGHT November/December 2017.

（じん・じゃんみん／富士通総研主席研究員）

第 3 部

# 一帯一路とサステナブルな発展の道

## 第14章
# 一帯一路における都市の形成

## 後藤康浩

> **要約**
> ・21世紀の「一帯一路」は単なる交易路ではなく、沿線都市の成長戦略の意味を持つ
> ・優位性のある産業を成長させ、製品、原料を相互供給するサプライチェーンの構築を
> ・高度な知識人材と情報の流通を支えるデジタル・インフラも大きな役割を果たす
> **政策提言**
> ・都市を線で結ぶだけでなく、面的な広がりを持った"成長回廊"の構築を目指すべき

### はじめに

　古代から近世まで続いた「陸のシルクロード」と「海のシルクロード」はこれまで交易ルートとしての歴史的意義が強調されて来たが、ルート上には拠点となる多数の都市が発展したことも注目すべきである。遠距離の移動には食料と水などの物資補給所、天候条件や治安面での避難所、物産売買の市場としての都市が必要だったからだ。「一帯」においては隊商宿を備えたオアシス都市、「一路」においては港湾都市が発展した。そうした都市の中にはきわめて大きな経済力を持ち、沿線に軍事的な支配力を拡げる都市国家に発展したケースもある。「陸のシルクロード」における楼蘭国、「海のシルクロード」におけるマラッカ（満刺加）王国などはその代表といえる。一帯一路の発展に都市は不可欠だったのである。

　だが、「21世紀の一帯一路」においては都市の持つ意味は大きく異なる。交易活動における物資補給や安全の確保は容易になり、その目的では沿線の都市の必要性は低下した。一帯一路で新たに都市が持ち始めた意味は「生産と消費の場」としての成長する都市である。かつてのシルクロードは荷役家畜や帆船の輸送力の制約から、小型、軽量、高付加価値の商品のみが交易の対象となった。シルクロードの名の通り、絹はその条件に最も適合した商品だった。21世紀のシルクロ

ードにおいては大編成の貨物列車、大型のコンテナ船などによって、ケタ違いの大量輸送が可能になり、都市にとって一帯一路は巨大なサプライチェーンとなる。原材料、部品や中間製品を運び、精製・加工・組み立てなどで付加価値をつけて他地域に出荷する産業発展の基盤である。消費という側面では、食料品や日用雑貨、衣料品などを低コストで大量に都市に供給できるようになり、それまで十分に満たされていなかった都市住民の消費欲求を充足し、消費は活発化する。古代から近世までの一帯一路は都市によって発展を支えられたが、21世紀には一帯一路が都市の発展を支えるインフラとなるのである。

## 1　一帯一路における「都市の新結合」とは

　一帯一路における都市の発展は、都市を結びつけること、即ちコネクティビティ（connectivity）によって推進される。それぞれの都市が持つ多様な資源を一帯一路の別の都市と結びつけることで、新たな産業を創造し、経済活動を相互に活性化させることで発展するメカニズムである。言い換えれば、「都市の新結合」である。まったく新しい技術や資源に基づく産業創造ではなく、既存の資源と産業にこれまでなかった結び付きを生むことで新たな付加価値を生み出すことである。ヨーゼフ・シュンペーターが「イノベーション」の定義として用いた「新結合（neue Kombination）」そのものであり、「新結合」の都市への援用が一帯一路に「イノベーション」を起こすのである。

　古代から近世までの一帯一路では「始点」と「終点」のみに関心が集まった。中国産の絹製品が中東に運ばれ、王宮で珍重され、中東産の香木やガラス製品が中国に届けられ、王侯貴族を楽しませた。文物が運ばれた路線上の数々の街は始点と終点に奉仕する通過地点に過ぎなかった。日本人にとってシルクロードを最もよく想起させる奈良の正倉院に所蔵される物品で最もよく知られる宝物、ササン朝ペルシャのガラス器「瑠璃の杯」は中東から中央アジアを抜け、中国の都、長安を経由し、朝鮮半島を通過し、さらに日本海を渡って、平城京（奈良）に到着した。終着点の正倉院に所蔵されていることに意味と価値が生まれたのである。「瑠璃の杯」にとって当時、世界で最も繁栄した都市と言われた長安すら通過点に過ぎなかったのである。

## 2　ヒト・モノ・カネ・情報

　「21世紀の一帯一路」においては、沿線の都市は通過点ではない。都市がそれぞれの「地域資源」を活用し、相互に結びつけることで、これまでにはなかった新たな産業育成、ビジネス創造の機会を得ることができるからである。沿線都市が活性化することで一帯一路の物流や人的交流が拡大し、それがまた沿線都市に新たなビジネスチャンスを拡げる相乗効果を発揮する。では、都市が持つ「地域資源」とは何か。一般的に企業にとっての経営資源は「ヒト（人材）・モノ（商品）・カネ（資金）・情報（知識）」の4要素と説明される。都市にとってもこの4要素は欠かせないが、さらに「環境」「位置（geographic location）」という2つの要素を加え、「ヒト・モノ・カネ・情報・環境・位置」の6要素を指摘したい。

　「ヒト」は農業や製造業などに従事する労働力人口であり、さらに研究開発や組織経営を担う高度な知的労働者も含む人的資源である。そうした「ヒト」の活用において一帯一路の都市にとって重要なのは「人材受け入れ環境」の拡充である。21世紀において都市の発展の条件は多様性（diversity）である。都市の既存の人材だけでは競争力の高いビジネスや新たな付加価値を生み出し続けることは難しい。外部の人材をいかに集め、多様性を生み出し、創造性を高めるとともに他の都市との人的ネットワークを構築するかがポイントである。人材受け入れ環境が隠れた都市の競争力になるわけだ。21世紀に入って、米国のシリコンバレー、中国の深圳が世界のイノベーションの二大拠点になっているのは明らかに都市の持つ人材受け入れ環境の優位性、外部人材から見た場合の都市の魅力による部分が大きい。

　「モノ」は鉱物資源、農業資源、海洋資源など古典的な生産要素である。ただ、20世紀後半において、資源立地の工業都市の多くが優位性を持ちながらも衰退した。例えば、鉄鋼業であれば米国のピッツバーグや中国の鞍山（遼寧省）である。ともに鉄鉱石と原料炭の両方を近隣から得ることのできた典型的な資源立地の工業都市だった。だが、鞍山を例にとれば、1980年代以降、上海宝山鋼鉄（現在は宝武集団傘下）の建設に始まった臨海型の大型高炉との競争に勝ち抜くことはできなかった。臨海型の製鉄所は高品位の輸入鉄鉱石と原料炭を豪州、ブラジルなどから大型の貨物船で輸入することで輸送コストを引き下げ、内陸の資源立

地の製鉄所を圧倒したのである。一帯一路においても近隣の資源にこだわることなく、一帯一路を通じて新たな資源調達を確立し、資源の「新結合」を図るべきなのである。例えば、広大な空地と長い日照時間、あるいは安定して強い風を利用して太陽光発電や風力発電で水素を製造し、燃料電池や工業用の燃料として輸出することは気象条件と土地を再生可能エネルギー発電と結合したイノベーションとなる。

　1990年代初頭に冷戦構造が崩壊し、先進国企業は安い労働力を求めて世界各地に生産拠点を展開した。その結果、細切れに分散した工場から部品や原料を取り寄せ、完成した製品をまた世界各地に輸出するという複雑なサプライチェーンが構築された。1点から多数の地点にモノが流れることから筆者は「ショットガン」構造のサプライチェーンと呼んでいる。世界の大企業はこうした複雑なサプライチェーンの運営、維持に力を注ぎ、それでも気候や政治的変動によってサプライチェーンが打撃を受け、生産に実害が出るケースが増加している。一帯一路は基本的に線として延びており、その沿線都市に生産拠点が並べば、単純明快な「リニア（Linear）」なサプライチェーンを構築できる。

　「情報（知識）」は21世紀の都市の成長の最大の原動力になる。デジタライゼーションの波が今、都市を大きく変えようとしているからだ。オフィス、工場、店舗などをデジタル化し、より生産性の高いビジネスを創出していくことが必要であり、あらゆる産業が知識産業化していく。一帯一路はそうした知識を都市に拡げ、デジタライゼーションを実現していくプラットフォームにもなる。もちろん知識そのものはインターネットはじめ瞬時にサイバー空間で流通するが、知識を生み出す人材そのものは意識的に集める必要があり、一帯一路は従来であれば教育を受けるチャンスもなかった途上国の埋もれた人材を表舞台に立たせる機会を創出する。役割を担うのは大学や研究所などであり、一帯一路はそうした高等教育の場を整備していくことを意識すべきだろう。"知識化都市（intelligent city）"が連なることで、一帯一路全体が創造性を持った高度な産業地域に転換していくのである。

　1990年代初頭の冷戦構造の崩壊以降、世界では人口移動が本格的に始まった。低所得国や内乱などで治安情勢が悪化した国から先進国に多くの移民が流れるようになった。シリア、イラクから欧州、メキシコやカリブ海諸国から米国への流れである。こうした移民を先進国自身は安い労働力としてインフォーマルな形で

取り込み、コストの低減に活用してきたが、移民の数が増えすぎたことで社会に軋轢が生じ、移民流入をめぐって政治の右傾化現象も起きている。通常の意味でのヒトの移動の活発化はグローバル経済にとって成長の促進につながるが、自国に経済的、政治的な問題が生じた結果、自国を捨て、流出した移民は移民先で最底辺の生活を送らざるを得なくなり、好ましいものではない。

　一帯一路が交通網の整備にとどまれば、低所得国からの労働力の流出を促進させるだろう。先進地域がヒトを吸い寄せる「ストロー現象」である。地元に産業を育成し、雇用を創出することで、労働力が地元を離れないようにする政策こそ都市や国家の安定と発展のカギとなる。一帯一路はそれを外資工場の誘致だけでなく、知識人材と地域資源を活用して自立的、自律的に達成させるプラットフォームになるべきなのだ。

## 3　環境と位置

　「環境」で重要なのは水、土壌、大気などの自然環境を維持し、ヒトが住む環境を整えることである。2010年あたりから深刻化した中国のPM2.5など大気汚染は環境規制の強化などでかなり改善したが、代わって今、インド北部で健康被害が出る水準まで悪化している。環境悪化を経済成長に伴う不可避の現象と考えず、当初から成長と環境の両立を目指す産業政策、環境政策を推進すべきなのである。一帯一路がサプライチェーンとして機能した場合、懸念すべきは環境負荷の高い産業、産業廃棄物などをより遅れた都市に押しつける「負のカスケード（連続した滝）」が発生する恐れがあるからだ。一帯一路は高成長を経験した国が通った環境悪化という失敗を回避する意思と政策が必要だ。

　「位置」は20世紀的視点では地政学と捉えられがちだが、そうした「陣取り」的な覇権主義的発想ではなく、自らの位置を経済的価値に変える発想こそ求められる。しばしば一帯一路の覇権主義的側面としてメディアに紹介されるスリランカ南部のハンバントゥータ港はインド洋航路を航行する原油タンカー、コンテナ船など多くの船が目の前を通過する要衝。これを中国のみの利用権として囲い込んでしまえば、港湾機能は持ち腐れになる。インド洋の物流ハブとして位置づけ、多国籍の投資を呼び込み、多国籍の船が利用できるようにすることで、経済価値は飛躍的に上がるだろう。物流あるところに工場やオフィスは進出し、金融

業務も発生する。ハンバントゥータを「一路」のシンボル的な自由港にすれば50年後に「インド洋のシンガポール」になることも夢ではないかもしれない。

おわりに

　一帯一路を沿線に並ぶ都市の観点で見れば、発展の方向性ははっきりしている。国家ではなく、都市の単位で成長戦略を持ち、それぞれの都市の様々な地域資源を他の都市と結び付け、シュンペーター的な「新結合」を実現することである。それは一帯一路をイノベーションの舞台に変えていくだろう。

（ごとう・やすひろ／亜細亜大学都市創造学部教授）

## 第15章
# 一帯一路エネルギー環境共同体の構築

## 周瑋生

> **要約**
> ・一帯一路地域は経済発展、公害克服と地球環境保全に同時に直面している
> ・広域循環経済圏と低炭素共同体の構築がサスティナビリティの必要条件である
> ・日中韓を中心とした東アジア炭素排出権取引制度の設計と実施を
> **政策提言**
> ・経済と環境の利益を共有できる「合弁企業方式」による第三国での日中環境協力を

## はじめに

　「一帯一路」は、当初アジア、中東、欧州の65カ国、人口約44億（世界の約6割）をカバーしている。経済面で言えば、低所得国（～5,000米ドル／1人）が46％（30カ国）、中所得国（5,000～20,000米ドル／1人）が40％（26カ国）、高所得国（20,000米ドル／1人～）が14％（9カ国）を占めている（IMF DATA 2015）。一方、環境面で言えば、ローカル問題として大気汚染、水質汚濁、土壌汚染、廃棄物処理、生態系破壊など環境公害問題の克服、グローバル問題として地球温暖化、生物多様性、砂漠化、オゾン層破壊、越境汚染など多岐にわたる。一帯一路地域は経済発展、公害克服と地球環境問題解決という3つの課題に同時に取り組まなければならない。沿線諸国間の経済的、技術的、政策的な格差が大きくて、二国間協力、多国間協力（第三国協力）などのポテンシャルも大きい。

　一帯一路は共商（共に話し合い）、共建（共に建設し）、共享（共に分かち合い）、共贏（Win-Win）を基本原則としている。本章は、エネルギー環境と国際協力の強化といった視点から、一帯一路地域全体のサスティナブルな社会構築について分析し提言する。

## 1 サスティナビリティ必要条件

人類社会が持続可能(サスティナビリティ)である最小限必要条件として、以下のようなHerman Daly 3原則が挙げられる。

①再生可能な資源の消費量 < 再生力
②非再生可能資源の消費量 < 再生可能資源開発力
③汚染物質排出量 < 環境吸収力

ところで、大量生産、大量消費、大量廃棄と大量汚染の20世紀型発展モデルから、$CO_2$の大量排出による地球温暖化の顕在化が象徴しているように、この3原則とも満たされていないのが現状である。そこで、その代わりに、以下のようなサスティナビリティ5原則を提起する。

①循環:資源利用の最大化　　②低炭素:環境負荷の最小化
③共生:人と自然の調和　　　④安全:安全安心の社会づくり
⑤智慧:社会経済技術系統の最適化(コストの最小化と社会効用の最大化)

## 2 広域循環経済圏の構築

(1) グローバルリサイクルシステムの提唱

一帯一路は構想から行動へと移るにつれ、経済貿易の一層なグローバル化、資源枯渇性と環境問題の進展に伴い、資源の最大限利用とゼロエミッションを究極目標とする、資源廃棄物の国際間移動を伴う広域循環経済圏を構築することが重要になってきた。

筆者は、これまで資源利用の最大化と環境負荷の最少化という持続可能な発展の最終目標の実現に寄与する資源廃棄物のグローバルリサイクルシステム(Global Recycling System, GRS)を提唱し、リサイクルシステム適正評価ツールを開発した(小泉・周 2005)。同システムは、小循環(企業・コミュニティレベル、ローカルリサイクル)、中循環(地域・国内レベル、広域リサイクル)と大循環(国際レベル、グローバルリサイクル)で構成する。再資源化を目的とした廃棄物貿易は、本来動脈流(生産→流通→消費)とともに構築されなければならなかったものであるが、先進国と途上国の静脈流(廃棄→再資源化→最終処分)の整備が遅れてきたことにより、違法輸出入や環境汚染発生リスクなどの問題点

を抱えている。しかし、生産国と消費国間で国際的な資源循環システムとシステム運営のルールを構築することによって、資源生産性極大化と環境負荷極小化の国際資源循環社会システムが実現できるというものである。秩序ある国際間貿易をグローバルトレードシステムというなら、秩序ある国際間の資源廃棄物貿易は、グローバルリサイクルシステム（小泉・周 2006）と言うことができよう。

### （２）日中韓循環経済モデル基地事業

　一帯一路構想を具現化するためには、資源循環と環境負荷低減に関する新たな戦略的互恵型協力枠組みの構築が求められる。東アジアは、グローバリゼーションとリージョナリゼーションの同時並行的な進行に伴い、豊富な資源を有しながらも、100年単位のスパンで考えた場合には、どの国、どの地域においても、資源の枯渇を代表する「資源制約」と廃棄物処分地のひっ迫や二次汚染・越境汚染、地球温暖化などを代表する「環境制約」という２つの課題に直面する。それを克服するためには、最新技術の開発と移転を通じて、省資源化を徹底した国境を越えた広域資源循環と低環境負荷社会の実現が求められる。

　その実践例として、日中韓循環経済モデル基地事業を挙げることができる。第２～６回日中韓サミットにおいて、日中韓循環経済モデル基地の重要性が強調され、事業選定とモデルの具体化の推進に対する期待が表明された。いわば同事業は、世界経済がめまぐるしく変動する中にあって、グリーン経済や気候変動等への対応の必要性が増す中、日中韓３国が構想された広域循環型社会を実現するためのパイロットモデル事業である。2013年５月、大連循環型産業経済区（所在地：大連・庄河市、陸地面積：4,086 $Km^2$、人口：92万人）は、中国国家発展改革委員会、外交部及び財政部の承認を得て日中韓循環型経済モデル基地の建設地として承認された。一帯一路地域における環境協力にあたり、拠点となるような地域、施設を設け、そこに資源を集中することにより確固たる点を作り、その点から面へ展開していくような協力を行うことが効果的と考えられる。

## 3　一帯一路低炭素共同体の提唱

　共同体（Community）とは、利益、目的を同一にする人々の結合体とする。地球温暖化問題は、緩和と適応、影響と被害からまさしく人類が共通する利益と

図1 日中印3カ国の石炭火力発電効率の比較（％）

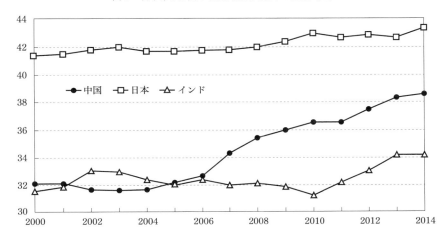

目標を有する運命共同体に関わる致命的な課題である。気候変動問題の緊迫性、低炭素社会実現の共通性と必要性、$CO_2$対策の特殊性（省エネ、燃料転換、新エネ導入、植林などは$CO_2$削減対応策のみならず、経済性向上、エネルギー安定供給と公害克服のための対策でもあること、削減コストは地域と対策により異なること）、$CO_2$そのものの特殊性（温暖化の主要な原因物とする$CO_2$はどこから排出しても、どこで削減しても温暖化寄与度がほぼ同じであること）などから、資金供与、技術移転、能力向上などを通じて国境を越えた広域低炭素共同体、日中韓3カ国の協力を中心とする「東アジア低炭素共同体」（周 2008、2010; Zhou et al. 2014）、または一帯一路に跨る低炭素共同体の構築が重要である。図1に示すように、日中印3カ国の石炭火力発電効率が大きな開きがあり、技術移転などによる国際協力のポテンシャルが大きく、低炭素共同体構築の必要性と有益性を秘めている。

## 4　東アジア炭素排出権取引制度の設計と実施

「低炭素社会」実現に向けた政策手段として、$CO_2$排出にコストを課すような炭素排出量取引や炭素税などカーボンプライシング制度に注目が集まっている。2016年パリ協定発効と2017年米国の協定離脱がその重要度と緊要性を強めてい

る。その中で、欧州委員会は、限界費用の均等化による削減の更なる効率化（削減コストの最小化）、国際競争力の維持などを図るために、欧州排出量取引制度（EU-ETS）と他国の排出量取引制度とのリンク（接続）が新たに構想された。一方、日中韓3国はパリ協定のもと、決して容易でない大幅な温室効果ガス削減目標（INDC）を定めている。だがその実現のためには、単に一国内のローカルな対応だけでは十分でなく、広域低炭素社会に向けた国境を超えた連携が不可欠なものとなっている。中国だけの炭素取引市場規模は年間50億トン（$CO_2$）（約2兆5500億円）規模に達すると推計される。一方、日本は、世界最高水準の低炭素技術特許群を擁しているのに、巨大アジア市場への参入に立ち遅れ、グリーン経済創出や地域共通の環境汚染問題にも十二分に貢献できずにいる。

　そこで、異なる社会制度、経済発展段階のもとで、日中韓取引制度をリンクし、$CO_2$の効率的かつ大幅な削減を図り、経済発展と公害克服にも寄与できる「東アジア炭素排出量取引スキーム（EA-ETS）」の設計と実施が求められている。そのなか、1）次元の異なる4つのアクター（企業、技術、ガバナンス、社会制度）相互間の協同連携による日中韓の異なる制度間のリンク。2）東アジアの多様性を考慮したネットワーク型ガバナンス構築アプローチ。3）炭素価格化制度に対応する国際的企業間連携戦略の構築、などを特徴としている。

　中国は、2013年以来、相次いで深圳市、上海市、北京市、広東省、天津市、湖北省と重慶市の7つの地域で炭素排出権取引制度のパイロット事業を展開し始めた。2017年12月、中国全土に広げる、世界最大の排出権取引市場の設立を発表した。欧州や韓国などはこの中国の巨大取引市場とのリンクを模索し始めている。中国の取引制度とリンクできれば、中国に生産拠点をもつ外国の企業が中国拠点で $CO_2$ を減らせば、排出枠を中国内で売るか、自国で買い取り国内排出とオフセット（相殺）するか、経済性と環境性に有利な方を選べる。逆に取引制度のない国の企業には不利になる可能性が高い。そこで、異なる制度間のリンクによる広域炭素排出取引市場の創設が重要である。

## 5　一帯一路地域における環境産業の発展

　環境産業は、「農業」「福祉」と並んで21世紀の成長産業といわれる。中国を始め、一帯一路地域の環境問題を解決するためには、環境産業の発展は必要で不可

欠な前提条件となる。

　日本は1970年代初頭より、主として公害防止技術・装置にかかるビジネスとして誕生したエコビジネスが、今日においては、全産業のみならず、政府・地方自治体・教育機関・市民団体等あらゆる分野において重要なビジネスとして展開し、環境産業の基盤を形成してきた。エコビジネスは、公害対策型、環境保全型、環境創造・維持管理型、情報型など、環境とビジネスとの関係を類型化できる。環境産業の発展は、これまでのエコビジネスの類型を超え、産業としての形成がなされつつあるといえよう。

　環境産業は、①環境支援関連分野、②廃棄物・リサイクル関連分野、③環境修復・環境創造関連分野、④環境調和型エネルギー関連分野、⑤環境調和型製品関連分野、⑥関連調和型生産プロセス関連分野に類型できる。日本は環境・公害・課題先進国としてこれまで開発された技術やノウハウは国内市場を超え、海外市場、特に一帯一路沿線諸国に移転できれば、国内産業振興を図ると同時に、発展途上国の持続可能な開発にも大いに寄与できる。

## 6　経済と環境の利益を共有できる「合弁事業方式」による第三国での日中環境協力

　日本政府は、安倍晋三首相が2017年6月に「一帯一路」への協力を表明したのを受けて、外務省など関係省庁が、第三国で日中の企業が協力する例として（1）太陽光発電など省エネ・環境協力、（2）工業団地の建設など産業の高度化、（3）アジア・欧州を横断する物流の利活用の3つを打ち出した。ここで、第三国での日中協力を促進するための「合弁事業方式」を提起する。

　「合弁事業方式」とは、市場ニーズと企業の収益を踏まえ、拠点となる合弁企業を第三国で設立する。日本側はそこに技術移転及び管理技術やノウハウを持つ技術者を派遣し、日中両国と第三国の3方が現地の実態に即した環境技術や環境装置を共同で開発する。そこで蓄積した技術やノウハウを他地域に広げる。合弁企業が省エネや環境保全と経済発展を両立できる効果を具体的に示すことによって、第三国企業の取り組むべき道に一つのモデルを与えることができる。ここでは、技術移転費用は合弁企業の日中と第3方が負担し、移転後の便益も双方が享受する。この便益には企業としての経済利益以外に、エネルギー利用効率の向上

によるエネルギー費用の削減と $SO_X$、$NOx$ などの汚染排出物及び $CO_2$ 排出の削減（環境改善）が含まれる。便益が費用を上回れば、市場経済原理によっても技術移転が可能となるはずである。

## おわりに

　一帯一路地域における環境問題を解決するためには、自らが効果的な環境対策を実施し、環境産業を育成することが必須である。このためには、環境規制の徹底や、民間企業の環境対策に対するインセンティブの充実、技術導入基盤の整備が必要となってくる。一方、発展途上国の自助努力の限界、地球環境の空間的広がりと時間的長期化から国際連携と地域間協力も必須である。こうした背景から、日中両国が産業公害問題解決にあたり経験したように、国内に環境産業・市場を創出させるとともに、日中協力として環境関連技術、省エネ技術、一帯一路沿線途上国の実状に適した技術等の開発・移転、途上国の環境産業の発展を促進するための支援等実効性のある環境協力を進めていくことが求められている。

**参考文献**

小泉國茂・周瑋生（2005）「廃棄物のグローバルリサイクルシステムに関する AHP（階層分析法）による評価」、『政策科学』第12巻2号、23-30頁。

周瑋生（2008）「広域低炭素社会実現を目指して―「低炭素共同体」構想の提起―」『環境技術』Vol.37, No.9, 642-646頁。

周瑋生・仲上健一・蘇宣銘・任洪波（2010）「『東アジア低炭素共同体』構想の政策フレームと評価モデルの開発」『環境技術』Vol.39、536-542頁。

外務省（2009）「持続可能な開発に関する共同声明」、
　https://www.mofa.go.jp/mofaj/area/jck/jizoku_kai_ka.html、最終アクセス日：2018年8月23日。

Global Trade Atlas（2018）https://www.jetro.go.jp/lib/database/gta.html、最終アクセス日：2018年8月20日。

Zhou, Weisheng, Xuanming Su and Xuepeng Qian（2014）"Study on the Introduction of $CO_2$ Emissions Trading System for Realizing East Asian Low-Carbon Community," *Journal of Policy Science*, Vol.8.

（しゅう・いせい／立命館大学政策科学部教授）

第16章

# 「一帯一路」構想と日中環境協力の展開

## 范云涛

---

**要約**
- 一帯一路の理念は、沿線国の協働メカニズムに基づく持続可能な成長モデル創出
- 環境ビジネスは、沿線国地域の利益となるだけでなく、地球温暖化防止に役立つ
- 一帯一路構想は、沿線国の環境ビジネスを牽引する

**政策提言**
- 日中両国の強みを活かし、沿線国地域で実務者環境対策プロジェクトを講じるべき

---

## はじめに

　ここ数年、中国の新エネルギー企業は、積極的に海外展開を進めており、「一帯一路」構想における中国と沿線国とのエネルギー経済協力の新たな担い手となっている。

　中国新エネルギー海外発展連盟が2018年1月に発表した《2017年「一帯一路」中国新エネルギー国際発展報告》によると、「一帯一路」沿線国の1人当たりの年間電力消費量は1,700 kWh（キロワット時）に満たず、世界平均の3,000 kWhを下回る水準だった。今後、この水準が世界平均に近づいていけば、新エネルギー産業の成長によって巨大市場が生まれるであろう。こうした動きを見据えて、沿線国に新エネルギー関連の設備や技術、ソリューションを提供すれば、中国は「一帯一路」の新エネルギー供給体制において、ハードウェアからソフトウェアに至るまでの裾野の広いグリーンエネルギー新産業のリーダーとして重要な役割を果たすことになると考えられる。沿線国との間に、相互補完的な関係に基づく環境協力ネットワークを通じて、グリーンエネルギー供給と消費構造の最適化を図ること、風力発電や太陽光発電、海上波力発電、バイオマス発電のサプライチェーンにかつてない規模の投資機会をもたらすとともに、中国独自の規格によ

る排出量取引の市場メカニズムの広域形成も可能となる見込みであろう。

## 1　東アジア経済共同体と「グリーン一帯一路」構想の行方

　国際エネルギー機関（IEA）の最新報告書によると、2016年に太陽光発電の設備容量が世界全体で50％増加、うち中国が半分以上を占めた。2021年には中国が再生可能エネルギーの伸びで世界首位を維持すると予想されている。上記の第13次五カ年計画で打ち出した再生可能エネルギーの発展目標達成に向け努力していることから、世界で導入される再生エネルギー発電設備容量の40％以上を中国が占めると予測。太陽光発電分野で、中国は当初設定した2020年までの目標を3年前倒しで達成したほか、水力発電やバイオマス発電、電気自動車（EV）市場でも中国は世界をリードしている。「一帯一路」沿線国におけるグリーンエネルギー・プロジェクトが進展するのに伴い、中国は、世界のエネルギー構造を低炭素循環型モデルに転換すべく、着実な市場経済行動を通じて《グリーン・シルクロード》の建設を目指している。

　一方、エネルギー経済財務分析研究所（IEEFA）が2018年1月10日付公表した報告書によると、世界最大のエネルギー消費国、二酸化炭素排出量トップの中国が2017年において、大規模な国際グリーンエネルギー・プロジェクトや企業合併・買収（M&A）に投じた資金は440億米ドル（約4兆9400億円）と前年から38％近く増加。一帯一路の取組みが、太陽光関連輸出を80億ドル規模に押し上げ、エネルギー貯蔵といった新興セクターへの足がかりを提供している。

　同報告書は、「再生可能エネルギーへの世界的なシフトが勢いを増し、蓄電や電気自動車の技術に弾みがつく中、中国は今後数十年でこうしたセクターで世界を席巻する準備を進めている」と指摘されている。

　一帯一路構想のもとでは、2020年には、国内GDP値を2000年基準年として、所得倍増計画が野心的に推進されようとしているなか、石炭に対する需要が著しく増大していく傾向は避けられない。「一帯一路」構想のうち、中西部または北西部エリアの拠点都市を近代化の時代要請に基づいて着々と整備していくことが、計画されているため、2005年から2025年にかけて、中国の都市人口は、新たに3.5億人が増えることになるのである。毎年1500万人が、農村から都市に出稼ぎ労働者に変身し、都市部に移住するという「人口移動」ブームが沸き起こるこ

とが予想されている。

　都市部では、新たに12万個の新しい就業機会が生まれてくることになる。しかしながら、激しいスピードの都市化と工業化、近代化の波が、結果的に中国のエネルギー需要が凄まじい勢いで増してくる状況を生んでいるのである。

　激しい勢いの都市化は、エネルギー需給バランスを崩して、環境負荷の増大が日常的になってくると、大気汚染から、土壌汚染、水質汚染などの環境問題が次第に深刻化の一途を辿り、成長性の手かせ、足かせとなってしまう。中国の国家発展改革委員会と国土資源省の報告書において、つぎのように指摘している。

　「2010年の石炭年間生産量は、29億トンまで上昇し、2015年には、33億トンにのぼり、さらに2020年になると、35億トンにまで上昇するであろう」と書かれている。

　既存の98％の石炭炭坑および新規の石炭発掘現場500カ所は、いずれも西北部、西南地方、中部地方の14の省、少数民族自治区に集約されている。「一帯一路」構想は、とりもなおさず、中国の次世代に向けた、エネルギー資源ハイブリッド出口戦略の実施そのものでもある。

## 2　日中環境協力分野のビジネス可能性

　一帯一路沿線は、当初合計65以上の国と地域が含まれているが、西ヨーロッパの先進国（フランス、イタリア、イギリス、ベルギー、スイスなど）は必ずしも含まれておらず、東アジア最東部にある先進国、日本と韓国が圏外に置かれている現状がある。先進国の資金や環境対策技術、知財権および経営ノウハウも「一帯一路」戦略上、欠かせない重要パートナーであることは、いうまでもない。「一帯一路」構想は、習近平国家主席が唱える「大国外交」路線の外交政策指向面のドラスチックな転換のみならず、中国経済を活性化させること、江沢民時代や胡錦涛時代の「中西部開発」構想の後退ぶりを挽回しようとする狙いもある。まさに21世紀のグローバル化が進む中での、中国外交の大きな政策方針転換を示す一大歴史的事業にほかならない。

　一帯一路構想を通じてインフラ投資や鉄道、ハイウェイ、原子力発電、風力発電、セメント、鉄鋼など建材や、大型建設機械のプラント輸出を促し、中国企業が抱える余剰生産能力を海外移転することで、産業構造の転換を図ろうとしてい

る。

　石炭、天然ガス、石油などの資源エネルギーの巨大な供給源となるこれらのユーラシア地域に止まらず、風力発電や海上波力発電など、再生可能エネルギーや地熱や水素発電など新エネルギー開発プロジェクトの可能性が広がる北東アジア地域、東南アジア地域など、一帯一路構想との連携プレイを通じて、資源エネルギー面の「アジア経済共同体」ネットワークが実現できるものと見越している。

　中国環境エネルギービジネスの主戦場は、いまや大陸本土に留まることではなく一帯一路沿線国でも取り上げられている。改革開放時代においては、火力発電や風力発電などのハードウェア設備プラントの輸出が可能となったが、その後は、建設据え付け工事のアウトソーシングを受けるビジネスが主流を占め、2013年からは、クロスボーダーM&A取引またはPPPモデルに基づく海外設備投資と環境エネルギー提携プロジェクトの運営サービスまで手がけるようになっている。昨今、60％相当のM&A取引案件は、EU諸国に固まっており、93％に当たるPPP、76％の建築工事サービス、63％のプラント設備発注は、一帯一路沿線国において、引き合いが生じている現状となっている。ビジネスモデルが一帯一路沿線国で異なるスキームの相乗り共存関係ができ上がっている。PPPとM＆A、プラント建設、設備供給サービスという4つのビジネスモデルが共存しながら、同時進行しているのが、一帯一路沿線国の特徴である。30以上になる環境系企業は、28カ国沿線国との間に96件の引き合い契約が受注済みとなっている。いまだ57％相当の市場が未開拓となっている。にもかかわらず、世界環境エネルギー新規投資分野の"のびしろ"は7.5億万元人民幣を占める中、中国の環境系産業の比重は、わずか15％未満に止まり、中国企業の環境エネルギー分野での未開拓市場規模が、6.3万億元（約110兆円）にまで拡大される見込みだ。

　すでに海外直接投資額では世界第2位を占めるところまで急成長をした中国は、水利施設、環境ビジネスや産業交通インフラ分野での対外投資FDI比率は1.6％に過ぎないのである。主体になっているのは私営企業が60％を超えるものの、資金規模の上では80％を占めるのが国営企業であり、私営企業は、20％にも満たない。これまでの日中両国環境ビジネス分野の協力実績を踏まえるなら、以下の通り、日系企業は、中国環境ビジネス市場での経営、技術移転の課題性を注視し、それが一帯一路構想参加への障壁となっている。これらのハードルを乗り越えなければ、一帯一路沿線国でのプロジェクト運営にも支障が出ることが予想

されよう。

## 3 一帯一路構想をめぐる日中環境協力

(1) 民間企業どうしの情報交換や交流機会をさらに増やす。
(2) 低炭素社会を推進するための金融協力促進対策を両国政府が協力する。
(3) 一帯一路沿線国を中心とした $CO_2$ 排出権 CDM（クリーン開発メカニズム）クレジットバンクを作る。
(4) 日本の環境技術や ESCO 事業をはじめ、キャップ＆トレード炭素取引制度、VOC（揮発性有機化合物）対策、集塵対策技術、ノウハウ、農産物残渣バイオマス技術の普及プロジェクトを導入する。
(5) 省エネ、環境対策分野の最新市場動向と最新国際政策実施動向の情報プラットフォームを構築する。

今日これら諸分野での日中環境協力に対する要請がきわめて高くなっており、日本の産業界に見られる共通の願望であると同時に、中国の産業界とりわけ一帯一路沿線諸国地域からの切実なビジネスマッチング需要ともつながっていることは、経済産業省をはじめ、国際協力銀行（JBIC）、国際協力機構（JICA）日本貿易振興機構（JETRO）、日中経済協会などによる近年の調査研究成果からも伺える。

### おわりに

とまれ2020年から2050年までの短・中期目標に至るまで、日中環境協力の未来デザインをさまざまなイメージで描くことができる。疑いもなくそれらが、日中を中心としたアジア地域全体での低炭素経済ポテンシャルを強めていく。

### 参考文献

江原規由「中国の対外開放新戦略としての21世紀シルクロードFTA建設」『国際貿易と投資』2014年夏号（NO.96）、THE ANNUAL REPORT ON ONE BELT ONE ROAD。
中国国家情報センター「一帯一路」ビッグデータ情報センター編著（2017）『《一帯一路》ビッグデータ報告書』商務印書館出版。

『中国"一帯一路"投資安全研究報告』(2018)「一帯一路」投資セキュリティーブルーブック、中国社会科学文献出版社。

(はん・うんとう／亜細亜大学アジア・国際経営戦略研究科教授)

第17章

# 一帯一路の進展と先端農業・健康医療特区構想への参画
陸の「西安」と海の「天津」より考察する

## 中川十郎

---

**要約**
- 先端農業技術による農業、食料生産の振興に注力
- 高齢化を控え健康医療を充実
- ユーラシアを中心にプロジェクト開拓と物流網の構築に注力すべし

**政策提言**
- 日本として「一帯一路」参加への足掛かりとして、農業、健康医療特区への参画を

---

## はじめに

　2017年8月24日北京にて第2次中日（陝西）合作検討会が開催され筆者も参加した。さらに世界的に脚光を浴びている中国の広域経済圏「一帯一路」構想の下、特に健康医療特区に注力している天津を2018年1月29日～2月1日に訪問した。4月12～15日には「一帯一路」の西の拠点・西安近郊の楊凌農業近代化国家プロジェクト特区および楊凌自由貿易特区を訪問し、一帯一路建設の現場を視察した。

　中国の一帯一路構想は2013年以来5年目を迎え、急速に動き出し、アジアから中央アジア、中東、東欧、ヨーロッパへのユーラシア物流網が整備されつつある。インフラ建設、物流、さらに貿易が拡大している現状を認識し、日本は急ぎ一帯一路構想に積極的に関与すべきであると痛感した。

　以下、楊凌の農業近代化特区と天津の健康医療特区を中心に論考し、一帯一路への日本の早急なる参画について提言、提案を行うものである。

## 1　一帯一路（BRI）の背景

　2013年に習近平主席が提唱した「一帯一路」はユーラシアのみならず、中国〜欧州の「一帯一路・航空物流」、北方の「北極海氷上シルクロード」、さらに南米までを包含する地球規模のグローバル経済圏構築に拡大しつつある。その根底には1996年に発足した、上海ファイブ、2001年にウズベキスタンが加入し、上海協力機構（SCO）として発足。2017年にインドと、パキスタンが加盟し、人口30億人となったSCO、それに2014年にロシアが主導し、設立したユーラシア経済連合（EEU）の存在がある。とくにSCOの20年にわたる中央アジアでの経済協力の経験はBRIの実践に貴重な知見を提供している。

## 2　「一帯一路」陸の拠点西安、楊凌貿易特区、近代農業特区

　楊凌の自由貿易試験区、近代農業特区は「一帯一路」の目玉として、中国の西から中央アジア、ユーラシアを経由して欧州への物流拠点を目指している。この特区にはハイテク農業デモンストレーションゾーン、共創メカニズム、ブランド戦略などを通じて、中国農業のシリコン・バレー、モダーンな農園都市を建設中である。さらにパイロット自由貿易試験区の建設にも注力している。

　農業分野ではバイオ産業、食品加工、農業機械の製造を三大目標に掲げている。科学技術支援センター、国際協力センター、楊凌保税特区、楊凌貿易センターの建設。さらに国際ビジネス合作特区、国際医療センター、楊凌近代農業科学技術工業特区、楊凌イノベーション工業特区などの建設が動き出している。シンガポールは中国の一帯一路構想に協力する方針を打ち出し、金融やプロジェクトファイナンス面で協力を強化することで合意している。

### （1）シルクロード陸の拠点・西安と「一帯一路」北京会議

　2017年8月24日北京にて第2次中日（陝西）合作検討会（陝西省〜日本ビジネス交流会）が陝西省商務庁、JETRO北京事務所主催で開催された。「一帯一路」の陸の拠点の「西安」関係者が参加するとのことで筆者はこの会議に日本から参加した。西安側からは一帯一路の陸のシルクロードの起点となるところより、日本からの一帯一路への参加を強く要請された。だが日本側は腰が引けており、将

来のために「一帯一路」関係情報を収集しようとの感が否めなかった。筆者はこれに対し、21世紀のユーラシアにおける巨大プロジェクトとしての一帯一路に日本としてぜひ参加すべきだと主張した。日本企業関係者は日本本社が「一帯一路」に関して日本政府や経済関係機関に気兼ねし、現地日本企業は積極的に動くことに慎重で消極的な雰囲気であった。

　中国側の説明では西安近辺は陸のシルクロードの拠点として特に陸、空の物流網の構築、関連施設、インフラの建設を急速に進めており日本の出遅れが痛感された。このままでは日本は欧米や韓国などの外国勢に大きく出遅れることが危惧される。長期的かつ戦略的な日本の対応が強く望まれた会議であった。

(2) 楊凌自由貿易試験区、農業近代化特区

　2018年4月12～15日、西安近郊の楊凌自由貿易試験区ならびに近代農業特区を訪問した。楊凌の自由貿易試験区、近代農業特区は「一帯一路」構想の目玉で中国の西から中央アジア、ユーラシアを経由する欧州への物流の拠点としてハイテク農業デモンストレーションゾーン、共創メカニズム、ブランド戦略センターなどを通じて、中国農業のシリコン・バレー、モダーンな農園都市建設を目指している。

　農業分野では①バイオ産業、②食品加工、③農業機械の製造を三大目標に掲げている。さらに科学技術支援センターの建設、国際協力、楊凌保税特区、楊凌貿易センター、国際ビジネス合作特区、国際医療センター、楊凌近代農業科学技術工業特区、楊凌工業イノベーション特区などを建設中である。すでにシンガポールが一帯一路構想に協力する方針を打ち出し、金融やプロジェクトファイナンス面で協力を強化することで合意に達しているとのことであった。

　海外との農業近代化プロジェクトに関してはオランダ、フランス、ドイツ、イスラエル、米国、カナダ、台湾なども動いており、日本の出遅れは否めない。しかし2018年8月17日付け『朝日新聞』報道によれば安倍晋三首相は10月23日の日中平和友好条約発効40年の日に中国を訪問し、習近平国家主席と会談し、その後、広東省シンセンや、習氏が旗を振るシルクロード経済圏構想「一帯一路」とゆかりが深い陝西省・西安などへの訪問も検討していると報じている。もしこれが実現すると尖閣諸島事件以来疎遠になっていた日中政治経済関係が大きく改善されることとなり、日中両国の関係改善と友好親善促進に効果的と思われる。そ

の実現に関係者の努力を期待したい。楊凌で11月4〜7日に開催される一帯一路近代化農業世界博覧会には中国関係当局よりの招待で博覧会訪問団団長として鳩山由紀夫元首相の楊凌訪問が決定している。筆者もビジネス関係者、農業専門家、貿易関係者共々同行する予定である。日中関係者の一帯一路関連でのビジネス開拓により日中の関係改善のきっかけになることを強く期待している。

　8月初めには楊凌自由貿易特区東京事務所も開設されており一帯一路を中心に日中の雪解けムードが高まりつつある。この機会に日中の政治、経済関係が改善され日中の友好親善がさらに強化、深化されることを祈念する次第である。

## 3　中国北部・海の拠点「天津」

### ①天津視察

　北京、上海、重慶とならび中央政府直轄市である天津市は広大な敷地に先端的かつ意欲的な健康医療特区、自由貿易試験特区、工業団地を有している。かつ中国北部の海のシルクロード主要港として今後、「一帯一路」に関して重要な拠点の一つになるとの認識から筆者が理事長をしている日本ビジネスインテリジェンス協会（BIS）ミッション18名を2018年1月29日〜2月1日に派遣し、現地視察を行った。天津市はJETROと協力のMOU（了解覚書）も結んでおり、日本との関係強化に熱心であった。今後高齢化が進む中国にあって、天津市はとくに健康医療について長期的な観点から戦略を練っており、今後の日本の健康医療協力、医療観光分野での重要な相手との印象を強くした。上海、シンセン、広州などに次ぎ、中国で2017年コンテナー取扱量で第6位の天津港は広大な敷地に広いコンテナーヤードを有し、天津から120キロの後背地北京を有する天津市は「一帯一路」の北部中国の海と陸の物流の結節点として重要であるとの認識を強くした。新幹線で40分と首都北京市にも至近な港湾都市であるところより、一帯一路にも関心が高く、しばしば「一帯一路」研究会や講座、講演会が開かれ研究が進んでいることを実感した。日本にも近い中国北部港湾都市ゆえ、今後日本との提携強化が肝要との認識を強くした次第である。

### ②健康医療国際会議

　2018年9月には天津市で漢方、伝統医療、新興医療、現代医療を含めた国際会議が開催され、世界から健康医療関係者が参加する。中国は高齢化社会到来に備

え、介護、看護など医療ビジネスに関して経験の豊富な日本の介護機関や病院との協力を強く期待しており、日本の積極的な対応が望まれる。

## おわりに
### ①楊凌・自由貿易試験区、農業近代化特区への参画を

楊凌の農業近代化特区戦略は2013年に習近平・国家主席が打ち出した広域経済圏戦略「一帯一路」構想の下、西の拠点として中央アジア、東欧、中東、アフリカなどとの農業開発共同プロジェクトが急速に動き出している。楊凌では中央アジア、東欧、アフリカなどからの農業関係者、研修生が多くみられた。楊凌の農業近代化特区には米国、カナダ、イスラエル、オランダ、ニュージーランド、豪州、台湾、韓国なども関心を示している。特に米国ネブラスカ大学の大規模灌漑、散水プロジェクトが進行している。中央アジアのカザフスタンとは砂漠、乾燥農業近代化プロジェクトが進行中で、政府関係者、農業研究生の往来が頻繁に行なわれている。

日中関係は尖閣諸島事件以来、経済交流も停滞し、日中の農業協力も中断している。「一帯一路」、「AIIB（アジアインフラ投資銀行）」を含め、楊凌農業近代化プロジェクトなどへの参加が遅れれば日本は欧米、アジア主要国との競争上、不利は免れない。幸い11月の楊凌近代化農業世界博覧会へ主賓国として特別に日本が招待され、AIIB国際顧問として中国でも知名度が高く、信頼されている鳩山由紀夫元首相が日本側団長として西安・楊凌に招待され、開会式でテープカットをし、あわせて基調講演をされることが決定している。この機会は「一帯一路」に出遅れた日本が遅れを挽回する絶好の機会である。関係日本企業の「一帯一路」への参加と関与を切望する次第である。

### ②「一帯一路」の広がりと深化の現状より日本も早急に参画すべし

「一帯一路」構想は発足から5年を経て6つの経済回廊の経済効果は国連のESCAP（国連アジア太平洋経済社会委員会）試算では1.2兆ドルに及ぶという。この構想はユーラシアとアジアの陸海物流網構築から北極海航路を中心とする「氷上シルクロード」構築に加え、さらに中国とラテンアメリカ大陸をも結ぶ「太平洋海上シルクロード」へと広がりと深みを見せている。86の国と国際機関が参加し、まさしく地球規模でのグローバル物流網構築が動き出している。ユーラシアの6地域の経済回廊をまとめ、64カ国に関係している壮大な計画で中国国

家の長期重点プロジェクトとして習政権が全力を投入している。また21世紀のデジタル経済をけん引する「デジタルシルクロード」も構想され、リアルとバーチャルな立体的構想に変貌しつつある。さらに陸・海・北極海氷上シルクロードに、空運を加えたシルクロード構想が動き出している。2018年5月23～25日には空のシルクロード「2018中国・欧州航空サミット会議（IAR China － Europe Aviation Summit）が北京で開催され、中国―欧州空のシルクロード拡大について討議された。かかる趨勢を十分認識し、日本としては諸外国に出遅れることのないようユーラシア物流圏構想「一帯一路」への参加を真剣に考えるべき時である。

**参考文献**
アジア現代経済研究所（2018）「中国楊凌　農業ハイテク成果博覧会」8月。
科学技術振興機構・中国総合研究交流センター（CRCC）（2016）『中国「一帯一路」構想－および交通インフラ計画について』3月。
進藤栄一・朽木昭文・松下和夫共編（2017）『東アジア連携の道を開く―脱炭素社会・エネルギー・食糧』花伝社。
陝西省―日本　ビジネス交流会（2017）「第2回　日中（陝西）プロジェクト協力セミナー」8月、中国北京。
中国天津市商務委員会　蔵学田（2017）「天津市の健康医療産業への取り組み」9月。
「中国（陝西）自由貿易試験区楊凌モデル区（「陝西」自由貿易試験区）」2018年4月。
王義桅（2017）『「一帯一路」詳説』日本僑報社。

　　　　　　　　　　　　　（なかがわ・じゅうろう／名古屋市立大学22世紀研究所特任教授）

第18章

# 中国のエネルギー・自動車革命と「一帯一路」協力への示唆

李志東

> **要約**
> ・中国は再エネ電源と新エネ自動車の開発・利用で世界一に躍り出た
> ・中国はエネルギーと自動車の構造革命を目指し、対策革命を断行中
> ・中国が成功すれば、その他「一帯一路」域内諸国は後発者の利益を享受できる
>
> **政策提言**
> ・対策革命が最適か、域内諸国にとって参考になるかは、今後の研究課題

はじめに

　低炭素社会構築と持続可能な発展は世界全体の流れである。中国もその他「一帯一路」諸国も例外ではない。実現するには、2つの構造革命が必要不可欠である。1つは化石エネルギーから再生可能エネルギーへの転換、すなわちエネルギー構造革命、もう1つは石油系自動車から新エネルギー自動車（NEV。電気自動車（EV）、プラグインハイブリッド（PHEV）と水素燃料電池自動車（FCV）を含む）への転換、すなわち自動車構造革命である。しかし、従来の補助金や優遇税制などの支援対策では、構造革命を支える競争力のある再エネ産業とNEV産業は育てられない。再エネとNEVの対策革命が必要である。中国は、この2つの構造革命に向けて対策革命を強化している。

　本章の目的は、中国のエネルギー・自動車の構造と対策革命に関する取組みを検討することである。合わせて、「一帯一路」協力への示唆の提示を試みる。

# 1　中国におけるエネルギー・自動車の構造革命の現状と中長期目標

## （1）構造革命の現状

　中国は政府と議会が一丸となって低炭素社会を目指している（李 2010）。全国人民代表大会常務委員会が2009年8月に「低炭素経済」の発展を目指す決議を採択した。政府が低炭素社会構築の一環として、エネルギーと自動車の構造革命に向けた取組みを強化し顕著な成果を出しつつある。中国電気企業連合会と中国自動車工業協会の発表によると、再エネ電源は総発電設備容量に占める比率が2010年の25.4％から2017年に36.6％へ、総発電電力量に占める比率が18.0％から26.5％へ、NEV販売比率は2011年の0.04％から2017年に2.7％へ上昇した。2017年において、風力と太陽光の発電設備容量はそれぞれ1.9億kW、1.3億kW、風車と太陽光パネルの年間生産量はそれぞれ1966万kW、7600万kWに達し、ともに世界最大である。また、NEVの生産量と販売量はそれぞれ79万台、78万台に達し、両方とも3年連続世界トップを維持した。

## （2）構造革命の中長期展望

　国際社会では、温暖化防止の長期枠組み「パリ協定」が2015年12月に採択された。中国は協定採択の半年前に約束草案（INDC）を提出した。その中で、長期目標として、GDP当たり$CO_2$排出量（排出原単位）を2030年に2005年比60〜65％削減し、一次エネルギー消費の非化石エネルギー比率を20％前後まで引き上げる等に加え、総排出量を出来る限り早い時期にピークアウトさせると表明した（李 2016）。

　目標実現の担保として、政府が長期の対策方針を定める「エネルギー生産と消費革命戦略（2016〜2030）」とともに、低炭素・エネルギー関連第13次5カ年計画として、温室効果ガス抑制やエネルギー発展の総合計画、省エネや電力需給、再エネ開発等の分野別計画を体系的に作成した。その中で、排出原単位を2020年に2015年比18％削減する等を必達目標として、電源開発に関しては、再エネ発電量比率を27％へ高める目標を設定した。

　より長期については、「2030エネ戦略」では、2030年に非化石エネルギー比率を20％へ、非化石電源発電量比率を50％へ高める目標を設定した。2050年については、非化石エネルギー比率を50％以上としたが、電源構成は明記しなかった。

一方、中国能源研究所（ERI）主導の国際共同研究では、「新しい火の創造」シナリオにおいて、2050年に非化石エネルギー比率が55％、非化石電源発電量比率が82％になると試算されている[1]。

また、NEV普及目標、技術開発目標と重点分野等を含む「省エネ・新エネ自動車技術ロードマップ」も作成された。その中で、NEVの普及目標として、販売比率を2015年の1.3％から2020年に7～10％へ、2030年に40～50％へ高めると規定している。自動車全体の生産・販売目標と合わせると、NEV販売量は2015年の33万台から、2020年に210万～300万台、2030年に1520万～1900万台へ増加すると推定される。それに伴って、NEV保有台数は2015年の45万台から、2020年に500万台以上へ、2030年に8000万台へ増加するとした。2050年については、前掲「新しい火の創造」シナリオにおいて、NEVは全般的に普及されると見込まれている。

## 2　中国における再エネ・NEV対策の功罪と対策革命

### （1）再エネ対策の功罪と対策革命

中国は既に世界最大の太陽光や風力等の再エネ発電基地と発電装置の供給基地となっている。もはや、中国を抜きにして世界の再エネ発電を語れない時代になったと言える。様々な優遇対策が功を奏したことが背景にある。太陽光発電を例に見てみよう。

まず、国際的に有効と実証された対策を中国の実情に合わせて導入している。例えば、日本でもお馴染みの固定価格買取制度（FIT）について、買取価格は全国一律ではなく日照量等に応じて設定され、期間は大型でも分散型でも同じく20年間に固定し、対象は分散型でも全発電量と規定している。

独自の対策も多い。例えば、政府が貧困地域を対象に、分散型に70％、大型に40％の初期投資額補助を行う「太陽光発電による貧困脱出プロジェクト」を、2017年までの3年間で21省の貧困地域で実施し、その合計容量は1085万kWに

---

1）報告書 "Reinventing Energy: China – energy consumption and supply innovation roadmap 2050" の概要版の日本語訳については、http://renewable-ei.org/activities/reports_20170131.php を参照。

達した。同時に、技術進歩とコスト低減を主目的に「太陽光発電開発トップランナー計画」も実施した。その結果、2017年の落札売電単価がkWh当たり0.45〜0.61元（7.4〜10.1円。1元＝16.5円）となり、同期のFIT価格0.65〜0.85元（10.7〜14.0円）を大幅に下回った。

　また、日本同様に、出力抑制問題も発生しているが、中国は再エネ発電の全量・優先買取制度の厳格実施、超高圧送電網の整備や地産地消型太陽光発電開発の促進等の総合対策を強化している。

　こういった優遇対策の弊害として、国民負担を高めたと指摘されている。国家能源局によると、FITの実施に起因する再エネ電源開発に関する資金不足分は2018年上半期までにすでに1200億元（1.98兆円）以上に達した。また、再エネ開発によるコスト上昇分を電力料金に上乗せして回収するサーチャージ単価は導入当初の2006年比で2016年以降19倍に上昇し、kWh当たり0.019元（0.3円）となった。

　再エネ電源開発の長期目標を効率よく実現するために、政府が支援中心の対策から市場メカニズム中心の対策への転換を図り始めている。例えば、2018年5月31日、「2018年太陽光発電関連事項の通知」が通達された。その中で、FITの適用対象となる新規開発規模に関する管理強化、FIT価格引き下げの加速化、屋上を除く新規建設における入札方式の導入等を明記した。また、再エネ電力消費については、世界初の地域別割当て目標制度の導入に取組んでいる。これらの対策革命を機に、太陽光発電パネル価格、融資コストや土地利用料などを含むシステム価格が急速に低下し、遅くとも2020年頃までに既存電源と競争できるようになると考えられる。同様な対策革命の効果は風力発電等その他再エネ電源についても期待できよう。

### （2）NEV対策の功罪と対策革命

　中国のNEV産業政策は、従来の「Stage1：補助金等支援のみ」から「Stage2：補助金等支援軽減とNEV規制・取引制度の併存」へ移行しつつある。中央政府が2009〜2015年に334億元、地方政府が2013〜2015年に約200億元、合計534億元（約8811億円）以上のNEV向け補助金を支出した。これは、NEVの市場拡大と産業化に寄与したのは言うまでもない。その反面、財源確保や企業努力の阻害等の問題も指摘される。2021年以降には「Stage3：NEV規制・取引＋炭

図1 中国のNEVとCAFC規制及び関連クレジット取引制度の概念図

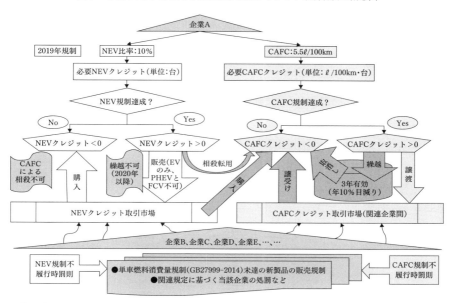

出所）工業・情報化部等「乗用車企業平均燃料消費量および新エネ自動車のクレジット・ポイントの併用に関する管理規定」（2017/9/27）に基き、李志東が作成

素税等市場志向制度」への政策転換を目指している。

　政府が2017年9月27日に、「乗用車企業平均燃料消費量（CAFC：Corporate Average Fuel Consumption）及びNEVのクレジットの併用に関する管理規定」を公表し、NEVとCAFC規制及び各々のクレジット取引の同時導入を決定した（**図1**）。

　NEV規制・クレジット取引制度は、各自動車企業にNEVの販売目標（Cap）を課す上で、クレジット取引（Trade）を行わせる制度で、炭素削減に寄与する、広義のカーボンプライシング制度とも言える制度である。つまり、自社で目標分を造れなければ、他社の目標超過分を取引市場で購入しなければならない。規制不履行の場合、新製品の販売を許可しない等の罰を受けなければならない。同時導入のCAFC規制・クレジット取引制度との関係では、NEVクレジットはCAFC規制の達成に利用できるが、CAFCクレジットはNEV規制の達成に利用できないと規定している。NEV規制は2019年から始まる。NEV販売比率は2019

年10%、2020年12%と規定されている。

　同管理規定（案）は2016年9月22日に発表され、国内からCAFC規制達成へのNEVクレジット利用は燃費向上とNEV促進というそれぞれ本来の目的を曖昧にし、効果検証等も困難となること、NEVクレジットの余り分（単位は台）とCAFCクレジットの不足分（単位は ℓ/100 km・台）との相殺根拠が不明であること等が指摘された。また、内燃機関車に優位性のある日米欧の自動車業界からもNEV比率が高すぎる等の反発を受けた。にもかかわらず、中国政府はNEV比率を変更せず、規制時期を当初予定より1年先送りの2019年にする等の微修正で制度導入を断行した。英仏等での内燃機関車規制の動きを踏まえ、世界初の制度革命を通じて、NEV推進のための市場競争を加速し、特に開発主体の中心として外資系から民族系企業へのシフトも同時に促し、自動車「大国」から「強国」への変貌を効率的に実現する狙いである。今後も、その動向や効果について注目していきたい。

## 3　「一帯一路」エネルギー・自動車の構造革命への示唆：おわりに換えて

　李（2017）で検討したように、低炭素・エネルギー協力は全ての参加国・地域にとっての「利益・運命・責任の共同体」の構築を目指す「一帯一路」構想の柱の1つである。

　中国が推し進めているエネルギー・自動車の構造革命が成功すれば、その他「一帯一路」域内諸国は後発者の利益を享受する形で、既存電源と競争できる再エネ電源、石油系自動車と競争できるNEVを自国で導入することが可能であろう。その結果、域内全体におけるエネルギー安定供給、大気汚染防止と炭素削減、さらに地域産業の振興に同時に寄与する。従って、エネルギー・自動車の構造革命に関する協力は、今後の低炭素・エネルギー協力の中心分野になるだろう。一方、中国が取組んでいる再エネとNEVの対策革命が構造革命の実現に最適か、域内諸国にとって参考になるかは、今後の研究課題であろう。

謝辞
　本研究の一部は科研費16K00680の助成を受けたものである。

**参考文献**

李志東（2010）「ポスト京都議定書を見据えた中国の温暖化防止戦略と低炭素社会に向けた取り組み」『エネルギーと動力』2010年春季号、No.274、84-97頁。

李志東（2016）「『パリ協定』の合意形成における米中の『率先垂範』とCOP21後の課題」『環境経済・政策研究』Vol. 9, No.1（2016.3）、43-47頁。

李志東（2017）「『一帯一路』低炭素共同体構築の実践と展望：中国の取組みと日中韓協力への示唆」、進藤榮一・朽木昭文・松下和夫共編『東アジア連携の道をひらく：脱炭素社会・エネルギー・食料』花伝社、119-132頁。

（り・しとう／長岡技術科学大学大学院情報・経営システム工学専攻教授）

第19章

# 東アジアにおける電力貿易の展望
日本も国際連系の実現を

## 高橋洋

> 要約
> ・世界的に国際連系線の建設による電力貿易が拡大している
> ・経済性だけでなくエネルギー安全保障に寄与し、経済的相互依存を深める
> ・しかし東アジアで電力貿易は限定的で、日本には国際連系線が存在しない
>
> 政策提言
> ・国際連系線を建設し、隣国との電力貿易に取り組むことを提言する

はじめに

　一帯一路を含む東アジアの国際関係を展望する上で、1つの柱となりうるのが、電力の貿易である。再生可能エネルギー（再エネ）の導入拡大に伴い、世界的に国境を超えた電力の輸出入の拡大が続いているが、この流れから取り残されているのが東アジア、特に日本である。隣国との国際連系線を有しない日本にとって、電力貿易は絵空事のように思われるかもしれない。しかし、東アジアでも電力貿易による便益は大きく、経済的相互依存を深め、エネルギー安全保障にも寄与する可能性が高い。本章では、東アジアの国際関係とエネルギー政策の観点から、日本による電力貿易の可能性を検討する。

## 1　世界的な電力貿易の拡大

　世界的に見れば、電力貿易は一般的である。欧米では、1世紀以前から電力の輸出入が行われているが、この量は近年拡大傾向にある。国際エネルギー機関（IEA）によれば、欧州と北米の各国の電力輸出入量は、1974年から2015年の間に各6.4倍と4.6倍に拡大した[1]。この間に発電電力量自体は、各2.2倍と2.3倍に

増加したため、割合で見ても輸出入は2〜3倍に高まっている。

　一般的な貿易の便益については、市場規模の拡大による収穫逓増、競争促進による経済性やサービスの向上、2国間の技術の違いによる相互補完などが挙げられるが、これらは電力にも当てはまる。欧州では、電力自由化と市場統合を進めてきた結果、余剰電力を隣国へ安く輸出し、電力会社が国境を超えて参入し、また水力が豊富なノルウェーと風力が豊富なデンマークが相互融通するといったことが起きている。

　さらに2000年代以降に再エネの大量導入が進んだことも、近年の電力貿易の拡大を促している。風力や太陽光の出力変動を調整するには、複数の地域をまたいだ需給調整が効果的であり、その究極形態は国際的な広域運用である。そのため欧州では、欧州委員会が国際連系線の建設目標を設定し、各国の送電会社[2]は相互協力を進め、国際連系線の建設ラッシュが起きている。

## 2　東アジアにおける電力貿易の障壁

　欧州とは対照的に、東アジアでは電力貿易がほとんど行われていない。欧州では、発電電力量に対して10％程度の輸出入は珍しくないが、中国の輸出率は0.3％、輸入率は0.1％に過ぎない（図）。そして日本と韓国には国際連系線が存在せず、当然電力の輸出入量はゼロである。

　その理由は、第1に、東アジアの国際関係が歴史的に必ずしも良好でなかったからだろう。これは、戦後の欧州統合の経緯と比べれば明らかであり、安全保障上の懸念につながる。第2に、日本は島国であり、韓国は北朝鮮のみと地続きであるため、海を隔てた国際連系は技術的に難しかったからだろう。第3に、欧米と比べて電力自由化が進んでいないことが挙げられる。自由化はより広い市場を追求する原動力となるからである。第4に、欧州と比べて変動性再エネの導入率が限られており、広域運用の必要性に乏しかった理由もある。

---

1）IEA, Electricity Information, 2017.
2）欧州では、電力自由化を経て発電と送電の所有権分離が進み、概ね1国に1社の独立した送電会社が系統運用を担当している。

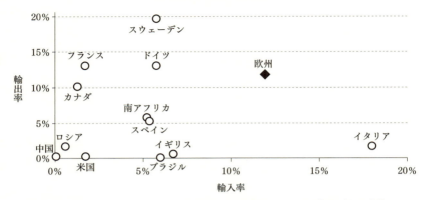

図　主要国・地域の電力の輸出率と輸入率（2015年度）

出所）IEA, Electricity Information 2017から筆者作成。各国の輸出量と輸入量を発電電力量で割った数値。

## 3　東アジアにおける電力貿易を巡る環境変化

　このような東アジアの環境に、近年変化が見られる。第1に、確かに2018年現在でも東アジアの外交関係は良好と言い難いが、経済的相互依存関係はかつてなく深まっている。財務省の貿易統計によれば、2017年度の日本の輸出入総額において、相手国の1位は中国、3位は韓国、4位は台湾であった。

　第2に、20年程前まで海底送電の障壁は世界的に高かったが、技術革新とともに低コスト化が進んだ。例えば2018年時点で世界最長の海底送電線は、ノルウェーとオランダを結ぶNorNedの580 kmに及んでいる。さらに1,000 kmを超える計画が相次いでおり、これらの中にはイギリスやアイスランドといった島国も含まれる。稚内とサハリンは42 km、福岡と釜山は220 km程度の距離であり、日本でも国際連系線は技術的にも経済的にも困難な水準とは言えない[3]。

　第3に、確かに電力自由化は緩やかであるものの、中国には所有権分離をした送電会社が存在し、日本でも小売り自由化や法的分離が進みつつある。国境を超えて安価でクリーンな電力を求める声は、潜在的に大きいだろう。

　第4に、既に中国は世界最大の風力発電や太陽光発電の導入国であり、韓国も

---

[3] 日韓・日露の国際連系線のルートや建設費の詳細については、アジア国際送電網研究会（2018）を参照されたい。

ムン・ジェイン政権の脱原子力発電の方針に基づいて再エネの導入を加速するという。日本でも太陽光を中心に近年導入が進んでおり、今後東アジアで変動対策としての広域運用の必要性は高まる。また、電力需要の小さいモンゴルや極東ロシアの再エネの資源量が大きいことも、国際連系の機運を高めている。

## 4 東アジアにおける電力貿易への取り組み

上記の環境の下、近年東アジアでも電力貿易の拡大を目指す取り組みが進んでいる。中国では、世界最大の送電会社である国家電網公司が、Global Energy Interconnection 構想を掲げ（Liu 2015）、日本を含む近隣国との国際連系を呼びかけている。

その背景にあるのが、中国政府の一帯一路構想である。一帯一路では、インフラ整備による関係国間の相互連結と貿易・投資の自由化が強調されており、この中には電力も含まれる。国家能源局の2018年7月31日の発表によれば、中国の大手電力会社による一帯一路関連のプロジェクトの総額は、912億米ドルに達するという。

中国の取り組みは2015年頃から本格化したが、同時期に韓国電力公社は Smart Energy Belt 構想を掲げ、またロシアではプーチン大統領自身が国際連系を呼びかけている。こうして2016年3月には、中国国家電網、韓国電力、ロシア・グリッド（ROSSETI）、そして日本のソフトバンクが、国際連系を推進する国際組織である GEIDCO を設立した。

## 5 日本から見た電力貿易への懸念と実際

東アジアの中で、電力貿易に最も慎重なのが日本である。政府や既存の電力会社が公的な場で国際連系に前向きな姿勢を示したことは、筆者の知る限り一度もない。その際に挙げられる最大の理由は、エネルギー安全保障であろう。電力という経済社会に不可欠なエネルギーを他国に依存すれば、政治的な理由で輸出が停止される懸念があり、安定供給上問題があるというのだ。

しかし、輸出国が供給停止する場合、収入減を受け入れなければならない。石油や石炭などと比べて電力は貯蔵が難しいため、停止分を即座に転用するわけに

いかず、国際連系線という専用インフラへの投資も回収できなくなる[4]。実際に冷戦下でも、ロシアは欧州に対してガスや電力の輸出を一方的に停めたことはないと言われる。相互依存関係の下では、輸入国が一方的に脆弱な立場に置かれるとは限らないのであり、電力はその要素が強いのである[5]。

それでも供給停止のリスクは残るが、実際にどの程度の影響度だろうか。例えば近年の海底送電線で一般的な1GWの容量であれば、日本の総発電設備容量324GWに対して、0.3％に過ぎない。複数国と連系すれば送電容量の合計は増えるが、その停止リスクは下がるはずだ。そもそも日本は石油の87.2％を中東に、液化天然ガスの9.1％をロシアに依存している[6]。国内の火力発電の代わりに電力を輸入すると考えれば、むしろ調達先の分散に寄与するだろう。

さらに国際連系は、エネルギー安全保障にプラスの面も少なくない。2011年の計画停電や2018年のブラックアウトのような際に、海外の供給予備力を期待できる。また国際連系による広域運用が各国の再エネの導入に寄与すれば、気候変動対策になるだけでなく、エネルギー自給率も高める。

それでも政府や電力会社が電力貿易に関心を示さない背景には、福島第一原発事故後の複雑な国内環境があると考えられる。2000年代初頭以降停滞していた電力自由化は、2011年以降に電力システム改革として推進されている。とはいえ、稼働しない原発を抱える電力会社の経営環境は厳しく、ここに海外から安価な電力が入ることは避けたいだろう。また、政府は単純に自由化に邁進しているのでなく、過酷事故の後始末、原発の復活、再エネの導入といった、相反する課題の両立に苦心している。その中で、国際連系という複雑な要因を加えたくないのが、本音ではなかろうか。

## おわりに

冷戦が終焉した1990年代に米国の政治学者のカルダー（1996）は、成長著しいアジアにおけるエネルギーを巡る争いが、安全保障を揺るがす危険性を指摘した。確かに東シナ海の状況を見れば、化石燃料については正しいとも思える。

---

4）このような議論では、Lilliestam and Ellenbeck（2011）を参考にした。
5）このような相互依存論の古典は、Keohane and Nye（2012）であり、参考にした。
6）資源エネルギー庁『エネルギー白書』2018。各2016年度と2015年度の数値。

一方、経済的相互依存が深まる世界において、国際連系線に共同投資し、再エネ電力を相互融通することは、ゼロ・サムでない互恵的な国際関係の構築に寄与する可能性が高い。筆者はこのような認識から、拙著（2011）で「アジア再生可能エネルギー共同体」の創設を提唱した。

　未だ日本ではこのような構想が実現する気配はないが、東アジアの国々からこれに近いアイデアが出され、取り組みが始まっている。その中で日本のみが積極的でないため、他国から置き去りにされつつあるという[7]。

　日本において、中国が主導する一帯一路構想への警戒感は根強い。それでも政府がこれに協力姿勢を示し始めたのは、やはり経済的利益の魅力によるのであろう。だとすれば、それに止まらず、環境的便益や地域の相互依存関係、エネルギー安全保障を高める電力貿易に、政府が前向きな姿勢で着手することを望みたい。

謝辞：本稿の内容は、筆者も一員である自然エネルギー財団のアジア国際送電網研究会での議論に拠る所が大きい。記して謝したい。

## 参考文献

アジア国際送電網研究会（2018）「第2次報告書」。
カルダー、ケント・E（1996）『アジア危機の構図――エネルギー・安全保障問題の死角』日本経済新聞社。
高橋洋（2011）『電力自由化　発送電分離から始まる日本の再生』日本経済新聞出版社。
Keohane, Robert O. and Joseph S. Nye, Jr.（2012）*Power and Interdependence*, 4th Edition, Longman.
Lilliestam, J., Ellenbeck, S.（2011）Energy Security and renewable electricity trade – Will Desertec make Europe vulnerable to the "energy weapon?," *Energy Policy* 39 (6), pp. 3380-3391.
Liu, Zhenya（2015）*Global Energy Interconnection*, Elsevier Inc.

（たかはし・ひろし／都留文科大学地域社会学科教授）

---

[7] 2018年7月23日の自然エネルギー財団主催シンポジウムにおける、三輪茂基ソフトバンク社長室長の発言。

第20章
# 一帯一路を先導するエネルギー連結のネットワーク

渋谷祐

> 要約
> ・一帯一路の資源エネルギー、環境保護とインフラ連結は三位一体である
> ・一帯一路資源エネルギー戦略の歴史は苦難と挑戦の連続である
> ・航海路・送電線・パイプラインのインフラが連結する新ネットワークの時代を展望
>
> 政策提言
> ・日中韓の官民パートナーシップによるエネルギーインフラの構築と連結を急ぐべき

## はじめに

　北極圏ヤマル半島（ロシア）産出のLNG（液化天然ガス）をタンカーで中国・太平洋市場に通年輸送する、いわゆる氷上シルクロードが実現した。米国地質調査所によれば、北極圏の石油埋蔵量は900億バレル、天然ガスは1670兆立方フィートである。それぞれ地球全体の未発見資源の13％、30％に相当する。

　慢性的な資源エネルギー不足に悩む一帯一路沿線の40億人の市場ニーズを充たせば、一帯一路の最大成果の一つになる。

　次に、モンゴル・ゴビ砂漠のメガソーラーやウインドファームを起点に基幹送電網を環日本海・インド洋岸まで広げるアジア・スーパーグリッド（基幹送電線）構想の予備事業化計画が進んでいる。

　これら2つの21世紀メガ・プロジェクトから、アジア・ユーラシアを東西南北の方向に向けて走る航海路・送電線・パイプラインのインフラが連結する新たなネットワーク時代の形が見えてくる。

　ところで、習近平・国家主席は、「一帯一路は、国際公共財であり、包括的でフリーライダーを認め、開放的かつ輸送連結の多元化に資する」と表明した。

　習近平主席は、一帯一路エネルギー戦略のなかで、特に、グリッド（基幹送電

表1　中国の5カ年計画と資源戦略（略史）

| 1949年－60年代 | 自力更生、大躍進と中ソ対立 |
| --- | --- |
| 1970年代 | 産油大国と外貨収入（対日石油輸出） |
| 1980年代 | 改革・対外開放、国営企業の対外進出 |
| 1990年代 | 石油輸入国転換と「西部大開発」 |
| 2001年－2005年（第10次） | 電力エネルギー危機と海外進出の加速 |
| 2006年－2009年（第11次） | 資源節約・環境保護と共同開発 |
| 2010年－2015年（第12次） | 国有企業改革、資源投資パッケージ |
| 2016年－2020年（第13次） | 海外5大重点エネルギー合作区域の建設 |

出所）筆者作成

網）の連結協力（能源互聯互通）の重要性を強調した。

　他方、一帯一路はチャイナ・スタンダードではないかとの批判に対しては、習近平主席は、普遍性、公正、多様性を訴え否定した。

　本章では、一帯一路資源エネルギー戦略の歴史、現状と将来展望について若干の検証を試みる。

## 1　一帯一路資源エネルギー戦略の略史

### （1）資源確保のため走出去が先行

　1982年、中国の「改革・開放」と同時に資源確保（主に石油・天然ガス）のための「国外進出奨励（走出去）」が始まった。大慶油田はピークに達して1993年に石油の純輸入国に転換した（**表1**）。

　2000年代初、中央アジア産を輸送する「西気東輸」パイプラインが完成したが、西部大開発計画は息切れし、全国規模の電力危機が発生した。

　高度経済成長の時代にはアフリカや南米産を求めてグローバル戦略を積極展開した。国営企業の余剰人員対策と合作方式が後押しした。

　中国の「資源の囲い込み」や資源開発の融資の見返りに石油を買うパッケージ取り決めが批判された。ドル減らしと安い人民元がこれを支えた。一方、世界最大の石炭産出国のため大気汚染は深刻化した。低炭素化、省エネと効率化が叫ばれた。

　2014年、中国向けのロシア産の天然ガスパイプライン建設計画が合意された。習近平第2期政権は、グローバル分散型を改め重点協力型のエネルギー戦略を

選択した。

### （2）成長高止まりでインフラ輸出型に転換

習近平政権が成立して、内需拡大のペースが下降して、経済は常態化に向かった。国有企業の不採算のため、一部民営化と大幅リストラが進んだ。ベネズエラなど海外資産ポートフォリオの整理が進んだ。

2016年以降、産業構造の転換のため、製造業の過剰能力の輸出政策が決まった。従来の積極的走出去政策はピーク局面を迎え、入れ替わる形でエネルギーインフラ輸出と連結（コネクティビティ）の動きが加速化した。氷上シルクロードはその成果の一つである。

## 2 エネルギーインフラの連結協力の骨格

### （1）経済回廊と合作（協力）区域が目標

一帯一路（海のシルクロード）は、地図上2つのルート（中国沿海部―南シナ海―インド洋―欧州と中国沿海部―南シナ海―南太平洋）から構成される（中国国務院資料）。

国家発展改革委員会は、第13次5カ年計画文書通知において、海のシルクロードの目標を掲げ、

① バングラデシュ・中国・インド・ミャンマー経済回廊、中国・パキスタン経済回廊を建設する。
② ロシア、中東、アフリカ、アメリカとアジア・太平洋市場の形成の「5大重点エネルギー合作区域」を建設する、と明示した。

具体的には、エネルギー技術、設備装備、工事を含めてインフラ輸出する戦略である。

### （2）氷上シルクロードは国策民営プロジェクト

2017年12月、ロシアのプーチン大統領は、「中ロのエネルギー協力プロジェクトで初めてLNGを船に積む式典に出席し、特に中国との経済強化に有益である」と語った。

中国による北極海航路利用は、基本的には商業的動機によるが、「北極政策白

書」(2018年1月)のとおり、LNGなど資源エネルギーの調達はナショナルプロジェクトである(第12章参照)。

他方、日本政府は、「我が国の北極政策」(平成27年10月総合海洋政策本部決定)を発表した。韓国も「新北方政策」の推進に強い意欲を示している。

## 3　東アジア地域プロジェクトの関与と選択

### (1) 官民パートナーシップ(PPP)が原則

一帯一路と朝鮮半島情勢の急展開によって、日中韓ロ・モンゴル・北朝鮮などによる東アジア共同体構想と日中韓イニシアティブによる官民パートナーシップ(PPP)の構築が急がれる。

中国・大連では、地元遼寧省の唱えるユーラシアランドブリッジと並んで、日中韓の環境循環モデル都市計画やスマートシティ計画が現実化している(第15章参照)。

韓国・文大統領は一帯一路との連携を明言している。安倍首相は民間ベースの協力推進を唱えている。

### (2) 東アジア地域協力の発展方向

氷上シルクロードの実現を契機に、東シベリア・サハリンにおける日ロ共同開発やパイプライン・送電線建設計画の幕開けを早める期待がある。

また、アジア・スーパーグリッドは中国、韓国とロシアは事業化に向けた共同研究などで国際連携の動きが活発化している。他方、日本は主だった進捗なしとの報告がある(コラム編9：三輪茂基「アジアスーパーグリッド構想の実現へ」参照)。

更に、中断している大豆満江開発計画の再生論(日本は不参加)が浮上している。

北東アジアの官民エネルギーパートナーシップ(連携＝PPP)メニューの一例を示せば**図1**のとおりである(第9章参照)。

### (3) 日中韓イニシアティブの期待

米朝首脳会談(2018年6月、シンガポール)と3回に及ぶ南北首脳会談を契機

図1　北東アジアの官民エネルギー連携メニュー

|  | 多国間 | 二国間 |
|---|---|---|
| <民間部門> | アジア・スーパーグリッド<br>PM2.5対策<br>北極海の氷上シルクロード<br>炭素取引市場・CDM<br>LNGハブ | クリーンコールテクノロジー<br>エネルギー企業進出（BOT）<br>再生エネルギー・スマート社会<br>エネルギー・トレーディング<br>石油貸しタンク共同利用・備蓄 |
| <公的部門> | 船舶の自由航海の保障<br>海洋環境汚染の防止<br>エネルギー通商拡大<br>パリ協定発効<br>エネルギー憲章条約/クラブ | 国際エネルギー輸送連結<br>資源共同開発と投資<br>船舶燃料の低硫黄化<br>安全な原子力発電と防災協力<br>エネルギーインフラ構築支援 |

出所）EGLJ

に、南北統一に向けた朝鮮半島と新たな北東アジアの世界が開けつつある。日韓トンネルの構想から実現に向けた機運が高まっている。日本と大陸を結ぶ既設の海底通信ケーブルが良い見本である。

李克強・中国首相は、「中日平和友好事業の再出航を」と題して新聞に寄稿した[1]。

2018年10月、日中首脳会談（北京）の結果、第三国市場協力をめざして「交通・物流」、「エネルギー・環境」、「産業高度化・金融支援」、「地域開発」の4つの分科会が設置されることになった。日本の先端技術・ノウハウと中国のファイナンスの結合に期待が集まっている[2]。

中国共産党中央対外連絡部・現代世界研究センター副主任の王立勇教授は、インド太平洋戦略と一帯一路の補完関係に一定の理解を示した（第11章参照）。

また、同センター戦略研究部長の李鼎鑫教授は、「一帯一路は、インフラ、基礎市場と基礎産業の3つの基礎から成る。カギはビッグデータ集積や自動運転などの新技術と物流改革を含む新産業である。市場規模はサイバー空間に拡大す

---

1) 李克強・中国首相寄稿、朝日新聞デジタル2018年5月8日。
2) 経済産業省ホームページ　2018年10月26日。

る」と述べた。

## 4　海洋共同開発と海洋環境汚染対策

### （1）資源共同開発交渉は停滞

　現段階では中国の南シナ海南沙諸島などの領有権主張と自由航行権問題をめぐり、米海軍は牽制し米中緊張が高まっている。ハーグ（オランダ）の常設国際仲裁裁判所は、中国による九段線領有の主張は無効であると裁定（2016年）したが、中国は全面的に異議を唱えている。ベトナムと台湾は非難する一方、フィリピンは仲裁裁定を棚上げにして、中国との資源共有協定に前向きであるといわれる。

　日中両国による東シナ海ガス田の共同開発交渉は「2008年原則合意」を確認するとともに、条約の締結交渉の再開をめざしている。

### （2）海洋環境汚染と地域協力の必要性

　東・南シナ海の航路は世界最大の輸送動脈である。他方、2016年に、東・南シナ海ではタンカー事故を含めて計33隻の船舶が海難事故で失われ、「世界ワーストの海域」になった。南シナ海は閉鎖海域のため海洋環境汚染が深刻化し、また海賊活動など非伝統的な安保リスクがある。

　2018年1月、原油タンカー・サンチ号の衝突・油流失事故が上海沖の東シナ海の公海で発生し、船員30名が死亡した。人命救助、漁業や海洋生物多様性の保全・持続可能性に対するリスクが懸念された。

　2018年10月、日中双方の大臣は、円滑かつ効率的な海上捜索救助を行うための協力協定に署名した。また、海上や空での偶発的な衝突を避けるため「海空連絡メカニズム」の早期開設に取り組むことで合意した。

　日中韓露4カ国による、北西太平洋地域海行動計画と海洋汚染モニタリング活動が急がれる。国際的な油濁補償協定の参加やIMO（国際海事機関）ベースの船舶燃料の低硫黄化対策の要請など中国の大国としての責任は大きい。原発大国である中日韓3カ国の防災協力は重要課題である。

## おわりに

　東アジア共同体構想は、エネルギー利用分野を中軸に据えて、官民を交えた第三国協力を前提にする。中国政府は「国家国際発展協力庁（中国語：国家国際発展合作署）」を設置し諸要請に広く応じる姿勢である。日本のODA（開発援助）モデルを参考にしたといわれる。その最大プロジェクト候補は南北統一後の朝鮮半島であるとされる。

　一帯一路は、アジア・スーパーグリッド、ガスハブやパイプラインの連結プロジェクトを加速化させている。エネルギーインフラの連結が「大陸と海洋」を結ぶパートナーシップの証であることはたとえば戦後マーシャルプランと冷戦後の英仏海峡史の示すところである。

　更に一帯一路エネルギー戦略は、朝鮮半島の南北統一を促し、日中韓ロ・モンゴル・北朝鮮などによる東アジア共同体の動きを加速化させるだろう。

**参考文献**
後藤康浩（2018）『アジア都市の成長戦略』慶應義塾大学出版会、131-146頁。
渋谷祐（2017）「アジア・スーパーグリッドの包括的検証と課題」、進藤榮一共編『東アジア連携の道をひらく』花伝社、190-204頁。
渋谷祐（2017）「北東アジアのエネルギー連携の地平をめざして」、伊集院敦[編]『変わる北東アジアの経済地図』文眞堂、153-186頁。

　　　　　　　　　　　（しぶたに・ゆう／中国研究所21世紀シルクロード研究会代表）

第 4 部

# 一帯一路ガバナンス協力を求めて

第21章
# パックス・シニカの世紀へ

## 大西広

> 要約
> ・「後発帝国主義同盟」としてのBRICSないし中国単独の世界覇権の登場は不可避
> ・それはこれまでのパックス・ブリタニカやパックス・アメリカーナより望ましい
> ・そのため、この新秩序の成立への協力が日本にとっての当面の課題となる
>
> 政策提言
> ・このためには対米従属基調の現在の外交姿勢を転換しなければならない

## はじめに

　人間は数十年から一世紀程度にわたって続く社会システムをとかく永遠のものと思ってしまうものである。たとえば、日本人も江戸の繁栄期にはそう思った。が、永遠の社会システムというのはありえない。徳川体制も150年前に終わり、そして今問われているのは、対米従属を基調とした戦後70数年間の体制、世界的には「パックス・アメリカーナ」の世界システムである。

## 1　アメリカ世界覇権の継続は不可能である

　こうした覇権交代は過去において失敗したこともある。イギリス覇権に対するフランスの挑戦、米英覇権に対する日独の挑戦である。しかし、孤立主義に向かう今回のアメリカの動きを見ていると少なくともアメリカ世界覇権の継続は不可能と思われる。
　こういうとアメリカの現在の孤立主義的傾向はトランプ政権による一過性のものだとの反論もありえようが、それはトランプ政権成立の必然性を理解しない浅薄な議論である。アメリカはトランプが大統領になったからこのようになったの

ではなく、アメリカ経済の地盤沈下という現実がトランプを導いている。これが各種アナリストに理解されていなかったので、トランプの大統領選挙での勝利が予測できなかった。アメリカはしばらくの間、「ニュー・エコノミー」といってもてはやされたりしたが、それは恣意的なドル高誘導による世界の金融支配が目的だったのであって、その期間に実は製造業が決定的に弱体化している。たとえば、今、世界の途上国には鉄道建設のブームが発生しているが、そこに中、日、欧企業の売り込み合戦はあってもアメリカ企業はない。この結果、「ラスト・ベルト」の製造業労働者の不満は蓄積し、「外国のことより自国のことを優先せよ！」との反エスタブリッシュメントの反乱が起きた。この結果、ロシア・ゲート事件などでどれだけたたかれてもトランプの人気は落ちない。現在のトランプの路線はたとえ大統領が変わっても変えることのできない不可逆的なものとなっている。

　もちろん、この変化は移民排斥、人種差別への転換であるから誉められたものではない。が、この不可避な転換によって世界から孤立しようともアメリカ大統領はそうした方針をとらざるを得ない、そうしたことが重要なのである。あるいは、「外国のことより自国のことを優先せよ！」、つまりアメリカ・ファーストなのだから、世界から孤立することをそれ自身目的としているのだとも言える。たとえば、今回のような大幅な追徴関税課税は、アメリカ企業が中国などに進出するのを妨げ、かつまた対米輸出で儲けてきた世界の企業家の離反を呼ぶ。この結果、アメリカは彼らの「味方」ではなく、「敵」となるのであるから、イデオロギー的なアメリカの優位性も喪失する。移民排斥や人種差別、女性差別、エルサレム問題、地球温暖化問題、ユネスコからの脱退、INF（中距離核兵器全廃条約）の破棄などでのリーダーシップの喪失以上に、こうした経済界の離反の方がより重要だと私は考えている[1]。

　なお、こうした保護主義は戦前に世界が経験した「ブロック経済」と同質のものであるということを指摘しておきたい。なぜなら、戦前期、先発帝国主義への

---

1）「アメリカ第一」のトランプ政権成立直後の2017年1月に中国の習近平主席はダボス会議で中国は自由貿易を守ると世界に向かって宣言したが、これを受けて直後の『Newsweek』1月18日付け（日本語版）は「中国が唯一のグローバル・パワー」、「トランプの保護主義でアメリカが縮む今、グローバル・エリートが頼れる大国は他にはない」と論評している。

後発帝国主義の挑戦を「ブロック」することが「ブロック経済」の目的であったからである。たとえば、戦前期、東南アジアのマラヤやオランダ領東インドについて、日本と英蘭とは自由貿易 vs ブロック経済で対立している。そして、だから、戦後世界は戦争回避のためにも自由貿易主義が重要だと判断したものである。各国の市場シェアは競争力の強弱によって決められるべきで保護貿易＝ブロック経済化によってそれが阻止されてはならない。この論理は新興帝国主義の論理であるとともに戦争回避の論理として「正義」として今では認定されたものなのである。

## 2　「パックス・シニカ」の不可避性

　こうして以上では何の断りもなく中国などを「新興帝国主義」として説明してきたが、これは最近の中国製造業の強化、海外進出などを見れば説明するまでもないことだろう。BRICS についても、ブラジルは南米諸国に対して、南アフリカはアフリカ諸国に対して、インドはインド洋岸諸国に対して同様の関係を持つ。ロシアは製造業が弱いので「軍事大国」としてこれら諸国と同盟を結んでいる。たとえばインドは本来中国と大変仲が悪いが、それでも BRICS 同盟から離脱する気配がないのはこうした共通利害を持っているからである。そして、これは「パックス・アメリカーナ」がアメリカのみならず、西ヨーロッパ諸国や日本などとの共通利益の上にあったのと同じである。この意味で「パックス・シニカ」は BRICS 同盟としての性格をともなって登場してきている。

　このため、当面、この新しい覇権システムを「パックス・シニカ」として議論するが、この勢いはものすごい。問題の経済活動に限れば最近よく比較されるように、スーパー・コンピューターから AI、自動運転、電気自動車、宇宙開発、新エネルギー、高速鉄道まで、またネット販売、それによる顧客データの集積、シェア・エコノミー、無人店舗、ネット決済まですでにアメリカと肩を並べるか、その先を行く形となっている。私は過去の中国をよく知っているので、この変化の大きさにやはり驚愕する。たとえば、私は2000年前後に北京の中関村の科学技術センターで中国全体の特許数を聞いたが、その数字は当時日本の京大一校で獲得している総特許数とそう変わらない規模のものであった。それが、今や中国の主要大学ではそれぞれが京大を数倍上回る規模の特許を取得するに至ってい

る。この変化のスピードから我々は近未来の中国を想像しなければならない。今回のトランプによる中国企業たたきも、実は貿易不均衡の是正が主要な目的ではなく、中国の技術覇権を阻止するのが隠された主要な目的であると言われている。

　もちろん、「覇権」となるには、こうした経済や技術の側面でのリーダーシップだけではなく軍事や文化の面における突出したパワーも必要になる。中国の場合はその軍事面のためにロシアとの同盟を重視しているかに見えるが、それだけでなく自国の軍事力の拡大スピードも速い。軍事費のGDP比が増えているわけではないが、経済規模が増えればそのテンポで軍事費が増えるのを阻止することは困難である。ゼロ成長下の国で軍事費を増やすのは通常はできないので、要するに経済力のパワー・バランスは遅かれ早かれ軍事バランスの転換をもたらす。これは不可避である。

　また、文化的なレベルでの中国の競争力強化も破竹の勢いである。映画産業では未曾有の興行収入を挙げる映画が登場しているが、14億人の国でGDPが拡大すれば、そのような映画が出てくるのを避けることはできない。また、都市の大規模な再開発は世界の建築アーティストが競う競技場となっている。これも経済力のおかげである。そして、最後に、大学ランキングの変化である。私は1995年に3カ月ほど北京大学に滞在したので当時の北京大学の状況をよく知っているが、当時はインターネットが接続できないだけではなく、国際電話のできる電話機も数台しかなく、教授は貧しく汚い構内の官舎で暮らしていた。また、図書館所蔵の書籍も非常に少なく、これでまともな研究ができるはずがないと思った。が、ここにきて、北京大、清華大に限らず非常に多くの大学が日本の旧七帝大を上回るランキングを獲得するに至っている。聞いた話であるが、日本の外書取次企業もいまや中国の大学が最も重要な顧客になっているそうである。この変化のスピードが重要である。文化水準も経済が変われば必ず変わるのである。


## 3　中国も国益で動いている

　したがって、我々の対応はこの変化を不可避なもの、必然的なものとしっかりと認識したうえでのものでなければならず、もっと言うと、この流れに乗ることが国益にも合致していると私は考える。これは国際化や情報化といった歴史の流

れに乗ることなしに日本の将来がないのと同じである。そして、この場合、南北朝鮮の宥和による北東アジアの平和への趨勢は防衛省や軍事産業の利益には合わないから、彼らとの闘争なしにその方向に日本を導くことができないのと同様、世界の新秩序への適合はアメリカ覇権とそれによる冷戦構想によって利益を得てきた諸勢力との闘争を必要とする。それには先の防衛省や軍事産業だけでなく、外務省やアメリカ主導の各種の国際機関、「アメリカ・ロビー」の学者や学会なども含まれよう。

　ただし、この際に誤解されてはならないのは、こうして不可避な「パックス・シニカ」も、バラ色のものではないということである。そもそも、理想的な世界秩序とは強国も弱国も、強い民族も弱い民族も、それらすべてに上下のない世界でなければならず、それが「パックス・シニカ」によって追求されているわけではない。もちろん、中国は過去に「反帝」、「第三世界の連帯」を叫んだ国なのでそうした外交姿勢上の特徴をまったく持たないわけにはいかず、「一帯一路」やAIIBなどそのための資金調達システムにはそういう側面もあるが、現在の中国外交の基本は毛沢東時代の「共産主義外交」ではなく「国益外交」となっている。現在の中国は「日本のため」に活動しているのでも、「世界のため」に活動しているのでもない。

　しかし、かといって、これでマスコミが中国外交を何か特殊に邪悪なものと論ずるのは間違っている。それは中国の外交官が国益のために働くのは、日本の外交官が日本のために働くのと同じだからである。日本の国民は日本の外交官が国益のために働くことを当然と考えているし、そうでなければ怒る。が、それなら中国の外交官が中国の影響力最大化のために働いていることを承認するしかない。諸国の外交とは一般にそういうものだからである。

　それからまた、「パックス・シニカ」がこれまでの「パックス・ブリタニカ」や「パックス・アメリカーナ」よりは「まし」なシステムであることも、公平に見ておくことが重要である。「パックス・ブリタニカ」は途上国を正真正銘の「植民地」として帝国主義が直接支配する体制であったし、「パックス・アメリカーナ」は植民地諸国に形式上の独立を与えながらも実際上は圧倒的な軍事力と軍事同盟によって間接支配を続ける体制であったが、中国の「大国外交」の中心はやはり経済的なものにとどまっている[2]。いわば、アメリカが「今度はどこを爆撃するので有志集まれ」といって主導権をとろうとしているのに対し、中国は

「今度こういう銀行を作るので有志集まれ」といって主導権をとろうとしているという違いということができる。この違いは大きく、両者がともに覇権主義だからといって同じに論ずることはできない。

　したがって、今後の「パックス・シニカ」を許容し、その流れに乗るとしても、必要に応じて中国外交の問題点を指摘することも重要であろう。その意味で中国に苦言できるだけの信頼関係を持っている組織（たとえば日中友好協会）や個人の存在も重要である。が、日本としてはまずはその前にこうした世界の流れに乗り遅れないようにすることが重要である。それは日本外交の基本政策の根本的な転換を必要とする。政権を変えるほどの転換が現在の日本には求められている。

（おおにし・ひろし／慶應義塾大学経済学部教授）

---

2）中国の軍事的進出でもっとも目立っているのは南シナ海であるが、これは「海のシルクロード」を通じた経済的覇権確保の手段とも言うべきものである。また、台湾への軍事的圧力は中国の理解では内政問題ということになっている。

第22章
# 機能不全の「インド太平洋戦略」
中国包囲の行き詰まり

## 岡田充

**要約**
- 安倍外交の「自由で開かれたインド太平洋戦略」は機能不全
- 頼みのインドが冷淡という戦略的誤算
- 「対中包囲」という理念の行き詰まり

**政策提言**
- 中国との関係改善を象徴する「チャイナ・カード」を切れ

はじめに

「外交の安倍」の目玉「自由で開かれたインド太平洋戦略」（以下「戦略」）が機能不全に陥っている。第1は、頼みのインドが「対中包囲網」の形成に冷淡なこと。第2に日中の関係改善が軌道に乗り、中国の「一帯一路」への協力が具体化し、「戦略」の「対中包囲網」（対中けん制）の理念が曖昧化していること。そして第3は米中対立の長期化と日中関係改善という潮流変化の中で、米中の「板挟み」に遭う可能性が出始めた。「対中包囲」という理念を見直さない限り、安倍外交に出口はない。

## 1　経済協力と安保の両面政策

中国の「一帯一路」構想に"対抗"して安倍が「戦略」を打ち出したのは2年前だが、その内容を知る人は少ない。政府関係者ですら、目的と内容をクリアーに説明できないのだから、当然かもしれない。

それは2016年8月末、ケニアで開催されたアフリカ開発会議（TICAD）で、安倍自身が明らかにした。ざっと分ければ2つの部分からなる。第1に、東アジ

アから南アジア〜中東〜アフリカに至る広大な地域で、日本を軸にしたインフラ整備、貿易・投資、開発、人材育成を進める広域的な経済・開発協力プランである。「一帯一路」を意識しているのは一目瞭然であろう。

第2は安全保障。「両大陸をつなぐ海を平和なルールの支配する海」にするため「インド、同盟国である米国、オーストラリア等との戦略的連携を一層強化する」と、中国けん制のため「日米印豪四か国」の安保連携を訴えるのである。

海洋進出を強める中国を意識し、日米同盟を基軸により広域的な「対中同盟」を形成しようとする意図がにじんでいる。

## 2　AIIBに積極関与のインド

まず、最も分かりにくいインドの姿勢を解剖してみよう。安倍首相は「戦略」を携え2017年9月にインドを訪問、モディ首相との首脳会談で「中国の海洋進出を念頭に、米国を交えた安全保障協力を強化する方針を確認した」（共同通信）。さらに18年3月、来日したインドのスワラジ外相に対し「インドは（戦略の）最重要パートナー」と持ち上げた。

中印両国は2017年、ブータン国境地域のドゥクラムで2カ月以上も軍同士がにらみ合った。領土紛争とインド洋をめぐる中国との確執など、インドと中国の対立要因は数えきれない。インドを、インド亜大陸とアフリカ大陸をつなぐ「戦略」の柱に据えたい日本の熱意はよくわかる。

しかし、ことはそう簡単ではない。インドの対中姿勢は、日米両国が考えるほど単純ではない。一言で表せば「是々非々」なのだ。インドは「一帯一路」を支持していないが、中国主導の国際金融機関、アジアインフラ投資銀行（AIIB）に加盟、ことし6月にはムンバイで第3次年次総会を開催した。モディは開幕式で「インドはAIIBとともに積極的にかかわっていく」と述べた。

2015年に57カ国で創設したAIIBは今や、加盟国が日米主導のアジア開発銀行（ADB）を上回る87カ国に増えた。インドは中国に次ぐ出資国であり、AIIBが承認した融資25件（6月初め現在）のうち、インドが6件と4分の1を占める。融資額は約12億ドル（約1320億円）に上り、インド政府関係者は「インフラ整備にAIIBは不可欠」と言う。

中国の「一帯一路」のインフラ建設資金の源はAIIBではない。政府系の国家

図1　東アジアのインド向け輸出の推移（単位：億ドル、%）

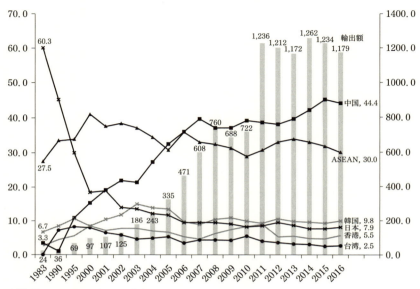

資料）「RIETI-TID2016」により作成。
唱新（福井県立大学教授）の作成資料に依拠した。

開発銀行や、国家ファンドの「シルクロード基金」など、別の"財布"を使っている。なぜか。一帯一路推進に、AIIBを露骨に使うことに批判が起きるのを避けるためとされる。

## 3　「是々非々」の対中姿勢

　AIIBだけではない。インドは中ロ主導の「上海協力機構」（SCO）にも2017年、パキスタンとともに加盟。さらにブラジル、ロシア、インド、中国、南アの新興5カ国（BRICS）首脳会議のメンバーでもあり、米一極支配には与しない多極化の担い手でもある。

　この数年のうちに人口で中国を抜くインドの役割を、中国も重視している。2017年秋以降、両国首脳は厦門、武漢、青島で会談を重ねた。特に4月の武漢会談では、習近平とモディが博物館で古代の鐘を突き、東湖で舟遊びまでした。両国は、領土問題は「棚上げ」し、対話を維持しながら経済関係を強化することで一致している（**図1**参照）。

インドの外交スタンスは分かりにくい。1980年代後半に駐インド大使をつとめた野田英二郎氏は「1947年の独立以来、一貫して『非同盟』の基本路線を守っています。つねに自国の実利実益にかなうか否かを自主的に判断して、外交政策を決定している。流動化する今の国際情勢のなかで、そのメリットは顕著です」と分析する。

他国と同盟を結ぶことには関心がなく、自国の実利に沿って判断する「是々非々」というのだ。一方、安倍外交について野田は、日米機軸外交はインドからも「対米従属」とみなされているとし「日本の発信力は低下する一方。中国包囲網への協力を呼びかけられても同調する可能性はほとんどない」と答えた。インドと共に中国包囲網を築こうとするのは「戦略的誤算」ではないか、ということだ。

## 4　政経分離も苦戦

インドへの「安保外交」もうまくいっていない。小野寺防衛相は8月末、インド、スリランカ両国を訪問し「海洋進出を活発化させる中国への警戒感を背景に、両国で防衛協力強化を打ち出した」（共同通信）。ここは正確に「両国に対し、防衛協力強化を要請した」と書くべきであろう。重要なのは両国側の反応だが、記事はそれに触れていない。日本の要請に両国はもろ手を挙げて同意したわけではないのだ。インド、スリランカ両国は、中国との経済協力を重視し「対中包囲網」の形成に協力したと、とられたくない。

スリランカでは、南部の重要港湾ハンバントータ港の運営権が中国企業に99年間貸与されることになった。同国防衛相との会談で小野寺は、中国を名指ししなかったが「自由で開かれた港の使用が重要」と述べた。スリランカと中国の経済関係は厚みを増す一方で、中国とは敵対したくない。

インドでは、物資や役務を融通し合う物品役務相互提供協定（ACSA）締結への協議開始で一致した。しかしモディは小野寺と会った翌21日、中国国防相と会談し「印中関係は世界の安定に欠かせない」と述べた。「政経分離」を図ったものの、「対中安保」色を出せば、中国との外交、経済的な関係から各国の思惑に反しかねない。

## 5　一帯一路協力と「対中けん制」の矛盾

　第2は日中関係。安倍政権は、日中関係改善の切り札として、「一帯一路」への条件付き協力に舵を切った。2018年5月の李克強首相との首脳会談の際に安倍は「日中は協調の時代に入った」と述べ、北京も姿勢転換を歓迎した。それとともに対中包囲網としての「戦略」の目的は曖昧化している。「一帯一路」への協力にもかかわらず、返す刀で包囲網強化を続ければ、北京の信頼は得られないのは当然であろう。そこで「戦略」のうち、安保と経済を切り離す「政経分離」を図った、というのが筆者の見立てである。

　途上国向けの開発援助やインフラ整備事業で、「一帯一路」とマッチングすれば中国と協力する。李克強との首脳会談で合意した、第三国でのインフラ投資プロジェクトに関する「官民合同委員会」が9月末発足したのは、「一帯一路」への日中協力の具体例である。

　しかし南シナ海やインド洋では、海上自衛隊の護衛艦を長期派遣して事実上の「哨戒活動」を継続。フィリピンやベトナムなど中国と領有権争いをする国に中古巡視船を供与し、対中けん制は継続する——使い分けである。肝心のインドを欠いた安保構想だけになるとすれば、果たして「戦略」と名乗るに値するだろうか。

　安倍は2018年10月25-27日、日中平和友好条約締結40周年を記念して訪中、習近平国家主席も2019年の日本初訪問に意欲を示した。中国外交にとって最重要課題は、依然として対米関係の安定にある。しかし貿易戦争が「米中パワーシフト」（大国間の重心移動）の様相を強め、朝鮮・台湾問題を取引カードにするトランプ政権との改善は当面望めない。

　一方、「一帯一路」は社会主義強国実現のための戦略スキーム。多くの周辺国、途上国を味方にするには、中国への不信感をなんとしても拭わねばならない。周辺外交重視の中国にとって、日本の路線転換は「渡りに船」だった。

## 6　何をしたいの？

　戦略のわかりにくさは、安倍政権を支える研究者も共有する。田中明彦・政策研究大学院大学学長は、隔月刊誌『外交』で「全体像を示した戦略文書を早期に公表することが望ましい」と提言した。「戦略の全体像」がみえないと言ってい

るのだ。この３月まで外務省地域政策課に出向していた相澤輝昭・笹川平和財団海洋政策研究所特任研究員も、同財団HPで「現状では（同戦略は）理念先行の感があり、これを主導する日本政府、外務省が実際には何をしようとしているのか、その実践の部分がなかなか見えて来ない」と率直に書く。

　安倍自身、ことし１月の施政方針演説で「（「戦略」の）大きな方向性の下で、中国とも協力して……増大するアジアのインフラ需要に応えていきます」と、「戦略」と「一帯一路」の"コラボ"に言及した。だが、そう言えば言うほど、「戦略」の曖昧さが増すことになる。中国の経済規模が日本の2.5倍にもなった現在「中国包囲などというのはそもそも無理な話」と、ある外務省高官は言う。

　安倍は６月11日、東京での講演でインド・太平洋地域のインフラ投資を支援するため、今後３年間で500億ドル（約５兆５千億円）規模の資金を提供する枠組みを、国際協力銀行（JBIC）に設けると明らかにした。「戦略」発表から２年、具体的な金額が示されたのはこれが初めて。なんとなく、身内からの批判をかわそうとする弥縫策のようにみえる。

## 7　日米機軸の実相

　日米中の三角形で、「米中対立」と「日中改善」という潮流変化が起きている。繰り返すが、安倍「戦略」の最大の問題は、その核心的理念である「日米同盟基軸」と「対中包囲」思考にある。この２点が外交の選択肢を狭め、「出口」を塞いでいるのだ。

　「日米同盟機軸」とはなにか。トランプ政権は11月の中間選挙を前に、対中高関税に続く次のターゲットとして、日本車への巨額な関税導入や二国間貿易交渉に狙いを定める。米紙「ワシントン・ポスト」は６月の日米首脳会談で、トランプが安倍に「真珠湾を忘れないぞ」と恫喝したと伝えた。トランプは利用できるものは、敵であろうとなんでも利用する。同盟関係を傷つけるのも厭わない。

　安倍は９月20日の自民党総裁選で三選を果たした後、同月末にトランプとの首脳会談に臨むが、ワシントン・ポスト報道は、安倍・トランプの「親密関係」の内実を暴いたという意味で、安倍へのブローは小さくない。「（トランプと）百パーセント見解を共にする」というこれまでのアピールはもはや通用しない。

　米中対立が長引けば、安倍は「板挟み」状態になるだろう。北京もそこを突

き、日米離間を狙って「友好」カードを切ってくるかもしれない。

## 8　軍事力対抗は愚策

　「中国との関係改善こそ日本がとりうる唯一の選択肢です。アジアインフラ投資銀行（AIIB）に日本は参加すべきだし、軍事力を強化して対抗していくことは賢明な策とは言えません。歴史認識をめぐる対立も解消しておいた方がいい」
　こう言うのは、反安倍の学者でも野党政治家でもない。中国の「国家資本主義的手法」や「強権体制」に批判的な米国際政治学者イアン・ブレマーが「朝日」とのインタビューで語った内容である。その彼ですら、「日米機軸」という名の対米追従外交と中国けん制は日本の利益にならないとみているのだ。国際政治の構造が揺れ動く現状をみれば、しごく当たり前の提言である。
　「対米追従」は主体性がないから、「宗主国」を含め結局どこからも相手にされなくなる。
　安倍は7年ぶりの訪中に先立ち、『インド太平洋戦略』の『戦略』の二文字を使わないことを決めた。外交消息筋によると、戦略の二文字が、中国包囲を意図するものと誤解されかねないための配慮だという。中国側も『インド太平洋戦略』批判は一切封じた。
　訪中の目玉は、第三国市場での連携であり、中国側から見れば『一帯一路』への日本の協力を意味する。しかし『戦略』のもう一つの柱、対中けん制の『日米印豪四カ国』の安保連携を訴える部分はそのまま生きている。『政経分離』を図ったのだが、機能不全状態の『戦略』を、さらに分かりにくくした。
　訪中では、対中経済協力を中心に「協調」を訴えたが、「安倍信者」の評判はすこぶる悪い。あるネット・ニュースの書き込みには「安倍さんがこんなに売国に加担するとは思わなかった」とあった。一方、安倍外交に批判的な論者は「安倍の日本は、米国に追随せず、米国と逆方向の対中和解への道を歩み始めている」と、とんでもない勘違いをする始末。
　政経分離という矛盾を抱えた訪中が、信者からも批判側からも理解されない「消化不良」を招いたからだった。いまさら外交戦略を撤回するわけにはいかない。中国と武力で対抗する愚策だけは戒めねばならない。

（おかだ・たかし／共同通信客員論説委員）

第23章
# 一帯一路のガバナンス強化への道

## 井川紀道

> **要約**
> ・一帯一路ガバナンス問題評価に客観性を
> ・質の高いインフラ事業で債務の持続性を
> ・国際機関の積極的関与で開かれた市場へ
> **政策提言**
> ・日本や国際機関の支援を一帯一路構想そのもののガバナンス強化に向ける

## 1　一帯一路のガバナンスの客観的評価

　構想が打ち出されて5年目となる一帯一路の評価については、歴史的趨勢の視点に立ってその意義を強調する見方があるとともに、中国の政治的・経済的影響力の拡大と覇権主義に資するだけと受け止める慎重な意見がある。

　一帯一路は星座のように漠としたものであるとの指摘があるが、理念的には、「各国が一致協力して運命共同体を築き、共同に繁栄し、開放的で清く美しい世界の建設」を呼びかけている（2017年10月党大会習近平報告）。一帯一路の事業とは何かということについてもはっきりした定義はなく、厳密な基準に基づくプログラムというよりも、ゆるやかなブランドであるという評価もある。

　一帯一路が陸と海のシルクロードの現代版とするならば、地域協力と連結（コネクティビティ）の概念のもと、鉄道、道路、港湾などの運輸、電力など基礎的インフラ事業がその中核になり、その周辺に貿易、運輸のソフトインフラが来て、さらに文化的な連結に広がるが、これらの基礎的インフラは途上国の持続的成長と経済発展に不可欠なものであり、開発効果の高い事業に優先的に資金配分がなされる必要がある。また、国内の貯蓄不足を補い、技術の導入を図るため海

外から民間資金を導入する場合には、個別事業ごとに経済採算性があるものが選別されなければならない。さらに、途上国が全体として、海外からの借入を含めて、債務返済に支障をきたさないように運営されなければならない。債務の持続性に問題が生じれば、当該国の持続的な発展が損なわれ、債務国も債権国もともに被害を受けることになる。アジア危機においては通貨危機という様相が顕著であり、2～4年でアジア諸国は成長を取り戻したが、一帯一路の沿線諸国で債務の持続性が損なわれると、金融危機後10年経過し新興国全般にレバレッジ（債務）の積み上がりが懸念されているなかで、ユーラシアの持続的発展が中長期的に阻害され、一帯一路構想そのものの成否にかかわることにもなりかねない。

　5年間の一帯一路の実績を振り返ると、インフラ事業には成功しているものと問題となったものが混在する。一帯一路構想により、沿線国の膨大なインフラ需要に巨額なファイナンスが付与されてきたことは大いに評価されるべきであり、住民からインフラの改善を評価する声が欧米のメディアにも取り上げられている。ケニアのモンバサ港とナイロビを結ぶ中国による鉄道建設は所要時間を半分にした（2018年7月30日 *Financial Times* 誌社説）。

　他方、米国ワシントンのRWRコンサル会社が公開情報をまとめたところによると、2013年以来、一帯一路66カ国における中国関連のインフラ投資1,674事業のうち14％に当たる234事業（金額では全体の32％に相当する4910億ドル）が、執行管理の不備から、住民の反対、労働者対策への反発、実施遅延、安全保障面などの問題を発生させている。中国外務省は、RWRの報告を不正確であり、無責任とコメントしているが、新興国におけるインフラ事業を巡る問題は、国際機関の関与したものについても、21世紀になってから多数発生しており、RWRの報告をもって、一帯一路の中国関与のインフラ事業だけに問題が多いと断定することもできない。ただし、こうした問題の実態を客観的に評価し、インフラ事業を巡るガバナンスを強化していくためには正確なデータベースが提供されている必要があり、特に一貫性ある長期的なモニタリングが重要である。しかしそもそも、中国がインフラ事業やそのファイナンスに関する情報を透明にしていないところに問題がある。

## 2　債務の持続性

　一帯一路のインフラ事業の債務の持続性については、最近、いくつかの事例が問題事案として報道されている。マレーシアではマハティール新首相のもと、中国主導の230億ドルのインフラ事業が、前首相の絡む投資ファンドの汚職疑惑もあり縮小・中止を視野に中断された。マハティール首相は新しい植民地主義とまで言い、契約の再交渉をするとしている。パキスタンでは100億ドルの外貨準備に対して、翌年には127億ドルの返済が必要であり、IMF融資への申請が取り沙汰された。

　ワシントンのグローバル開発センターは、2018年3月の報告のなかで、一帯一路の対象国68カ国のうち、債務問題を孕みそうな23カ国について、直近の債務状況と一帯一路の事業の実施状況を踏まえた将来の債務状況を比較し、8カ国（ジブチ、キルギスタン、ラオス、モルディブ、モンゴル、モンテネグロ、パキスタン、タジキスタン）について一帯一路関連の融資が債務返済リスクを著しく高めるとしている。

　ただし、一帯一路で過剰債務問題になった事業のいくつかについては、中国側の攻勢もさることながら、途上国において、中長期のリスクよりも当面の切実な資金手当てが優先されたり、政治家が選挙対策として実施したという側面があったといわれ、債権国だけを一方的に批判することはできない。また、いわゆるホワイトエレファントといわれる無用の長物の場合はともかく、事業の成否は将来生まれるキャッシュフローに照らして慎重に判断する必要がある。

　他方、債務が支払い不能になった際の中国の対応にも多くの関心が寄せられている。中国は長年にわたり、最貧国の債務削減（HIPCイニシアティブ）のかなりの部分に独自に取り組み、債務削減に応じてきたが、マルティの枠組みには服せず、あくまでアドホックの対応であった。最近では、スリランカで国際機関から断られたハンバントタ港に対して中国は13億ドルの融資を供与し、金利の支払いが延滞すると債務を出資に振り替えることに合意し、運営が中国国有企業に渡った。キルギスでは発電所事業を巡る政府と中国国有銀行の融資契約のなかで債務不履行の場合にはあらゆる資産を要求できるとする条項が含まれていると報じられている（『日本経済新聞』2018年8月14日）。

　しかしながら、他の主要債権国の場合には、先進国のみならず、ロシア、ブラ

ジルを含め、パリクラブ（主要債権国会合）に加盟しており、債務救済や債務再編成において、債権にかかる情報を提供する義務を負い、連帯原則を守り、個別債務再編交渉が禁止されている。中国はパリクラブの暫定メンバーとして議論には参加するが、正式メンバーの義務を負っていない。そこで批判を受けやすい。米中戦略対話やG20の枠組みにおいて、パリクラブの新しい枠組みを含め、中国がパリクラブの正式メンバーになる道が論議されたが、トランプ政権になり、進捗が途絶えている。

中国の開発銀行と輸出入銀行の債権だけで、今やパリクラブのメンバーの有する3000億ドルの3分の2に相当する。巨大な債権国となった中国は、アジアでIMF融資離れが起こったように、中国融資離れが起こらないようにするためにも、債務の再編についてグローバルなルールに服することを今や真剣に検討すべきであろう。

なお、中国が持続不能な債務の累積を回避するためのデシプリンを取り入れる動きもあり、2017年11月に、銀行規制委員会は中国開発銀行、輸出入銀行等の政策銀行に対して、対外活動についてより一層リスクコントロールをすべきとの規制を初めて導入した。また、中国は債務の持続性の問題については、IMFの協力も得て取り組もうとしていると報道されている。

## 3 情報公開と入札

一帯一路について最近問題となってきたのは、一帯一路はオープンでグローバルというレトリックであるにもかかわらず、中国企業が数多く受注を確保してきたことである。米国の戦略国際問題研究所（CSIS）の2018年1月の報告によれば、中国が融資した一帯一路の関連工事のうち約9割は中国企業が受注し、地元企業が受注したのは7％台に留まっている。国際機関が融資する事業では、4割がローカル企業、そして中国企業の受注は3分の1以下という。また、EUにおいても、一帯一路では中国企業が多数応札し、その手続きが透明でないとして北京駐在のEU27カ国の大使が連名で改善を求めた。（ドイツの最大の経済新聞 *Handelsblatt* 誌2018年4月17日）

中国企業の受注については、とくに運輸関連において中国建設企業の競争力の高さに由来する部分も大きいとされる。2017年に収入順で世界トップ建設企業10

社のうち7社が中国企業である。ただし、これらの国有企業も債務比率が相当に高いとされる。

2018年7月に米国のポンペオ国務長官は、自由で開かれたインド太平洋地域について、米国と米国企業の戦後の実績にも触れて演説し、自由とは各国が他国からの圧力から国家の尊厳を守れることであり、戦略的な依存関係ではなく、戦略的なパートナーシップに重きをなすとしている。一帯一路においては、中国と中国企業一辺倒ではなくいくつかの選択肢があること、トップスタンダードで競争が展開されることが重要である。

## 4　中国の対応と国際機関

一帯一路における中国の対応は、中国の対外援助・外交政策の全体のなかで把握する必要もあるだろう。中国はこれまでに国連分担金や世界銀行の超低利融資IDAへの拠出が米国に次いで2番目の負担額となっている。2018年3月全人代において、国務院の直轄機関として援助機関（国家国際発展合作署）の設置を決定し、緊急人道支援に力を入れるなど、グローバル・ガバナンスに相当に配慮する動きが見られる。中国はこれまで一帯一路は基本的に民間ベースと考えてきたが、国家発展改革委員会のなかに一帯一路の事務局を置いた。これは一帯一路の案件形成の段階から国策的色彩が強くでる可能性があるとともに、一帯一路の事業の質やガバナンスついてダメージコントロールを及ぼしうる可能性を高める。

一方、中国は、世銀、IMF（国際通貨基金）などの国際機関から一帯一路についての前向きな支援を引き出している。世銀は、一帯一路について大掛かりな経済調査をしている。IMFは一帯一路の人材育成のために中国・IMF能力開発センターを中国に新設することとした。ただし、ADB（アジア開発銀行）の協力はAIIB（アジアインフラ投資銀行）との協調融資に留まっている。AIIBはOECD（経済協力開発機構）の開発援助委員会（DAC）のODA（政府開発援助）の定義に認定される国際機関として承認され、入札から環境基準まですべての国際基準を順守しているとして評価されているが、AIIB自身は一帯一路から距離を置いている。ADBとAIIBは一帯一路関連の事業に、オネストブローカーとして積極的に関与し、一帯一路のガバナンスの強化に積極的な役割を果たすべき時期が来ている。

なお、JICA（国際協力機構）については、AIIBと協調融資をしたり、一帯一路のプロジェクトを中国と実施するところまではいっていない。JBIC（国際協力銀行）については、日本企業と中国企業の協力において役割が出てくる。

## 5　今後の政策対応

　一帯一路で長期的にガバナンスを強化するためには、一帯一路構想全体がマルティ化して一定のルール化すること、少なくとも一帯一路関連主要事業については、マルティの国際機関と同等な基準が適用されていくことが望ましい。その際のキーワードは技術や工法が高度であることに留まらないより広い意味での「質の高いインフラ」であり、入札の透明性、環境・社会セーフガードの順守、債務の持続性（経済性や開発効果）を個別に確保するとともに、質の高いインフラ事業が確保されるようなフレームワークを整備する必要がある。

　政策の具体面では、一帯一路への日本の支援は、個別事業に、ケースバイケースで協力するという枠組みを超えて、一帯一路のフレームワークそのもののガバナンスの強化に資するものを取り入れるべきであろう。その場合には、中国政府、中国企業、投資受入れ国をともに律する内容にする必要があり、マルティの国際機関の積極的参加が必要である。

　そうしたガバナンスの強化が、ユーラシアでの事業への参加者を増やし、開かれた地域を形成させる。

**参考文献**
Hillman, Jonathan (2018) "China's Belt and Road Initiative: Five Years Later," Jan 25, 2018, CSIS Statement before the US-China Economic and Security Review Commission.
Hurley, John, Scott Morris, and Gailyn Portelance (2018) Examining the Debt Implications of the Belt and Road Initiative from a Policy Perspective, (CGD Policy Paper 121 March 2018), Center for Global Development. Washington DC.
UNCTAD (2008) World Investment Report, 2008 "Transnational Corporations and the Infrastructure Challenge," Geneva.

（いかわ・もとみち／元世界銀行グループMIGA（多数国間投資保証機関）長官、東洋学園大学客員教授）

第24章

# 一帯一路と東南アジア

竹内幸史

> 要約
> ・中国の経済協力とプレゼンスが東南アジア諸国で波紋を生んでいる
> ・過剰な対中依存に対する見直しや慎重論が台頭している
> ・中国は「国際援助庁」の設立など経済協力のガバナンス改善を進めている
>
> 政策提言
> ・日本は「第三国」における中国との経済協力促進に、対話の強化を図る

はじめに

　中国は東南アジアにおいても一帯一路構想で大規模なインフラ建設を促進している。しかし、中国の経済協力と投資の急増、プレゼンス拡大によって様々な波紋を呼んでいる。「開発独裁」的な政権と緊密な関係を築くあまり、内政混乱の一因になったり、「中国脅威論」を招いたりする事例が目につく。

　今後、中国が一層大国化し、影響力を拡大すればするほど、経済協力のガバナンスを高め、現地の政治情勢への配慮と自己抑制が必要になる。同時に、日本も中国との「第三国」での開発協力を進めていく上で、中国との対話の強化など適切な対応を進めるべきだ。

## 1　マレーシアの「易姓革命」

（1）中国との蜜月関係を築いたナジブ前政権

　5月9日のマレーシア連邦議会下院の総選挙で、独立後61年間の長期政権を続けた統一マレー国民組織（UMNO）中心の与党連合に対し、92歳のマハティール・ビン・モハマド元首相率いる野党連合が勝利した。

「マレーシアの易姓革命」（ラウ 2018）とも呼ばれたこの選挙の勝因は、ナジブ・ラザク前首相による汚職とお粗末な経済運営に対する国民の反発だった。とりわけ大きいのは政府系投資ファンド、「ワン・マレーシア・デベロップメント（1MDB）」の乱脈経営である。数十億ドルもの巨費の不正使用などが問われたこのスキャンダルを複雑化したのは、中国や中東などの外資だ。

マレーシアが1974年、中国と国交を樹立した時、周恩来首相とともに調印に臨んだ首相はナジブの父、アブドゥル・ラザクだった。ナジブ前首相も親中政策を進め、2014年の国交40周年には金融、鉄道などの相互協力に合意した。中国からは2頭のパンダも贈られた。マレーシアは一帯一路にいち早く支持を表明し、30件以上の大型プロジェクトの計画を進めた。①東海岸鉄道（ECRL）、②マラッカ沖に人工島と港湾などを建設する「マラッカ・ゲートウェイ」、③アリババ・グループの協力による「デジタル自由貿易区」設置——などである。

しかし、マレーシアでは通常、外国との経済協力は経済企画庁が担当するのに、一帯一路の関連事業は首相直属の総理府が専管事項として一手に進めた（小野沢 2018）。

中でも問題になったのは、多額の負債を抱えた1MDBの傘下にある発電会社、エドラ・グローバル・エナジーの株式売却だ。2015年、全株式を総額98億リンギット（１リンギットは約27円）で中国原子力大手、中国広核集団（CGN）に売却した。60億リンギットの債務も中国側が引き取った。そこでは外資規制の特例扱いもあった。インフラ部門の外資受け入れは49％までとする規制が遵守されず、100％外資が認可された。国際貿易投資研究所の小野沢純氏は「この特例扱いは、一帯一路のためよりも1MDB救済のためと言わざるを得ない」と指摘する。

### （２）マハティール首相の対中認識

マハティール首相は就任後、最初の訪問先に日本を選んだ。６月11日、東京で記者会見に臨んだ首相は、中国について次のように語った。

「私たちは1974年以来、中国と良い関係を構築しようと努めてきたが、中国が貧しい時代から懸念を抱いてきた。中国は今、豊かになったが、やはり懸念を抱いている。中国が貧しかろうと、豊かであろうと、好きであろうと、なかろうと、強い大国であり、私たちは友好関係を維持しなければならない」

「ナジブ前政権は巨大プロジェクトが大好きで、中国から多額の借り入れをしたが、持続可能な債務か、考慮しなかった。しかも、借り入れの一部は首相の懐に入れた。私たちは中国との間で借金を背負うことは考えていない」

首相は早速、マレーシア―シンガポール間の高速鉄道（HRL）計画を見直す判断を示した。さらに、中国企業が着工していた東海岸鉄道（ECRL）計画を中止する動きを見せた。マラッカ海峡からマレー半島の東岸まで横断し、北上する約660kmの路線計画だ。建設費（550億リンギット）の大半は中国輸出入銀行が融資することになっていた。

一帯一路構想のうち「海上シルクロード」の背景には、「マラッカ・ジレンマ」がある。船舶で渋滞するマラッカ海峡が事故や紛争で封鎖された場合、中東から中国に石油・ガスなどを運ぶルートが遮断される。東海岸鉄道は、中国にとってリスクを分散する地政学的な重点ルートだった。結局、8月に訪中したマハティール首相は帰国後、中止する方針を修正した。計画の延期や縮小にとどめるものとみられている。

一方、マハティール首相は政府顧問の一人に90歳半ばの華人実業家、ロバート・クオック（郭鶴年）を指名した。「砂糖王」の異名があり、シャングリラホテルの創設者でもある。習近平国家主席ら中国の歴代指導者と親交があることから、マハティール首相は彼の力を使って対中関係を立て直す思惑のようだ。

## 2　「中国モデル」を選ぶカンボジア

### (1)「開発独裁」政権の勝利

マレーシアの選挙から2カ月余り後の7月29日、カンボジアで下院総選挙があり、フン・セン政権の与党、カンボジア人民党が125の全議席を占める「一党独裁」を実現した。ところが、最大野党の救国党が政権の独裁体質を批判し、ボイコットを呼びかけ、無効票が前回選挙の6倍も多い異様な選挙になった（木村2018）。

選挙報道では、日中の援助競争を取り上げる論調が目立った。選挙制度改革を支援してきた日本政府は、今選挙でも1万個の投票箱設置などに750万ドルを提供した。一方、中国も投票ブースやパソコンなど約2000万ドル相当を供与した。中国は日本が人員派遣を見送った選挙監視団にも人員を送った。

カンボジアでは長らく日本が最大の経済援助国だったが、2010年にその座を中国に明け渡した。報道によると、同国に対する国際社会の資金援助累計（1992〜2017年、有償・無償の合計）207億ドルのうち、中国の援助は31億ドルで国別では最大だ。日本（28億ドル）、米国（13億ドル）は後塵を拝した（『日本経済新聞』2018年8月14日付け「カンボジア援助、累計2兆円突破　続く独裁、中国傾斜」）。

（2）中国モデルとチャイナ・スタンダード
　フン・セン政権は2013年の総選挙で野党に急追され、支持基盤が揺らいで以来、中国に急傾斜した。米欧が人権擁護や民主化を援助の条件とするのに対し、中国は「内政不干渉」を原則に太っ腹な援助で友好関係を培ってきた。
　これによって、カンボジアのような援助の受け手も、民主化を前提としない「中国モデル」の発展を選びつつあるようだ。途上国では従来から、自由と民主、人権は制限しても経済成長の「トリクルダウン（均霑）効果」を追求する「開発独裁モデル」があり、中国モデルもその一つと考えられる。だが、中国が国際政治において米国への対抗軸となり、世界最大の外貨保有高を基に一帯一路構想を進めることで、中国モデルは大きな波及力を持つようになった。
　中国モデルとともに広がる技術標準や消費文化は最近、「チャイナ・スタンダード」と呼ばれている。携帯電話によるモバイル決済も、その一つだろう。中国のアリババ・グループはマレーシアを拠点に東南アジアでもこの技術を広め、「デジタル一帯一路」を拡大しつつある。

## 3　日中協力の動き

（1）拡大する世界の開発資金需要
　中国の経済協力と一帯一路構想によるインフラ建設協力は、本来、秩序良く実施されれば、産業基盤の整備や貧困対策、雇用増に大きな効果が期待できる。東南アジアでは経済構造改革がうまく進まず、「中所得国の罠」にはまり込んだ国もある。中国マネーを上手に活用すれば、産業の高度化などに役立つだろう。
　アジアのインフラ需要は、気候変動の対応も含め、年1兆7000億ドルの資金需要がある。また、国連が提唱する「持続可能な開発目標（SDGs）」を2030年まで

に達成するには、世界で年5〜7兆ドルの資金が必要だが、供給可能な資金との需給ギャップは年2兆5000億ドルとされる。世界の貧困撲滅など開発目標の大義を達成する上で、中国マネーの活用は国際社会の利益にかなうものだ。それだけに、中国の経済協力のガバナンス改善は国際社会の課題でもある。

## （2）経済協力体制の改革に着手する中国

中国も経済協力のガバナンス改革に動きつつある。2018年3月の全国人民代表大会では新たな経済援助機関として「国家国際発展合作署」の設立を決めた。商務部の対外援助業務と外交部の援助協調業務を統合し、国務院の直属機関とした。日本で言えば、外務省と経済産業省の経済援助部門を統合し、内閣府の外局として「国際援助庁」を設立したようなものだ。トップには、国務院で一帯一路を担当してきた王暁涛副主任が就いた（北野 2018）。

前国際協力機構（JICA）研究所長の北野尚宏・早稲田大学理工学術院教授によると、これまで中国の対外援助を所管した「対外援助司」は商務部に属し、国有企業の海外展開を後押しする商業主義が色濃かった。このため、途上国からは「対外援助は商務部以外の部門が担うべきだ」との声があったという。

習近平主席は、2017年秋の第19回党大会で「一帯一路の積極推進によって、『責任ある大国としての役割』を引き続き果たし、グローバルガバナンス体制の改革と建設に積極的に参加する」方針を表明した。一党独裁の中国が、経済協力現場の情勢をどう分析し、どんな「グローバルガバナンス体制の改革」を描いているか、定かでない。また、経済協力は中国の外交・安全保障戦略の一環である以上、現在の手法を直ちに大きく変えるとは予想しがたい。

しかし、中長期的には企業行動の改善が期待できる。巨大化する中国企業が国際資本市場からの資金調達を増やしていけば、様々な国際基準との調和を避けて通れない。政府系ファンドの乱脈経営に拍車をかけるようなリスクは、企業の資金調達コストにも影響する。国連が「責任投資原則（PRI）」で提唱する「ESG（環境・社会・ガバナンス）投資」への配慮も必要になってくるだろう。

中国国内では民主選挙に基づく政権交代がなく、国民の民意を援助政策にまで反映することは容易でない。そこでカギを握るのは、学者、研究者や経済界の有識者の声だ。世界の現場での情報を分析し、「責任ある大国としての役割」を徹底議論し、政策に反映していくことが望まれる。

## （3）日本の「第三国協力」の課題

　日本は安倍晋三首相が2018年10月、訪中し、首脳会談で「第三国」での日中経済協力に合意し、「競争から協調」という方向で日中関係の再構築に踏み出した。

　米トランプ政権は、米国が過去20年間、中国を「国際社会の責任あるステークホルダー」に育てようとした政策は「誤りだった」と指摘し、対中姿勢を硬化している（2017年12月18日発表、2017年版「米国国家安全保障戦略（NSS）」）。だが日本は、対立が先鋭化する米中間で立ち位置を明確にする必要がある。それは近年、芽生えてきた中国との交流機運を大事にし、経済界などの対話と協力を強化していくことだ。

　北京に駐在する日本人ビジネスマンの一人は、「中国企業は数年前まで『日本の力は借りない』という雰囲気だったが、最近は『一緒にやろう』という機運が出てきた。海外進出が批判を受けることもあり、日本との協業でリスクを分散しようとしている」と語る。こうした見方も参考にし、日中両国と第三国の「トリプル WIN（三方よし）」の関係構築を進める時が来ている。

**参考文献**
小野沢純（2017）「マレーシアにおける『一帯一路』戦略」『国際貿易と投資』No.110、国際貿易投資研究所。
北野尚宏（2018）「『大国外交』にらみ援助体制を強化する中国」『国際開発ジャーナル』6月号。
木村文（2018）「カンボジア総選挙で与党圧勝　日本は改革支援の意義を語れ」『国際開発ジャーナル』9月号。
ラウ・シンイー（2018）「マレーシアの易姓革命　対日関係強化図るマハティール新政権」『国際開発ジャーナル』8月号。
日本経済新聞「カンボジア援助、累計2兆円突破 続く独裁、中国傾斜」2018年8月14日付。
2017年版「米国国家安全保障戦略（NSS）」2017年12月18日発表。

（たけうち・ゆきふみ／『国際開発ジャーナル』編集委員）

第25章
# 一帯一路構想と日本
地政学と地経学を繋ぐ地技学的観点からの考察

## 山本武彦

> **要約**
> ・既存の経済回廊に加え、「一帯一路」による新たな回廊の形成が期待できる
> ・ＡＳＥＡＮで進む回廊間の接続性のネットワークはやがてアジア全域を包み込む
> ・通信・運輸の技術革新によって接続と連結のユーラシア化は加速する
>
> **政策提言**
> ・日本は一帯一路構想に積極的に関与し、北東アジアの平和秩序の創設に踏み出すべし

## はじめに

　中国の提唱した「一帯一路」構想をめぐって、中国の世界戦略の一環として地政学的観点からレアル・ポリティークの文脈で語られることが実に多い。確かに、この文脈から大国の追求する地戦略（geo-strategy）の認識枠組みを、「一帯一路」をめぐる大国間関係に適用した方が分かりやすい印象を与える。事実、多くの文献はこのような文脈に沿って論じる[1]。これらの文献のほとんどは、地戦略を地政学の認識枠組みに取り込んで単線的に政治的な文脈から描き出そうとする。しかし、仮に政治的な文脈に取り込んで地戦略概念を展開したとしても、現代国際関係に深く浸み込んだ相互依存体系を形成する経済的、技術的要素の強い影響力を説明することにはならない。経済的・技術的要素をも考慮に入れた地戦略概念の再構成が望まれる所以である。

　日本がユーラシアのインフラ構築に関与するとして、日本はインフラ技術面で比較優位をいまも保持していることに留意する必要がある。であればインフラ構

---

1）例えば、中国の海洋戦略を毛沢東時代からの地戦略の史的展開から捉えようとする Xu（2004）は、その典型である。

築技術の面で、「一帯一路」構想に「相乗りする（bandwagon）」ことで技術的にこの構想を下支えする可能性が高い。従って日本の「一帯一路」構想参加に伴う地戦略的な利益は、参加しないまま失う地戦略的な損失を遥かに上回るであろう。こうした認識に基づいて、日本の「一帯一路」参加を前提にした地戦略的な相互作用が生み出す利益は何かを考えてみよう。そして、「一帯一路」に内包される物流インフラやエネルギー・インフラなどを結合する複合的システムを回廊（corridor）システムと捉え、このシステムに含まれる巨大な地政学的利益と地経学的利益の可能性を、カンナ（Parag Khanna）のいう「接続性の地戦略（connectography）」という観点から描き出してみよう。そのうえで、日本が「一帯一路」構想に積極的に関与していくべき必然性について考えてみよう。

## 1 「一帯一路」構想の地戦略的意義

筆者はかねてから地戦略概念の再構成を試み、次のような簡単な公式で説明してきた。すなわち、地戦略（geo-strategy）＝地政学（geo-politics）＋地経学（geo-economics）という公式を立て、国家の追求する地戦略の全貌を解析するための分析方法の一つとして多くの国際現象の分析に適用してきた。その際、地政学と地経学を繋ぐ連繋（linkage）概念として地技学（geo-science and technology）という概念を当てはめ、国家の地戦略の方向性を占う媒介変数と位置付けてきた。あえて公式化するなら、図1のようなものになろうか（山本 2009、142-153頁）

図1　地技学の公式化

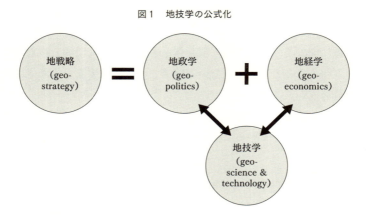

「一帯一路」が東アジアから中央アジア、中近東、ロシアを経て欧州へと連なるユーラシアを貫通するインフラ構築を志向するなら、この構想に地技学的関心が注がれることは避けられない。古典地政学の祖ともいうべきマッキンダー（Halford J. Mackinder）が20世紀初頭にユーラシア大陸を世界島（world island）と呼び、「東欧を制するものはハートランド（Heartland）を支配し、ハートランドを制するものは世界島を制する」と喝破した。第一次産業革命以降、ユーラシア大陸西部に賦存する鉄鋼資源と石炭資源を制する国家の、英国の覇権に対する挑戦を予見した表現であったが、それは物流システムに革命をもたらしたシベリア鉄道の完成に伴うユーラシア国家の出現を想定した言説でもあった。

　その後、第二次世界大戦最中の1943年にアメリカのスパイクマン（Nicholas J. Spykman）が産業集積と人口集積が進んだユーラシア大陸周縁の欧州や中近東、アジアに連なる地域の重要性を強調し、防衛強化の必要性を指摘したリムランド（Rimland）論を提起する。当時、すでに海上輸送路（sea lines of communication; SLOC）の確保に果たす海軍力の重要性を強く意識した米国が、マハン提督の海上権力（sea-power）理論を取り込んだ海洋戦略を展開し、第二次大戦終了後にリムランドを包み込む重要な海・空軍基地の取得と同盟体系の構築を進めた結果、ランド・パワーとシー・パワーの激しいせめぎ合いが、20世紀後半以降のユーラシアをめぐる国々の地戦略の相貌を彩っていくこととなる。

　それは政治・戦略的な相互作用の一面と同時に、経済的・技術的なせめぎ合いの一面をも浮き立たせていく。むろん「一帯一路」も、この二面力学の影響を強く受けながら、関係諸国のユーラシア地戦略に大きなインパクトを与えていくことになる。

　すなわち、一面で「一帯一路」は地政学的考慮に晒され、他面で中国市場やヨーロッパ市場、ロシア市場、中央アジア市場そして中近東市場の開発と浸透を睨んだ関係諸国の地経学的関心が渦巻く。まさに関係諸国の地経学的な相互作用が、"他の手段による戦争"の様相を帯びるかのように、ユーラシア大陸全域を覆う。中国の提案した「一帯一路」を地経学的な利益追求の国策とみる議論は、まさにこうした権力政治的な立論によるところが大きい（例えば、Blackwill and Harris 2016, pp.93-151. 参照）。しかも、なかには中国の「一帯一路」をはじめとする世界戦略の展開を、"シャープ・パワー"の発動と投射と捉え、攻撃的色彩を浮き立たせようとする議論まで出てくる[2]。

むろん、このような地戦略的相互作用が営まれる背景で、「一帯一路」には物流インフラやエネルギー・インフラの構築に不可欠な土木工学や建築工学、材料科学、エネルギー工学、さらには情報・通信技術（ICT）といった科学的知識やそれらを応用した技術情報が行き交い、交差する。これらの BRI をめぐる科学・技術知識が参加諸国や企業などの知的財産権（IPRs）に属することは言うまでもない。したがって、BRI に関連するあらゆる科学・技術資源は、比較優位技術を確保する国が自家薬籠中の資源としてこれを囲い込もうとする力学が働く。この力学こそが、地技学的な「囲い込み」力学である。

　周知の通り、IPRs の帰属と保護をめぐる紛争が1980年代以降、頻繁に生起してきた[3]。このことから、「一帯一路」に参加する国々の間で今後 IPRs をめぐる紛争が発生する可能性は十分に予想される。しかし、これらの先端技術を開発した国や企業が多国籍ネットワークを形成し、情報・通信技術（ICT）のユーラシア全域を覆うネットワーク・システムが加速度的に複合化するにつれ、地技学的な「囲い込み」力学が作動する余地はますます少なくなっているのが実態である。ICT 革命の奔流が独善的な地技学の作動を押し流してしまうほど、強い勢いを示していると言っていい。

## 2　複合化する接続性のネットワークと回廊形成の力学

　しかも、ICT 革命の進行は「一帯一路」の根底をなす物流システムの複合化現象を加速させ、ユーラシア大陸全域を貫通する巨大な流通インフラと複合的なエネルギー・インフラとを連結する回廊（corridor）間の接続をも促す。それは陸・海・空の三次元空間をも接続していく。陸の回廊、海の回廊そして空の回廊が複雑に交差しながら接続と連結の空間を形成していく。中国の昆明とインドシナ半島を結び、メコン川流域まで包括する南北回廊やインドシナ半島からタイに連結する東西回廊はその例であり、またインドが進めるムンバイを起点とし、カ

---

[2]　"シャープ・パワー"とは、中国やロシアのような権威主義体制をとる国の強制力を支えたり、海外世論を操作する力を意味する、とされる。この点、"What To Do About China's Sharp Power," *The Economist*, 14 December 2017. 参照。

[3]　米国のトランプ政権が2018年に中国に対して発動した貿易制裁が、アメリカ企業のIPRs 対する中国企業の侵害行為を理由にしたのは、その典型例である。

スピ海を経てモスクワを経由しバルト海に抜ける南北経済回廊の建設計画、さらにパキスタンのグワダル港と中国を結ぶ経済回廊（CPEC）の建設プロジェクトや西欧と中央アジアを接続する経済回廊の建設プロジェクトやユーラシア経済同盟と「一帯一路」を接合する構想、また北極海航路の設置を睨んだ「氷上シルクロード」構想の発出など、ユーラシア大陸を覆い尽くすように接続性と連結性のネットワークが複合化する形で形成されようとしている。

　この複合ネットワークには、近代的な物流回廊の建設に支えられたサプライ・チェーン・ネットワークが、幾重にも重なり合いながら組み込まれている。東南アジア諸国連合（ASEAN）に加わる10の加盟国間に広がる共通のキャッチ・ワードは、接続性ないし連結性（connectivity）の概念であり、このようなネットワークの複合的かつ重層的な繋がりを見事に言い表している。ユーラシア大陸の西方でも、これを先取りするかのようにヨーロッパ連合（EU）を軸にサプライ・チェーン・ネットワークの重層化が進む。そして、EU諸国はこぞって「一帯一路」への参加とアジア開発投資銀行（AIIB）に加盟の意思を積極的に示してきた。ここに「一帯一路」の意図するアジアと欧州を結ぶ物流インフラと市場拡大への地経学的リンケージを見て取ることができるし、同時に地政学的にアジアと欧州を接続し連結させることによって生まれる地戦略的な利益の膨らみと共有化への道筋を予見することができる。

　この過程で目に見えない力を発揮するのが接続性ないし連結性の力学であり、この力学を加速させるのが関係するアクターの手にする科学・技術資源である。巨大なユーラシア空間を覆う接続性のネットワークが形成されるほどに、国家利益に収斂される「囲い込み」の地技学的発想に執着し続けることが、いかに時代の大きな流れの変化に背を向けた狭量な発想であることか。こうした狭量な発想から抜け出て、21世紀の新時代に相応しい地政学の再構成を試みたのが、カンナの開発したconnectographyという新概念である。すなわち、科学技術革命が「日進月歩」、否「秒針分歩」の猛烈な勢いで進む21世紀初頭において、もはや古典的な地戦略で地理空間をとらえることは間尺に合わないという認識が、彼の問題意識の根底にある。そこから生まれる地戦略概念の組み直しが行われ、connectographyという概念が生み出される。単純化した公式にするなら、connectography = connectivity + geographyという公式こそが彼の言う「接続性の地政学」の本質であり、「一帯一路」後のユーラシア地戦略の方向性を考える際の貴

重な指針を提供してくれる。


## おわりに

　こうしてみると、巨大市場としての可能性を無限に秘めたユーラシア空間を内向きの利己的な地戦略の発想ではなく、利益の共有を前提とする国際公共財創出の地戦略に組み直して「一帯一路」構想に「相乗り」（バンドワゴン）する方向で、日本のユーラシア戦略の根底に横たわる古典的な発想から抜け出す必要がある。

　また日本の地戦略は「一帯一路」に「相乗り」（バンドワゴン）すると同時に、北東アジアの経済大国の一つとして、冷戦の遺産の重しを取り去ろうとする南北朝鮮の試みを支援し、地域秩序の安定化を進める方向に焦点を合わせるべきである。韓国の文在寅政権が進める太陽政策の進展如何によって朝鮮半島の統一への展望が開け、「一帯一路」が朝鮮半島回廊を包み込むようにさらなる拡大と発展への道を歩もう[4]。　折しも2018年8月15日の演説で、同大統領は南北朝鮮を繋ぐ鉄道がやがて朝鮮半島の周辺諸国に繋がる結果、"東アジア鉄道共同体"の創生が可能になる、と語った。（『朝日新聞』2018年8月15日夕刊）

　むろん、この過程に南北朝鮮と中国とロシアが関係してくる。さらにモンゴルも加わったconnectivityネットワークは「一帯一路」を更なる重層化の道筋へと向かわせ、北東アジアの新国際秩序を支える重厚な下部構造となろう。ひいてはASEANやユーラシア経済同盟をも包含し、さらにアジア欧州会合（ASEM）の傘の下での協力ネットワークの中軸となって、ユーラシア・ガバナンスの方向を協力と協調への道に導いていくことであろう。それゆえにこそ、日本の地技学的な関与がますます求められてくる。日本の科学技術資源は、これまでもそうであったように、アジアの経済・社会発展に欠かせないスマート・パワーの源泉だからである。


**参考文献**
文正仁（2018）『太陽政策─朝鮮半島の平和への道』山本武彦・宮脇昇編・訳、志學社、
　　2018年。
山本武彦（2009）『安全保障政策─経世済民・新地政学・安全保障共同体』（国際公共政

---

　4）金大中政権以降の太陽政策の推移についての詳細は、文（2018）参照。

策叢書・第18巻）日本経済評論社。

Blackwill, Robert D. and Jennifer M. Harris（2016）*War by Other Means: Geo-economics and Statecraft.*（Cambridge, Massachusetts; The Belknap Press of Harvard University Press）

Khanna, Parag（2016）*Connectography: Mapping the Future of Global Civilization.*（New York; Random House）（尼丁千津子・木村高子訳『接続性の地政学（上）、（下）』原書房、2017年）

Xu Qi（2004）"Maritime Geostrategy and the Development of the Chinese Navy in the Early Twenty-First Century,"（translated by Andrew S. Erickson and Lyle J. Goldstein）, *China Military Science*, 2004.

（やまもと・たけひこ／早稲田大学名誉教授）

終　章
# 一帯一路における文化の多元共生とサスティナビリティ

## 周瑋生

---

**要約**
- 一帯一路は非排除性と非競合性をもつグローバル公共財にすべき
- 各民族と文化は平等であり、その多様性を保護し、共存共生を実現すべき
- 経済社会と環境のサスティナビリティは一帯一路構想の究極の目標である

**政策提言**
- 一帯一路沿線国の文化言語普及推進機構と一帯一路研究共同基金の創設を

---

## はじめに

　今年は中国が"一帯一路"構想を提唱して5周年を迎える。この構想は、シルクロードという歴史的な資源を「成功例」として活用し、沿線各国と経済協力パートナー関係を築き、政治信頼、経済融合、文化包容を特徴とする利益共同体、責任共同体及び運命共同体を作ろうとしている「イニシアチブ」である。一帯一路に対する疑念・誤解や批判の声も聞こえ、投資収益率、投資安全、中国経済構造調整への影響、中国と一帯一路沿線国家の関係、中国と米国との関係など課題が多岐にわたる。ところで、一帯一路は、古代シルクロードと海洋シルクロードに沿った国々を主とし、沿線諸国の中で、中低所得国は約8割を超え、先進国だけでなく発展途上国や新興国をはじめとする他の国々にも拡大している。この構想は、沿線諸国間の経済協力と文化交流を促進し、各国の相補性を促進し、冷戦思考とゼロサム・ゲームの古い枠組みを完全に放棄する。平和、発展、協力、互恵の新しい流れに合致し、途上国同士、途上国と新興国、途上国と先進国との地域協力、大陸間協力の新しいモデルを創出すると期待される。

## 1　一帯一路とグローバル公共財

「一帯一路」は開放性、包摂性、透明性のある国際協力プラットフォームとして、以下のような性格をもつもの、または持つべきものである。

（1）非排除性：中国が提供する一帯一路構想は、東西冷戦の背景もなければ、イデオロギー色もなく、開放的、包容的なものであり、世界の誰もが参加でき、誰かを排除することはしない。

（2）非競合性：一帯一路は沿線国家のみならず世界の複数の国々（消費者）に同時に供給し、同時に利用（消費）できる構想である。

（3）非独占性：一帯一路は中国が提唱したものではあるが、そのチャンスと成果は世界に共有する。

（4）非暴力性：軍事力等を行使せず、共商（共に話し合い）、共建（共に建設し）、共享（共に分かち合う）の原則を堅持する。

（5）互恵補完多鳥：ゼロサムゲームではなく、また経済発展、ローカル公害と地球環境問題の同時解決に寄与できるように協力し合うような仕組みと協力方式をとる。

すなわち、一帯一路は非排除性と非競合性の性格を持ち、世界に提供するグローバル公共財といえよう。

## 2　一帯一路と文化の多元共生

### （1）文化多様性と生物多様性

UNESCO「文化の多様性に関する世界宣言」に、「文化は時間・空間を越えて多様な形を取るものであるが、その多様性は人類を構成している集団や社会のそれぞれの特性が、多様な独特の形をとっていることに表れている。生物における種の多様性が、自然にとって不可欠であるのと同様に、文化の多様性は、その交流・革新・創造性の源として、人類にとって不可欠なものである」と謳われている。中国国内は56民族あり、一帯一路沿線は65以上の国・地域をカバーし、関わっている各国の国語、またその国の共通言語が60近く、更に民族と部落の言語を加えると、関連言語は約1,000近くに上り、言語文化の多様性豊富な地域である。民族と文化は平等であり、これらの多様性を保護し、共生していくことは一帯一

図1　孔子学院の分布（2017年、孔子学院本部より作成）

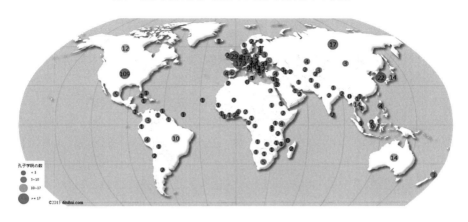

路構想実現の保証と目標の一つである。

（２）先進諸国の経験

　先進諸国の自国の言語・文化の他国や世界への普及活動は、15世紀から始まった。例えば、Alliance française（フランス、1883年）、Goethe Institut（ドイツ、1932年）、The British Council（英国、1934年）、国際交流基金（日本、1972年）などが挙げられる。その特徴は主に次のとおりである。

　（1）自国言語文化の国際的普及を強国戦略の一環とする。（2）言語文化の国際的普及には専門機関や資金が担保されてある。（3）言語普及と文化振興を緊密に結合する。すなわち組織と資金の担保は、各国の共通で基本的な経験である。

（３）孔子学院の実践

　孔子学院は、中国政府が各国の大学などと提携し、中国語教育や世界との文化交流を促進するために設立した非営利公益性教育機関である。2004年に韓国第１号（同年は７校）を皮切りにし、17年12月時点、世界146カ国（地域）で合計525校と1,113カ孔子课堂（学院より小規模）が設立され、登録学生は200万人を超えた。その中で、一帯一路沿線65カ国家地区には136校、アフリカ42カ国で55校、米国は109校（学堂は356カ所）、日本はそれぞれ13校と７カ所を有する（**図１**）。

　孔子学院は、中国側と海外機関（主に大学）との共同事業であり、教師、教

材、カリキュラム、運営管理等については双方が協議しながら決められ、資金も双方が負担する運営方式を取り、他の先進国の先例とは異なる、言語と文化における国際協力の新たなモデルを提供しているといえよう。特に、発展途上国（新興国）が、限られた資金を使って自国の言語と文化の国際的普及を促進し、世界の文化多様性を促進する先駆け的な実験とも言えよう。

　孔子学院はUNESCO「文化多様性宣言」の実践者として、現在のインプットとアウトプットの効果から、それは比較的成功したウィンウィンモデルであると考えられる。一帯一路沿線の発展途上国には参考に値するものである。しかしあまりにも急速に発展してきたものであり、その過程で資金、教材、教員、管理、異文化融合（衝突）など多方面において課題があり、改善の余地もある。契約打ち切りとか、再延長しないとか、また閉鎖したりするなどごく少数のトラブルが起きても1,500カ所もある現状では避けることができないともいえよう。アメリカなどから批判や疑問もあったりするが、批判されている具体的な証拠提示はいまのところ一つもないのが事実である（周 2018）。

### （４）一帯一路文化多元共生に関する提言

　一帯一路沿線諸国の中で、中低所得国が約8割を占めている。これらの国々が提携を強化し、経済を発展させるとともに、自国言語と文化の国際的普及を国の発展戦略に盛り込めば、一帯一路により良い文化環境を提供でき、それによって、文明の衝突を避け、交流と融合を促進するだけではなく、自国の発展にも寄与することができる。そこで、以下のような提案を行う。

①孔子学院の「官助民営」などの経験を参考に、「一帯一路」沿線国家地域が各自で文化言語普及推進機構を創設する。
②AIIB（アジアインフラ投資銀行）またはシルクロード基金を中心に、一帯一路文化基金を創設し、各国の文化言語国際普及機関の設立と運営に資金で支援する。

## 3　一帯一路と国際人材の育成と交流

　一帯一路は、経済貿易金融インフレ整備などの方面における協力が重要ではあるが、研究開発を促進しその成果をイノベーションにつなげることは、将来に向

けた各国共通の課題である。橋を作ってあげることも大事だが、橋作り人材を育成してあげることがもっと重要である。一帯一路は中国ならび沿線諸国に国際レベルの交流プラットフォームを与えている。２つの先行事例を紹介し、今後の人材育成の参考にしたい。

（１）「さくらサイエンスプラン」
　科学技術は、これからの一帯一路地域の未来を切り拓くものであり、未来を担う一帯一路沿線諸国の青少年が科学技術の分野で交流を深めることは、これからの一帯一路沿線諸国・地域、ひいては世界の未来にとって、極めて重要なことである。
　日本は、アジアと一体となったグローバルな研究環境を整え、アジアの優秀な人材との交流を急務とし、2014年に科学技術振興機構（JST）が、産学官との緊密な連携により、優秀なアジア地域の青少年が日本を短期に訪問し、最先端の日本の科学技術に触れ、大学・研究機関での交流活動を通じて、未来を担うアジア地域と日本の青少年が科学技術の分野で交流を深めることを目指し、「日本・アジア青少年サイエンス交流事業」（「さくらサイエンスプラン」という）をスタートさせた。同プランにより2017年度までの３年間で、中国、インド、ASEAN諸国をはじめ、35カ国・地域から、約15,000人の青少年が来日し、全国各地の高校・大学・研究機関等との交流を深めた。また、来日した参加者は、「さくらサイエンスクラブ（同窓会組織）」に参加し、帰国後もネットワークでつながり、その交流の輪は拡がっている。このプランは、アジア地域の青少年の日本の最先端の科学技術への関心を高め、日本の大学・研究機関や企業が必要とする海外からの優秀な人材の育成を進め、もっとアジア地域と日本の科学技術の発展に貢献し、将来、アジアのサイエンス・リーダーとして活躍し、地域の大きなネットワークに成長することも期待される（JST 2018）。

（２）「キャンパスアジア」事業
　キャンパスアジア「Collective Action for Mobility Program of University Students in Asia, CAMPUS Asia」事業は、日中韓の伝統文化と現代文化に通じた、高いコミュニケーション能力を有する人材の育成と、日中韓次世代リーダーのネットワークを構築することを目標とし、第２回日中韓サミット（2009年、北

京)において、今後の人と人の協力として大学間交流の重要性について日本側から提起され、文部科学省の「大学の世界展開力強化事業」として2011年度から15年度に実施したキャンパスアジア・パイロットプログラムを基礎とし実施してきたプログラムである(文部科学省 2018)。

パイロット・プログラムの1つには立命館大学、東西大学(韓国釜山)、広東外語外貿大学(中国広州)の三大学が共同運営するものがある。三大学から選抜された学生が、「移動キャンパス」という仕組みによってプログラム化された共同授業を4年間履修していく。その過程で学生は留学に必要な基礎知識を各大学で事前にしっかり習得してパイロット学生として選抜される。パイロット・プログラムを通じた3国の大学における単位相互認定、適切な成績管理・学位授与及び3国間の質保証の共通枠組みを構築し、今後のアジアの大学間交流を先導し、東アジア多国間における高等教育連携のモデルを提供する(立命館 2018)。

今後は、日中韓3国のみならず、ひいてはアジアを含めた一帯一路沿線諸国における学生の受入れ・派遣が質量ともに増大し、若者の知的人材交流及び相互理解が活発化し、未来のアジア全体の繁栄、発展に貢献できると期待する。現在は、人文社会学を中心としているが、今後は3カ国の言語や文化を精通する人材のみならず、経済エネルギー環境など専門領域の人材育成も期待される。

## (3)「国連南北大学」と「一帯一路に関する日中共同研究基金」創設の提案

一帯一路は、アジアからアフリカまでの沿線諸国の約5割は低所得の発展途上国であり、多民族多文化を有する地域である。そこで、「開発と環境の両立、文明間の多元共生、サステナビリティ」を共通理念とし、その実現に貢献できる地域や国際的リーダーを育成する大学院大学「国連南北大学」の北京での創設を提言する。南は発展途上国で、北は先進国を指すが、途上国と先進国がそれぞれ直面する課題と両者が同時に直面する課題などの解決を目指し、国家と民族のビジョンのみならず、人類が直面する共通の課題に挑戦し、世界の歴史と国際社会の内外を理解し、言語、コミュニケーション、交渉、多文化主義に統合する能力など、異文化間の協力とリーダーシップ、そしてグローバルガバナンス能力を大幅に向上でき、国連の持続可能な開発目標(SDGs)の実現に寄与できる国際人材を育成する。

現在は、「国際連合大学」(United Nations University、東京都、1975年創設)

と「国連平和大学」(The United Nations-mandated University for Peace、コスタリカの首都サンホセ、1980年創設)がすでに存在している。前者は国連およびその加盟国が関心を寄せる、緊急性の高い地球規模課題の解決に取り組むため、共同研究、教育、情報の普及、政策提言を通じて寄与することを使命とし、国連システムおよび国連加盟国のシンクタンクとしての機能を持つ機関で、後者は人類すべての間に「理解、寛容、平和共存」の精神を広める目的で、平和に関する高等教育を行う国際機関をつくり人道支援を供与するために設立されたものである。ここで提案する「国連南北大学」は人類社会の持続可能な開発の実現に寄与する国連機関として、国連大学と国連平和大学と有機で協働、補完する。

さらに、一帯一路は構想から行動へと展開されている。がしかし、以上各章において論じているように、国家、地域、都市、企業など空間的尺度から、また社会、経済、環境、制度など領域または属性からの課題が多岐にわたり複雑に絡み合っている。一帯一路を真のグローバル公共財にし、利益共同体、責任共同体と運命共同体構築の一助にするためには、産官学研協働による国際的、学際的、そして理論と実証の結合による国際共同研究、幅広い知的分野での日中の研究交流・相互理解の促進が必要不可欠である。ここでは、そのための、日中双方が共同で出資管理運営する「一帯一路に関する日中共同研究基金」の創設を提案する。

## おわりに

一帯一路は、多民族、多人種、多宗教、多文化がここで交じり合い融合しようとする地域であり、経済、社会と環境のサスティナビリティの実現はその究極な目標だと考えられる。「一帯一路」は開放性、包摂性、透明性のある国際協力プラットフォームとして、共商、共建、共享の原則を持ち、政策溝通（政策の交流）、施設聯通（施設の連結）、貿易暢通（貿易の流通）、資金融通（資金の融通）、民心相通（民心の相通）（「五通」と呼ばれている）という目標を掲げている。五通を実現するため、民族と文化が互いに尊重し通じ合うことが一層必要とされる。同構想は経済のグローバル化趨勢に順応し、沿線諸国の発展戦略とのドッキングと融合を図る必要があり、順調に推進するため、沿線諸国は自国の文化・伝統などを如何に広く共存共生していくのかが喫緊の課題となっている。

文化の魅力は、経済力をバックにする必要性に加えて、この文化が人道的な精

神と包容性と先進性を持つことを必要とする。言い換えれば、この文化は高度、気概と前進し続ける力が必要とされる。

　一帯一路構想から、連亜連欧を通じ、ユーラシア新秩序への道を拓こう。

**参考文献**

周瑋生（2018）「『一帯一路』における文化多様性と『孔子学院』の役割」、国際アジア共同体学会誌、『グローバルアジアレヴュー』第7号。

JST（2018）https://ssp.jst.go.jp/outline/index.html（最終アクセス日：2018.08.25）

文部科学省（2018）http://www.mext.go.jp/a_menu/koutou/kaikaku/sekaitenkai/1312838.htm（最終アクセス日：2018.08.25）

立命館大学（2018）http://www.ritsumei.ac.jp/campusasia/about/outline.html/

国務院（2018）「"一帯一路" 5年進展及び展望報告会（中国語）、http://www.scio.gov.cn/xwfbh/xwbfbh/wqfbh/37601/38866/index.htm（最終アクセス日：2018.08.25）

国家発展改革委（2015）外交部、商務部《推动共建丝绸之路经济带和21世纪海上丝绸之路的愿景与行动》

　　　　　　　　　　　　　　　（しゅう・いせい／立命館大学政策科学部教授）

## コラム編

1 一帯一路から連亜連欧の道　鳩山友紀夫
2 一帯一路への参加を勧める　西原春夫
3 「一帯一路」構想への日中協力提案　谷口誠
4 米中経済戦争を日本の転機に　麻生渡
5 米中経済戦争の力学　萩原伸次郎
6 一帯一路を日中科学技術協力の深化へ　岸輝雄
7 日中の科学技術と一帯一路　沖村憲樹
8 ヤマル LNG 基地と氷上シルクロード　川名浩一
9 アジアスーパーグリッド構想の実現へ　三輪茂基
10 一帯一路と日韓トンネル　野沢太三
11 韓国のユーラシアイニシアティブ構想と一帯一路構想　郭洋春
12 「一帯一路」をめぐる様々な議論と日本の対応　小原雅博
13 「TPP ゾンビ」に決別しアジアを軸にした共生に活路を　鈴木宣弘
14 「一帯一路」と日本の中小企業の win-win 関係を　黒瀬直宏
15 対米「属国化」を転換し中立的アジア政策とインフラ輸出を　坂本雅子
16 経済成長の前提・成果と課題　原田博夫
17 一帯一路構想と環境社会配慮　松下和夫
18 「一帯一路」を日中両国共通のロマンに　朱建榮
19 21世紀新シルクロードへの旅立ち　村石恵照

# 1
# 一帯一路から連亜連欧の道

## 鳩山友紀夫

　一帯一路構想はユーラシア大陸を中心に途上国のインフラ整備を支援するという経済発展が主として論じられることが多い。確かにそれは間違いではないのだが、私は2017年5月に北京で開催された一帯一路フォーラムにおいて、習近平主席が一帯一路の目的として、繁栄より平和を一番に挙げられたことに我が意を得たりの思いであった。

　私は予てから東アジア共同体構想を推し進めたいと考えているが、その最大の目的は、東アジアに単に経済ブロックを作ることではなく、対話と協調によって東アジアの紛争を未然に防ぎ、地域に平和をもたらすことにある。その意味で申せば、一帯一路構想は東アジア共同体構想を包含する同心円とも言えるのである。

　したがって、日本は一帯一路構想には積極的に協力すべきことは申すまでもない。ようやく李克強総理の来日により、日中の長い政冷の時代が終わりを告げようとしており、日本も一帯一路構想に協力する姿勢を示したことは、遅きに失したとは言え評価されるべきであろう。

　その一帯一路構想の推進機関の1つとして、アジアインフラ投資銀行（AIIB）が設立されている。私はAIIBの金立群総裁の助言機関として設けられた国際諮問委員会のメンバーとして、日本が未だにAIIBに参加していないことを非常に残念に思っている。財務省の役人に訊くと、常設の理事会がないのでガバナンスに不安があり、様子を見たいとのことだった。しかし、銀行の格付け機関からAIIBは全てトリプルAを付けられており、客観的に見てガバナンスは問題なしとされているのだ。既に87の国と地域が加入しているが、日米は加わっていない。要するに、米国の顔色を伺っているのである。ここに日本の外交の対米従属志向が明白に現れている。

　私は日本が米国より先にAIIBに参加することが、一帯一路構想への積極的な協力の証しとなり、日中関係が本格的に改善されることとなり、かつ対米従属から脱却して、より独立した日本の姿を世界に示すことになると信じている。その日を待ち望んでいる。

（はとやま・ゆきお／元首相）

# 2

# 一帯一路への参加を勧める

## 西原春夫

　中国主導の一帯一路構想に日本が参加すべきか、結論はイエスである。

　第1にこれと相反する思想である価値観外交構想は、日本が中国とともにアジアに含まれているという地勢的観点からも、アメリカの国際的地位の低下、インド外交の動きといった国際情勢の観点からも、またとくにそれが大国中国との対立関係をもたらすという政治的観点からも採用すべきではない。

　第2に、一帯一路構想は中国の経済的政治的勢力の増強に資するものだから、それに協力するのは損だという考え方があるが、これは短絡的に思われる。中国の政治的な目標がそのようなところにあるとしても、他方において、域内の発展途上国を支援するという側面があることは否定できない。そうであるとすれば、中国の国益重視的側面を是正するという役割をもってそれに日本が参加することは、これらの発展途上国が望むところであり、域内の緊張緩和に貢献するという意味で、日本にとっても有利な側面がある。

　第3に、実は中国も日本の協力を得たいと思っているふしがある。近代中国には、国際社会の中で積極的役割を演じた経験が欠けている。中華人民共和国は、生まれて初めて、ここ数百年人類を指導してきたヨーロッパ諸国を組織の中に巻き込んで構想を進めようというのである。他方現在の中国は特殊な社会主義体制をとっているから、自ら西欧化することができない。そこで、一帯一路構想を円滑に進めるについては、西欧の思想や制度を知悉した日本が「出過ぎない形で」協力してくれるのが一番望ましいということになる。

　この知見は、私自身の30年にわたる日中学術交流の経験に裏打ちされている。中国に法治主義の考え方もなく、刑法学の水準が非常に低い1980年代から始めた「日中刑事法学術交流」がいかに大きな効果を発揮したか、それを彼らは知っているからこそ、国際社会の中に躍り出た今、今度は「国際法秩序のあり方を研究協議する組織」に躊躇なく参加した。

　アジアの中でやわらかくその役割を演じられるのは他ならず日本であることを、日本人も自覚すべきである。

（にしはら・はるお／早稲田大学元総長）

## 3
# 「一帯一路」構想への日中協力提案

## 谷口誠

　1．2017年5月11日、私は日本記者クラブにおいて"二階幹事長の「一帯一路」国際フォーラム参加を日中関係改善の転機に"と題するスピーチを行った。その中で日本のアジアインフラ投資銀行（AIIB）への参加、陸と海のシルクロード構想を日本まで延ばすよう中国に働きかけるなどの提案を行った。

　2．現在の日中関係から考えて、このような提案が直ちに受け入れられるとは考えていなかったが、私は日本のアジア外交を積極的に進めるためにも、日本は「一帯一路」構想に積極的に参加し、中国と共にアジアが21世紀において世界で最もダイナミックに発展する地域となることを願っている。

　3．私は数年前から毎年中国社会科学院が主催するシンポジウムに出席してきたが、中国の習近平国家主席が2013年に提唱した「一帯一路」構想が極めて遠大であり、野心的であることに印象づけられたが、それがあまりにも広大な地域をカバーし、西に向かって陸と海のシルクロードを通ずる一大経済圏を画くためには、その経済圏に含まれる60数カ国の相異なる政治体制、経済体制、文化、言語、宗教などのシステムをつなぐことが必要であり、これは中国にとっても、また「一帯一路」に含まれる多くの諸国地域にとっても大きな課題だと感じていた。しかし、中国の政治家、学者、研究者たちがその後「一帯一路」構想を実現するために着実に具体的政策を打ち出しているのを見て、中国は何年かけても「一帯一路」構想を実現するであろうし、また実現してほしいと期待するようになった。

　4．中国は「一帯一路」構想を実現するための具体的施策として「上海協力機構」を進め、さらに「BRICS銀行」そして「AIIB（アジアインフラ投資銀行）」を2016年1月に発足させ、AIIB加入国と地域の数は年内に80を超えた。2017年5月14、15の両日北京で行われた「一帯一路」首脳会議には130カ国以上が参加し、29カ国首脳が参加した。習近平国家主席はこの会議において、今後3年間で途上国と国際機関に600億元（約1兆円）の援助を行うことをコミットし、またシルクロード基金に1千億元（約1兆6400億円）を増資し、途上国への食糧援助、「南南協力」の援助基金に10億ドル（約1130億円）を支出する旨発表した。中国は今後5年間に「一帯一路」の沿接国に約17兆円相当の投資をするとしている。

　5．私はこのような中国の「一帯一路」構想の下でのアジアへの経済協力と中国

経済圏の拡大政策に対し、日本が対抗して経済協力を進めるよりも、むしろ「一帯一路」に協力する方が長期的には日本の国益に合致すると考えている。したがって、日本が現在提唱している「自由で開かれたインド・太平洋戦略」は、「一帯一路」構想への日本の対抗策であるならば、小手先の戦術であり、中国の最大の貿易相手国であるインドがこの戦術に容易に協力するとは考えられない。私は日本のこのような戦術は長期的戦略に欠けており、実現されるとは考えていない。日本はなぜ AIIB に加盟しないのか、中国への対抗意識なのか、米国への配慮なのか、それとも日本と米国が主導している ADB を守るためなのか。現在の世界の動き、アジアの動きを冷静に見るならばこれらの配慮は全くの杞憂に過ぎないのではなかろうか。米国は先般の「一帯一路」会議に代表団を派遣した。ADB は AIIB とすでにインド、パキスタン、インドネシアなどで協調融資を進めている。日本は AIIB が公明性、透明性を満足させるような国際金融機関に発展すれば入ってもよいなど悠長なことを言っている時機ではない。直ちに AIIB に加盟し、日本のハイテクを駆使してアジアが必要としているインフラへの投資に参加すべきであり、さらに機が熟せば中国と協力して大型のインフラ経済投資を促進するべきである。2017年6月の日経主催の「アジアの未来」と題するシンポジウムにおいて、遅ればせながら安倍首相が日本もアジアのインフラ投資のためにケース・バイ・ケースで、かつ民間レベルで、協力する用意があると発言した事は一歩前進として評価されるが、明快な矜持のある日本の対アジア戦略とは考えられない。AIIB についても、日本はまだ、前述の如く AIIB の透明性、公明性が満足されるならばという条件付きで未加入である点、依然としてネガティヴな印象を与えている。私はむしろ AIIB に日本は積極的に参加した上で、もし AIIB に改革すべき点があれば、内部から改革すべきだと考えている。私はこれこそが日本がアジアからも世界からも評価される日本外交のあるべき姿だと確信している。

(たにぐち・まこと／元国連大使、元岩手県立大学学長、一帯一路日本研究センター顧問)

# 4
# 米中経済戦争を日本の転機に

## 麻生渡

　1980年代の激しい日米貿易摩擦の時、私は通商産業省 通商政策局の米国担当課長として対米交渉の第一線でまさにアメリカと闘った。その時アメリカの通商代表部の次長として颯爽と登場したのが若きロバート・ライトハイザー氏であった。

　彼の交渉態度は問答無用、ただひたすら米側の要求の貫徹を求めるものだった。日本側は対応に苦慮、苦悩したが交渉担当者としてどこか心に余裕があった。それは日米は同盟国でありこれに大きな亀裂を与えるような要求は最後は取り下げるはずであるとの楽観であった。交渉においても日米同盟重要性を強く主張したものである。結果はまずまずの線で落着した。

　当時の日本は産業力の勃興の頂点にあり「JAPAN AS NUMBER ONE」ともてはやされていた。しかし残念ながら日本はアメリカの覇権に部分的にでも挑戦しようという意思も計画も持っていなかった。

　米中の貿易戦争は関税報復合戦となりその行方は全く見通せない。この貿易戦争の基底には米中間の世界覇権競争がある。ツキジデスの罠に陥り新しい冷戦が始まったわけである。かつての同盟関係の下での日米貿易摩擦と異なり経済のみならず軍事、文化、政治統治システムに亘る多面的長期の争いとなるであろう。

　当面の米国の関税攻勢に対し中国には効果的な対抗手段がなく相当な苦境に追い込まれると思われる。しかし一部の論者は中国経済は急失速し大きな混乱に陥ると希望的に観測しているがこれはないと思っている。中国共産党のマクロ経済運営能力は非常に高いと思う。1949年の建国時の超インフレを抑え込んだ凄さ、文化大革命の大混乱を短期間で克服した政策、そして鄧小平の改革開放以来の適確な政策をみると世界研究の水準の高さがよく分かる。

　米国の攻勢に対し中国は時間を味方にする長期戦略を練るであろう。毛沢東の「持久戦論」の現代版である。忍耐し米国の政治の変化を待つのではないか。

　そして日本である。米中覇権競争に加え、グローバリズム、新自由主義、リベラリズムといった世界をリードしてきた基本政策が行き詰まり新しい思想構想が必要な時代に入った。他方でIT技術を推進力とする巨大な技術革新による急激な社会の変革は留まることを知らない。これは日本のチャンスである。大変だと騒ぐばかりでなくこれをチャンスと捉え、経済はもちろん安全保障、文化、社会の統合原理

を深く考え、多極化する世界の中で自立する日本を構想し実践しなければならない。

（あそう・わたる／元全国知事会会長、元福岡県知事）

# 5
# 米中経済戦争の力学

## 萩原伸次郎

　トランプ政権になって、「アメリカ第一主義」による対中制裁が激しくなった。トランプ政権は、6月15日に中国からの輸入品500億ドル分に25％の追加関税をかけると発表、7月6日にその第1弾の340億ドル、23日には、残る160億ドル分へ第2弾を発動、中国もそれに対抗して、米国からの農産物輸入などへの高関税による対抗措置を発表した。トランプ政権は、これら諸措置に対する中国の報復対抗に対して反発し、さらに2000億ドル分の高関税措置を発表、また中国の対米輸出額の90％に段階的に高関税を課すという制裁を発表した。

　こうしたトランプ政権の対中制裁を仕切るのは、ピーター・ナバロ通商アドバイザーとライトハイザー米通商代表の2人だ。ピーター・ナバロは、対中強硬派の元カリフォルニア大学教授、トランプ大統領は、最初彼を国家通商会議議長という役職を新設し、迎えたことに示されているように、対中国対策に相当力を入れている。また、ライトハイザーは弁護士だが、レーガン政権期には、米通商代表の次席代表を務めた人物で、2国間交渉で、ゴリゴリ押してくるトランプ好みの戦略家だ。

　しかしなぜ、米国は、こうした強力な対中制裁措置をとるのだろうか。それは、「中国が、米国の知的財産権を侵害しているからだ」というのである。その最も大きな米国の不満は、中国の資本導入政策が、ジョイント・ベンチャー（合弁事業）方式をとっていることにある。資本比率50％に抑えられた米国企業は、中国で自動的に技術を中国企業に移転せざるを得ないというのだ。また、米国議会は、2017年11月、海外からの直接投資を審査する「対米外国投資委員会」の権限強化を図る法案を提出し、この6月には、米上下両院が、それぞれに、その改革法案を可決した。

　だが、この対中制裁は、米国企業の反対によって崩される可能性が高い。というのは、たとえば、米国電気製品の電子・電気部品の多くは、中国で生産されており、高関税措置によって、米多国籍企業の効率的な国境を越えたサプライ・チェーンの崩壊につながりかねない状況になるからだ。現実に米国議会では、トランプ政権の対中制裁措置に対し、米国企業は明確に批判的立場だ。また、この関税措置は、米国消費者の懐を直撃することは明らかだ。トランプ大統領は、中国による知

的財産権侵害を食い止め、技術・軍事覇権を奪われないようにしたいのだろうが、米国の産業空洞化を野放しにしてきた今までの経済政策を高率関税によって阻止するというのには、無理がある。しかも、中国の報復は、大豆、トウモロコシ、豚肉など農産品に高関税をかける作戦で、農村に基盤のある米共和党の選挙基盤を直撃する。トランプ政権は、120億ドル（約1兆3200億円）の農業支援を発表したが、米国の財政事情からして、農業支援をいつまでも続けることは不可能だろう。トランプ大統領は、中国に対して、明確に「勝てない戦争」を仕掛けているようなものであり、「アメリカ第一主義」は、覇権帝国アメリカの終焉の現れといえそうだ。

〔はぎわら・しんじろう／横浜国立大学名誉教授〕

# 6
# 一帯一路を日中科学技術協力の深化へ

## 岸輝雄

　私は、物質・材料工学の道を長らく歩んできた研究者であるが、2015年9月に外務大臣を科学技術の面から支える外務大臣科学技術顧問に任命された。国際社会で科学技術・イノベーションの役割が重視されるなかで創設されたポストの初代に就任したのだ。就任直後は、科学技術外交とは何かを模索する日々が暫く続いたが、米国、欧州、東南アジア、アフリカを訪問し、積極的に政府関係者や科学者と議論を交わしてきた。また、学識経験者からなる科学技術外交推進会議の協力を得て、国連が掲げる「持続可能な開発目標（SDGs）」の実現などの諸課題に対して、科学技術の視点から外務大臣宛に提言をしてきた。今年の9月で就任から3年を迎え、科学技術外交の輪郭が次第に見えてきたところである。

　一帯一路構想とは、中国の急速な経済発展に裏打ちされた壮大な大経済圏構想であると理解している。研究開発の世界でも、著しく増加する研究開発費を背景に、近年の中国の台頭は顕著であり、日本と欧米先進国が先導してきた構図は変容しつつある。一帯一路構想が、国際スタンダードに合致する形で、関係諸国のwin-winの状況をかもし出すことが何よりも重要であり、科学技術の観点からは、なんと言っても関係諸国の人材育成を含んだ開放的な大構想であることが期待される。

　その状況下で、日本がどのような立ち位置で国際的な研究開発を展開していくべきか。生命科学や情報科学、物質科学といった研究分野によって、進むべき道は異なるであろう。しかし、産業競争力、ひいては国の経済力とも密接にかかわるイノベーションの創出に向けた研究開発の、中国を含めた新たな国際戦略が必要であることは論を俟たない。

　科学と外交の両者を結ぶ顧問職を担う私にとって、研究開発における中国との連携強化を考えるのは大きな課題である。課題をやり遂げるためにも、かつて頻繁に研究交流をしていた仲間との旧交を温めるためにも、早急に中国を訪れなければならない。

（きし・てるお／東京大学名誉教授、国立研究開発法人物質・材料研究機構元理事長、一帯一路日本研究センター顧問）

# 7

# 日中の科学技術と一帯一路

## 沖村憲樹

1．中国は、総体としては日本の科学技術を抜いていると思っている。

その理由は、①中国は、科学技術振興政策を最重要政策として、13次に及ぶ科学技術5カ年計画を策定、着実に実行している。②科学技術振興を実行する膨大な行政組織として、国務院の下に、科学技術部（省）、工業情報部、中国科学院等膨大な国家行政組織、更に、中国全土の各省、各市、各県、各鎮の科学技術行政組織、また国営企業が、国中が一丸となって、科学技術行政を推進している。③2,880ある巨大な大学は、豊富な研究資金を有し、海外一流大学と緊密な関係を有し、人材輩出、研究成果、特許、産学連携等の活動で、日本を遥かに凌いでいる。④国家財政構造の中で、教育、科学技術には、20％の予算が充当（日本の2.4％、米国の6.0％）、しかも、法律によって、これが担保され、教育、科学技術重視政策は、永久に続く。

2．中国は、日本、米国を追い抜き、世界最高の科学技術と産業の最先進国となる日が来る。中国の人口は、13億8千万人。ロシア、ヨーロッパ諸国、北米の合計より多い。

中国は、①単一の言語を話す。②日本の14倍の高速道路と15倍の高速鉄道網、507の空港、高機能の港湾を有する。③高度に発達したインターネット通信網を有する。世界各国は、利害は複雑に絡み合い、貿易交渉等では、足並みが揃わない。

一方、中国は、高効率なインフラと通信網を有し、強力に統制された、歴史上人類が経験したことがない超高効率な巨大な経済共同体である。

3．一帯一路は、巨大且つ強力な中国が、今後、最も発展が予想されるアジア、アフリカのエネルギーと高度なヨーロッパの文明を吸収し、より、広大かつ強大、活力ある高度文明社会であり続ける構想である。

4．世界の主要なシンクタンクの予測では、2050年、日本のGDPは、中国の10分の1以下になる。将来、隣国である巨大な最先進国家となる中国と緊密な協力をしていくことは、我が国にとって必須であり、「一帯一路」計画に、必然的に協力していくこととなろう。

（おきむら・かずき／国立研究開発法人科学技術振興機構元理事長、中国総合研究・さくらサイエンスセンター上席フェロー）

# 8
# ヤマルLNG基地と氷上シルクロード

## 川名浩一

　エネルギー天然資源を持たない「島国日本」にとり、環境負荷の低いLNG（液化天然ガス）は極めて重要だ。現在わが国の発電の実に40％はLNG火力であり、LNGは日本の産業の根幹を担う私たちの暮らしになくてはならない存在だ。日揮は1970年代からマレーシアやインドネシア、豪州を始め地球上のLNGプラントの3分の1以上を建設してきた。

　2017年12月、史上はじめてロシア北極海沿岸からLNGが出荷された。場所は現地語で「最果ての地」を意味し、北極海に面する北緯71度の地、ヤマル半島。一昼夜陽が昇らない極夜や零下50℃と凍りつく極地での難工事を、日揮は仏・日合同関係者の全身全霊の努力により、大方の予想を覆し成功裏に完工した。過酷な自然条件から労働力を軽減するモジュール工法を用い、数千トンに達する巨大で複雑な装置を中国の数カ所で製作し、北極海を航海して現地まで運搬し建設した。日本からは、設計施工を担った私たちの他にも機器メーカーや海運会社、融資を行ったJBICなどが参画した。客先にはロシアとフランスの民間エネルギー会社に加え、中国国営企業のCNPC（中国石油天然気集団）とシルクロード基金が加わった。そして中国政府は今年北極政策白書を発表し、北極海を通る航路を「氷上のシルクロード」と名付け一帯一路構想の一環と位置付けた。

　完成したプラントから出荷された製品の一部は欧州を経由して米国東海岸にも供給されたが、今後相当量が中国にも供給される予定だ。中国では環境問題の解決と厳冬でLNG輸入量が激増し、2017年に中国は韓国を抜いて日本に次ぐ世界第2位の輸入国となった。世界のLNG輸入国は35カ国に拡大し、従来の限定的な関係から開かれたビジネス環境に変容してきている。米国はシェールガス革命によって主要なLNG輸出国のひとつとなり、中国企業も出資や融資、製品輸入、資機材製造など様々な形で重要なプレーヤーとなる。このようにより複雑に、そして緊密に連携し発展して行く世界で日本はどう立ち向かえばよいだろうか。　日本人の誠実さ、責任感、技術力は高く評価されている。しかし、複雑化した国際社会でこれだけを以て勝ち抜くことは難しい。日本人の美徳を胸に、意を尽くし議論し、納得させ、強い心で成し遂げる力が異文化の中で求められる。これを私たちは「饒舌なサムライ」と呼ぶ。

　　　　　　　　　　　　　　　（かわな・こういち／日揮株式会社副会長）

# 9
# アジアスーパーグリッド構想の実現へ

## 三輪茂基

　AIやロボットなど新しいテクノロジーが急速に世の中を変革している。しかし真に世界の変革を主導しているのはテクノロジー（だけ）ではない。自然エネルギーこそが全ての産業を根本から再定義し始めている。そしてその自然エネルギーのさらなる発展を可能にせしめるもの、それが広域的な電力網の構築である。それは人間の身体に例えるとわかりやすい。人間を人間たらしめる脳の活動は人間の高度な活動を司るが、循環器系の働き無くして人間が存在し得ないのと同じように、広域的にはりめぐらされた安定的な電力網無くして、ITテクノロジーが駆動する現代的な社会は存在し得ない。

　モンゴルゴビ砂漠にある潤沢な風力資源を大規模に開発する。これを高圧直流送電（HVDC）で中国—韓国経由、あるいはロシア経由で連結する。その構想が、アジアスーパーグリッド（ASG）である。2011年3月の東日本大震災・福島原発事故を受け、ソフトバンクの孫正義社長が提唱した。2016年3月に中国国家電網、韓国電力、ロシアグリッド（ロスセチ）とソフトバンクとの間でASG実現に向けた共同研究の覚書を締結、実際に基本的な事業性評価を実施した。技術的に可能、経済的にも成立するとの結論であったが、国家間の政治的合意や電力融通（輸出入）にかかる規制や法律の整備が課題として認識された。

　広域的な電力網でアジアの広大な地域を連結することで、自然エネルギーを安定電源として融通しあうことが可能となる。各地域の特性を生かした自然エネルギーを大規模に開発でき、現在までの主流である石炭やガスなどの化石燃料発電に負けないコスト競争力が実現されつつある。GAFAを代表とするIT企業はデータセンターの運営など現代を代表する多電力消費産業となっている。彼らが率先して自然エネルギーの自然に切り替え始めた理由の一つが「経済的選択」なのだ。

　自然エネルギーが世界の電力供給の大宗を担う。グローバルに連結され安定的に運営された電力網が自然エネルギーを産業の血液として循環させる。その上に新しいITサービスが生まれていく。ソフトバンクはASGと情報革命の実現に向け粘り強く主導的な役割を果たしていきたい。その久遠の理想の実現に燃えている。

（みわ・しげき／ソフトバンクグループ（株）CEOプロジェクト室長兼SBエナジー（株）代表取締役社長）

## 10
# 一帯一路と日韓トンネル

## 野沢太三

　日韓トンネル研究会は1983年5月に設立した研究団体で、初代会長は北海道大学名誉教授の佐々保雄氏であります。青函トンネルを始め、多くのトンネルの調査、計画、施工を通じて培った技術を活用し、実績の継承と更なる発展を目指し、活動を続けています。

　設立当初は任意団体として取り組みましたが、公的な性格を明確にするため、2004年6月に特定非営利活動法人（NPO）として承認を頂き、地下利用に関する各種の課題に取り組んでいます。

　2代目会長の持田豊氏は、青函トンネル建設の責任者としての経験と英仏海峡トンネルの技術顧問としての知見を生かし、十数年に亘って蓄積された調査研究情報を解析し、将来に備えました。

　3代目会長の高橋彦治氏は、永年に亘る鉄道技術研究所の地質研究室長の経験に基づき、地質調査の推進と内外の関係機関に働きかけ、トンネル実現の可能性を拡大するため、2004年6月にNPO法人の承認を取得されました。

　4代目の会長をお引き受けした私、野沢太三は、日韓共同の事業とするため、関係機関との協力を進め、情報の交流を進めています。特に実現可能なルートの選定、設計、施工法の開発、長期に及ぶ維持管理手法の確立等、実用化の道を拓いています。

　日韓トンネルの実現には、まず第1に技術的な可能性を拓くことが必要であり、日韓両国による共同の地質・地形の調査が不可欠であります。海底地形・地質の調査には調査船の活用が期待されています。

　トンネル本体の工事は、トンネルボーリングマシンの進歩により、早く安全な施工が可能になりました。

　日韓トンネルの実現には両国の知恵と努力が結集され、国民的な合意が形成されることが何よりも重要であります。

　一帯一路の考え方が普及し、日中韓はじめ関係各国の合意のもとに、日韓トンネルが一日も早く実現するよう期待致します。

（のざわ・だいぞう／元法務大臣、日韓トンネル研究会会長）

## 11
# 韓国のユーラシアイニシアティブ構想と一帯一路構想

## 郭洋春

　韓国政府は2013年10月に「ユーラシアイニシアティブ」構想を発表した。これはロシア、中国、中央アジア諸国との経済協力を推進し、ユーラシア経済圏の建設を通した経済成長を果たそうというものである。そのためにユーラシアを「一つの大陸」、「創造の大陸」、「平和の大陸」と位置づけ、朝鮮半島の平和を導こうという経済戦略である。

　「一つの大陸」とは、ユーラシア大陸を横断する物流ネットワークや電力、ガス、原油等のエネルギー・ネットワークを形成し、国家間協力を図る。「創造の大陸」とは、韓国が推進する「創造経済」をはじめ、各国の経済成長プロジェクトの連携と、人的および文化交流を通じて相互理解の拡大を試みる。「平和の大陸」とは、ユーラシアと太平洋をつなぐ朝鮮半島の地政学的な特性と朝鮮半島の平和に対する域内諸国の理解を深めるとともに、朝鮮半島問題の解決に対する各国の協力を求めるというものだ。

　このユーラシアイニシアティブでは、朝鮮半島縦断鉄道と大陸横断鉄道を基本軸とする「シルクロードエクスプレス」の建設が目指されている。既に中国は北朝鮮と道路、鉄道などの交通インフラ事業を検討している。これは一帯一路の中で提起されている陸上シルクロード経済ベルトと海上シルクロードのビジョンの構築の中で東北3省（遼寧、吉林、黒龍江）がロシア、モンゴルなどの極東地域との陸海上の窓口になることが提起されており、ユーラシアイニシアティブ構想とも合致する。

　また文在寅大統領も2018年8月15日、北東アジア6カ国（韓国、北朝鮮、中国、日本、ロシア、モンゴル）と米国が共に進める「東アジア鉄道共同体」を提案した。要するに、韓国では歴代大統領が一帯一路構想を韓国の経済発展に結びつけられると考えているということだ。従って韓国にとって一帯一路の成否は少子高齢化が進み、トランプ政権によって米韓FTAが再交渉されるなど将来の経済発展に不安がある中、死活的問題であるといってもいいだろう。現在朝鮮半島は、北朝鮮の核問題などで朝鮮半島縦断鉄道建設が難しい状況である。それでもユーラシアイニシアティブ構想と一帯一路構想はユーラシア経済圏の建設を通した経済発展と朝鮮半島の平和にも寄与するものとして関係各国は最後まで努力してほしいと考える。

（かく・やんちゅん／立教大学総長）

## 12
## 「一帯一路」をめぐる様々な議論と日本の対応

### 小原雅博

　中国が推進する「一帯一路」はアジアのみならず、中東、アフリカ、そしてヨーロッパにまで達する壮大な経済圏構想であり、これほど多くの諸国を巻き込む広域経済圏構想が推進されたことはかつてなかった。投下される資金の規模や経済活動の形態の多様性から、構想の狙いや利害関係、そしてその影響まで、様々な期待や懸念を惹起しながら、「中華民族の偉大な復興」と重なり合う形で世界に様々な議論を巻き起こしている。

　成長を続けるアジアには膨大なインフラ需要がある。経済インフラ整備は雇用を創出し、貿易や投資を拡大すると同時に、経済発展の環境整備にもつながる。道路や鉄道が伸び、人やモノがより多くより広く動くようになると、グローバル経済から遮断されていた人々にも経済チャンスが広がる。既に、ユーラシア大陸を横断する鉄道は物流革命を引き起こし、ヒト・モノ・カネが奔流する。「互聯互通（connectivity）」をキーワードに、世界第2位の経済大国となった中国と沿線諸国とのつながりも深まる。

　その一方で、中国援助による途上国の債務過多、安価な中国製品による市場席巻、企業買収による技術流出などへの警戒感も出ている。

　また、世界では反グローバリズムや保護主義が勢いを増し、自由貿易体制が揺らいでいる。習近平国家主席が指摘した「大変革と大調整の時代」に入った世界の秩序はどう変化していくのか。中国は戦後の国際経済システムの中で経済の改革・開放を推進して今日の経済大国となった。昨年の党大会で強調された共産党指導の下での社会主義市場経済と自由で開かれた法の支配に基づく経済システムの関係はどう収斂していくのか。

　日本は、「自由で開かれたインド太平洋」戦略を提唱している。「一帯一路」との接点を探り、将来共有し得るルールや価値を発信するプラットフォームとして発展させるべきだ。そうした方向性の下で、「一帯一路」に対しても、開放性、透明性、財政健全性の観点から適切な案件には積極的に協力していく必要がある。

　（こはら・まさひろ／東京大学大学院法学政治学研究科教授、元在上海総領事）

## 13

# 「TPPゾンビ」に決別しアジアを軸にした共生に活路を

## 鈴木宣弘

　米国共和党のハッチ議員が2年ほどで5億円もの献金を製薬会社などから受け取り、患者の命を縮めても新薬のデータ保護期間を延長する（ジェネリック医薬品を阻止する）ルールを求めたように、グローバル企業がもうけられるルールをアジア・太平洋地域に広げようとする「お友達」への便宜供与がTPP（環太平洋連携協定）の本質である。

　日本のグローバル企業にとっても、「今だけ、金だけ、自分だけ」の思惑は同じ。アジアへの直接投資を増やして企業（経営陣と株主）利益は増えるが、現地の人は安く働かされる。国内の人々は安い賃金で働くか失業する。

　米国民は気づいた。「TPPでもうかるのはグローバル企業の経営陣だけで、賃金は下がり、失業が増える」とのTPP反対の米国民の声は大統領選前の世論調査で78％に達し、トランプ氏にかぎらず大統領候補全員がTPPを否定せざるを得なくなった事実は重い。

　「なぜ米国民にTPPが否定されたのか」について冷静に議論せずに、日米のグローバル企業のためにTPP11（米国抜きのTPP）と日米2国間協議を推進し、TPP型の協定を「TPPプラス」（TPP以上）にして、日欧EPA（経済連携協定）やRCEP（東アジア地域包括的経済連携）にも広げようと「TPPゾンビ」の増殖に邁進している日本政府の異常さを日本国民も気づくべきである。

　我々は「TPPゾンビ」に決別し、真にアジアやユーラシア大陸に続く国々が共存・共栄できる経済連携の形を真剣に詰めるべきときにきている。いまこそ、一部の企業への利益集中をもくろむ「時代遅れ」のTPP型の「収奪」ルールではなく、「共生」をキーワードにして、特に、食料・農業については、零細な分散錯圃の水田に象徴されるアジア型農業が共存できる、柔軟で互恵的な経済連携協定の具体像を明確に示し、実現に向けて日本とアジア諸国が協調すべきである。

　思考停止的・盲目的な米国追従から脱却するには、アジアと世界の人々の共生のためのビジョンと青写真を早急に提示することが不可欠である。日本が独自の外交ビジョンなしに、中国、ロシア、韓国、北朝鮮などとむやみに敵対し、一方で、米国には盲目的に追従する姿勢を続けることの愚かさを今こそ認識しなくてはならない。

（すずき・のぶひろ／東京大学大学院農学生命科学研究科教授）

## 14

# 「一帯一路」と日本の中小企業の win-win 関係を

## 黒瀬直宏

　トランプ政権が仕掛けた貿易戦争で世界経済の混迷が増す中、「一帯一路」は世界経済の新たな道筋をつける前向きの構想として、その存在価値が高まっている。私が気になるのは、この構想に現地・日本の中小企業がどう関われるかということだ。「一帯一路」による経済発展が、大企業や国有企業への経済力集中を進め、中小企業の発展が伴わないならば、経済発展の成果は人々に均霑しない。そこで、「一帯一路」での中小企業発展のため、日本の中小企業による次の貢献がありうるのではないかと考えた。

　第1は、中小企業への日本式生産管理の普及である。東・南アジアの優れた中小ローカル工場を訪ねると例外なく日本式生産管理を導入し、日本以上に徹底していることもある。彼らの間では5S等日本式管理用語が共通語化している。日本の発展的な中小企業に共通の、従業員の主体性を重視する情報共有型マネジメントも導入して欲しい。

　第2は、職人技術・匠の精神の普及である。これは日本のモノづくりの強みだったが、昨今、日本の大企業は労働コスト削減のため職人技術者を若手ICT技術者に代え、競争力を衰退させた。日本の中小企業にはまだこれが残っており、中小企業の職人技術の移転は――東アジアで実証されているように――「一帯一路」でもモノづくり中小企業の発展に寄与する。

　第3は、以上を実施するための人材教育である。日本の中小企業の現地進出は限られるから、外国人を日本の工場で教育する。実はこれは現地のためだけでない。日本の中小企業は深刻な人材難に見舞われている。教育を受けた外国人技能者、管理者が現地に帰って活躍するだけでなく、日本の中小企業で中核人材として働いてくれればありがたい。「一帯一路」と日本の中小企業との間でのwin-win関係を目指そう。

（くろせ・なおひろ／NPO法人アジア中小企業協力機構理事長、嘉悦大学大学院ビジネス創造研究科教授）

# 15

# 対米「属国化」を転換し中立的アジア政策とインフラ輸出を

## 坂本雅子

　日本のメディアや識者は、一帯一路を「中国のアジア支配の野望」、「拡張政策」といった視点から論じがちである。しかし日本自身がこの10年近くの間、アジアのインフラ整備を成長戦略の目玉にしてきた事実を忘れてはならない。

　例えば2010年の鳩山内閣の「新成長戦略」がそれだ。同戦略では、新幹線・都市交通、都市総合開発、水道、原子力発電等をアジア各国に輸出し、メコン開発やインド・メコン産業大動脈、BIMP（インドネシア等赤道アジア）広域開発などとも連動させて、アジア全体を陸路と海路でつなぐ構想をも掲げていた。2009年の麻生内閣の成長戦略構想・「新たな成長戦略に向けて」も同様であった。

　インフラ輸出策は経済界からの強い要求に基づくものだった。日本企業のアジアにおける工程間分業の形成や、電気電子機器や自動車に代わるインフラ・システム輸出への期待、市場としてのアジア産業基盤整備の必要等がその背景にあった。東アジア共同体構想でのアジア各国政府の結集と協働も後押しとなっていた。

　こうした状況はしかし、米国によって一変させられた。米国は、米国抜きのアジア諸国の結集や、中国がその中心にある動向に強い危機感を抱き、「アジア回帰戦略」を開始した。経済面では2009年末にTPPを打ち出し、軍事面では2012年からアジア集中戦略を始めた。これに呼応した安倍首相は2013年からTPP交渉に正式に参加した。2015年には集団的自衛権行使に道を開き、憲法改正も射程に入れた。そして13兆円の「インフラ資金をアジアに提供する」と宣言し、膨大な資金を投じつつある。

　しかし安倍内閣下のインフラ輸出政策は、アジア諸国を、日米を軸とする政治軍事同盟の環へ取り込む政治色を強めている。それが日本国内における反中キャンペーンと相まって、アジアに軸足を置く圧倒的な日本企業の選択肢を狭め、その利益との齟齬を生み出し続けた。それもあって政府は、経済界の要請にも応え2017年12月、一帯一路への企業の参加を容認するに至った。

　いま日本企業と経済が必要としているのは対米追随策ではない。自主的で中立的なアジアとの共生戦略であり、一帯一路でも協働を進めることだろう。それが、米国への「属国化」が深刻化する日本を転生させる道である。

（さかもと・まさこ／名古屋経済大学名誉教授）

## 16

## 経済成長の前提・成果と課題
ウェルビーイングの観点から

## 原田博夫

　21世紀の中国は、経済成長と社会発展に取り組んでいる。とりわけ、社会インフラストラクチャーの整備は、有効需要・ビジネス面からだけでなく地域・社会格差是正の狙いもある。加えて、アジア投資銀行や一帯一路の推進には、国際政治のパワーを高める意図もある。しかし、中国国民・世界は、どう見ているのだろうか。

　経済成長を追求する姿勢はかつての日本と同様で、日本も、1960年代後半に西側諸国第2位の経済大国に躍進した。しかしこの路線は、1990年代初頭にピークを迎えた。バブルの崩壊とその後の長期デフレは、国民心理に不安感をもたらしている。

　その原因は、社会全体の人口構成と価値観の変化である。戦後ベビーブームによってもたらされた人口ボーナスは、1990年代にはその資産を使い果たした。この間、家族形態も変貌した。共同体に根差した大家族主義から、都市型経済での核家族が一般化した。その結果、価値観の大転換が生じた。内閣府『国民生活に関する世論調査』（毎年実施）によれば、経済が成長していた時でも国民の生活満足度には変化が見られなかった。問題は、その構成要素の中身にある。たとえば、結束型のソーシャル・キャピタル（社会関係資本）が低下する一方で、橋渡し型のソーシャル・キャピタルはいまだしである。現在の日本では、人口オーナス・低成長経済に至って、ソーシャル・ウェルビーイング（安寧・幸福・満足）は変わったのか、変わっていないのか。現在私が代表で進めている専修大学ソーシャル・ウェルビーイング研究センターでの試み（アジア7カ国でのサーベイ）も、そうした差異・変化と類似性・普遍性を抽出しようとしている。

　中国も、2010年前後に世界第2位の経済大国になり、都市・農村戸籍問題や一人っ子政策に取り組んでいるとはいえ、まだ多くの難題を抱えている。政策にウェルビーイングの観点を取り込むことは、いまやグローバルな潮流でもある。

　かつて米国主導のマーシャル・プラン推進に向けて、OECD（経済協力開発機構）が域内諸国の経済開発協力政策調整推進機関としてパリに設立された。その歴史のひそみに倣って今、一帯一路推進に向けて、域内関係諸国のソーシャル・ウェルビーイング強化調整、政策立案のために一帯一路OECD──ユーラシア経済開発協力機構を、東京に新設してもよいのではなかろうか。

（はらだ・ひろお／専修大学経済学部教授）

## 17

# 一帯一路構想と環境社会配慮
北京・廈門の会議から

## 松下和夫

　中国主導のアジアインフラ投資銀行（AIIB）の発足、そして一帯一路構想の本格的な始動などにより、中国のイニシアチブによるインフラ投資が急激に増えている。それに伴って、投資に伴う環境破壊や、地域住民の非自発的移転の発生など住民生活への悪影響なども懸念される。

　一方、世界銀行、アジア開発銀行（ADB）、欧州投資銀行（EIB）、日本の国際協力機構（JICA）・国際協力銀行（JBIC）などの国際開発金融機関では、過去の事業活動において様々な環境問題や社会問題を起こしてきた経験に鑑み、現在では事業に伴う環境アセスメントや異議申し立て制度が整備されている。ところがこれまで中国系の開発金融機関においては、ともすれば環境社会配慮が欠如または不十分であったので、たとえば東南アジアのメコン川流域開発などでは問題を起こす事例が多かった。

　このような状況の下で、中国政府当局は、ADBや世界銀行などと協力し、他の国際開発融資機関の経験から学ぶことによって、AIIBや中国の金融機関の環境社会配慮を国際水準に引き上げ、投資による環境破壊を防ぎ地域住民への影響を軽減するイニシアチブをとっている。

　筆者は、2018年6月に北京と廈門で開催された「開発金融における環境社会配慮のワークショップ」に国際協力機構（JICA）の環境社会配慮ガイドライン異議申立審査役として参加した。これは、アジア開発銀行と中国銀行保険監督管理委員会・生態環境省・中国銀行協会が主催し、アジアインフラ投資銀行や中国の19の主要金融機関・銀行の幹部30名余、中央アジア諸国など16カ国が出席し、世銀、ヨーロッパ投資銀行、国際NGOsなどの代表もスピーカーとして加わっていた。このワークショップは、中国金融機関の環境社会配慮を世界標準に引き上げ、グローバルな開発金融機関の環境社会配慮を向上させるという観点から歓迎される。筆者はこのワークショップで、JICAの環境社会配慮・異議申し立て制度とその事例紹介を行った。

　印象深かったことは、中国銀行保険監督管理委員会や財務省の代表など中国金融当局高官が、演説で明快に金融機関における環境社会配慮とアカウンタビリティ向上の必要性を述べていたことである。また、一帯一路構想自体が、気候変動問題や

地球環境への寄与、そして関係国の持続可能な発展を目指していることが繰り返し強調された。

　環境社会配慮には情報公開とNGOなどの市民社会の意味ある関与が鍵である。たとえばJICAの「環境社会配慮ガイドラインに基づく異議申立手続」では、事業担当部署からの「独立性」、全ての当事者の意見をバランスよく聴取する「中立性」、情報公開を原則とし、説明責任の向上に貢献する「透明性」などを基本原則として掲げている。現在中国では国の確固たる方針の下、環境対策や再生可能エネルギーの分野では、トップダウンで世界の最新の知見や経験を大胆に取り入れて改革を進めている。今後中国の政治体制の下で、開発金融に環境社会配慮がどのように制度化されるか、一帯一路構想が地球環境の改善に寄与するものとなるか、大いに注目される。

　筆者が訪れた時には、北京の空は大気汚染のせいか、どんよりと曇っていたが、空港から都心へ向かう道路沿いや滞在した金融街周辺での植樹と緑化はかなり進んでいた。一方、厦門は台湾の対岸に位置し、明の時代から対外貿易港として栄えた綺麗な町で、ワークショップ会場の国家会計学院は、中国で最も美しいキャンパスである。会議後、私たちはアモイからフェリーで約10分のコロンス島を訪ねた。ここは南京条約で租界となり、かつての欧米列強の領事館など歴史的建造物がたくさん残り、それらが生い茂った樹木や草花と調和し、自動車の喧騒のない観光地（電気自動車のみ使われる）となっていた。

（まつした・かずお／京都大学名誉教授、国際協力機構環境社会配慮ガイドライン異議申立審査役）

# 18

# 「一帯一路」を日中両国共通のロマンに

## 朱建榮

**「シルクロード」ロマンを日中は共有していた**

　歴史上の「シルクロード」といえば、アジアでは中国人を除いてもっとも関心が強く、ロマンを感じたのは日本人であろう。人気作家井上靖は火付け役として『天平の甍』（1964年）、『敦煌』（1965年）、『楼蘭』（1968年）など一連の作品を出し、司馬遼太郎は『長城とシルクロード』（1987年）などを書き、この２人はまた『西域をゆく』（1998年）を共著している。特にNHKの「シルクロード」シリーズの放送は日本社会でそのブームに拍車をかけた。「日中共同制作　シルクロード 絲綢之路」全12回シリーズは1980年４月からの１年間、続いて1983年からは「シルクロード第２部　ローマへの道」が全18回放送された（その内容はNHKブックス「シルクロード」シリーズとして十数巻刊行）。さらに2005年から「新シルクロード・中国編」（全10集＋プロローグの全11篇）、2007年からは中国以外の国を取材した「新シルクロード・激動の大地をゆく」（全７集）も放送されているが、やや二番煎じの嫌いがなくもない。

　中国に対する日本国民の好感度が一番高かったのは1980年代で、ちょうどNHKの「シルクロード」シリーズ放送と重なる。近年の日中関係と相互の国民感情が悪化したのは様々な具体的な要因にもよるが、根底にはやはり互いに相手への「夢」「ロマン」が薄れたのが重要な背景ではないか。

　その意味で、中国が打ち出した「一帯一路」構想は再び、日中両国民に共通の夢、ロマンを与えられないか、期待を膨らませている。

　今の日本社会は、本国の停滞、中国に追い越された悔しさ、歴史問題・領土紛争の拡大、凋落傾向にあるアメリカによる「日米同盟」強化の圧力（日本政府も呼応したが）などが原因で、中国が打ち出す方針、構想ならまずノーと言うとの癖が身に着いたようだ。だから「一帯一路」構想は最初、「覇権追求」「他国利益無視のエゴ」などと決めつけられ、日本の参加は中国の「地政戦略」への加担になる（『産経新聞』2017年７月８日朝刊）などと決めつけられた。

　このような風潮に一石を投じたのは予想外にも安倍首相だった。2017年６月、日経が主催した「アジアの未来」会議の晩餐会で安倍氏は「一帯一路」構想への協力姿勢を表明し、反中世論を困惑させた。18年５月の日中韓サミットの際、両国の首

相が合意した「第三国での開発協力」も「一帯一路」をめぐる日中協力の合意を意味する遠回しの表現だった。

## スリランカ港の長期賃貸は「覇権」のためか

　残念なことに、今でも「一帯一路」構想への偏見が残り、たとえば、中国がスリランカ政府にその負担能力を超えて借金漬けにさせて、相手の返済不能に付け込んで99年間の利権を強要した、との説がまかり通っている。中国側がこの7月に公表した調査結果によると、港の長期賃貸案はスリランカ政府が提案したもので、港の運用責任は中国側企業が負うが収益は双方が半々分け合うこと、中国からの融資残高はスリランカ政府の対外債務残高の10.6%でしかなく、日本からの借り入れよりも少なく、うちの6割は低金利融資であり、「相手国の債務超過に付け込んで利権獲得」との批判は当たらないこと、港の防衛も現地政府が責任を持ち、中国がそれを軍港にすることはあり得ないことが明らかになった（「スリランカの『債務の罠』は存在しない」新華社発7月5日記事）。

　「一帯一路」構想は中国自国経済の対外進出をサポートするだけでなく、途上国のインフラ建設の協力を中心とする国際貢献を通じて国際地位の向上にもなるとの意気込みで推進されているが、経験が浅いことを率直に認めており、現地各国の開発戦略との「対接」（ドッキング）、ウィンウィンを強調したり、先進各国に途上国での共同作業を意味する「国際産業協力」を呼びかけたり（EUの主要各国はすでに中国とこの種の協力に合意達成）している。まだ試行錯誤中であり、海外の評価をかなり気にしているようで、スリランカの港の長期賃貸はやはり海外に悪いイメージを与えるとして北京指導部は今後「前例としない」ことを国有企業に内部通達したと言われている。

　この9月は「一帯一路」構想が打ち出された5周年に当たり、すでに103の国や国際機関との間に118の関連合意文書を調印し、数百のプロジェクトが全方位的に展開されているとの総括記事が出た。習近平主席は8月27日に北京の人民大会堂で開かれた「一帯一路建設推進政策5周年座談会」で演説し、「『一帯一路』共同建設はグローバル・ガバナンス体制変革の内在的要請に順応し、権限と責任を共に担う運命共同体意識を示す」ものであり、「沿線国と協力の最大公約数を図り、各国の政治的相互信頼、経済的融合、人的・文化的通じ合いの強化を目指して一歩一歩着実に実施し、沿線国の人々に幸福をもたらす」と強調した上で、「過去数年間は『一帯一路』共同建設における全体的布陣を完成し、今後は重点に焦点を絞り、入念に実施し、細やかな『細密画』をうまく共同制作する必要がある」とも語った。

　習近平演説から、「ばらまき」「自国利益優先」との批判を念頭に、「共同建設」

「ともに幸福」を力説しつつ、十年スパンで推進していくという不退転の決意が感じられた。

**ともに汗を流し、世界に貢献せよ**

　アジアをはじめ全世界の途上国に膨大なインフラ需要があり、アジア開発銀行（ADB）の試算によれば、2030年までアジアのインフラ需要だけでも年間1.7兆ドル（約187兆円）に上る。この９月に入って、中国とアフリカの50カ国以上とのサミット会議が北京で開催され、双方は「一帯一路」の共同推進を再確認した。東南アジア、中東、またオセアニア、ラテンアメリカ諸国からも「一帯一路」協力への期待はむしろ一段と高まっている。筆者はここに日本の出番が到来し、両国民が目標を共有して汗を流し、世界に貢献する、との共通のロマンが現れていると思う。

　北京大学のアメリカ人教授 Christopher Balding は、「一帯一路」は伝統経済の視点で見る投資計画ではなく、今後数十年のグローバル経済の地政学的戦略構造を変える試みだと指摘している（"The geostrategic economics of One Belt, One Road," FT 紙2017年５月22日）。そのような国際関係上の大きな意味を踏まえ、筆者は以下のようないくつかの日中協力の必然性と可能性を提起したい。

　まず、世界が日中の共同作業による努力を切望しているのを確認・自覚すること。アメリカも EU も現在、全世界のインフラ整備に寄与し、発展基盤の裾上げを考える余裕がない。しかし全世界の途上国（すなわち「一帯一路」沿線に広まる国々）は共通項として、インフラ・市場メカニズムの整備に力を入れる意欲を高めており、それゆえ、これらの地域は次の10年、20年の「ニュー・フロンティア」と呼ばれている。そしてそれへの支援・協力が可能なのはまず中国、続いて日本だと理解されており、この２カ国に熱い視線を浴びせているわけだ。中国はすでにこのような期待に応えるべく意欲を燃やしているが、日本も責任を果たすことで全世界での存在を一段と高め、国連安保理常任理事国入りとの悲願の実現につなげていく発想を持つべきだ。

　同時に、日中両国は両者の「相互補完」の価値と意義をもっと認識すべきだ。この両国は「対照的」とよく言われる。それはこれまで「何でも違う」とのネガティブなニュアンスで多く理解されるが、二国間協力ないし第三国での経済協力に関していえば、中国の巨大な市場と日本の技術、中国の行動力や基礎的生産力と日本の精密さ、課題解決能力といったそれぞれの長所を合わせることができれば、それこそ世界的に見てもまれにない相乗効果があるのは歴然である。「１＋１＞２」のモデルケースになる。もちろん、現在の日中関係に相互不信、安全保障面の対立など問題が山積だが、共有する東洋の知恵を生かしてそれを乗り越えることができれ

ば、両国間協力のプラス効果ははるかに大きいことを国民同士で共通認識を広げていくことは可能だ。今、平和友好条約調印40周年を機に、両国関係が大幅に改善・促進する機会を迎えている。この好機を逃すべきではない。

実は、「共通のロマン」となるプロジェクトは目の前にすでに現れている。日本は長年、九州と韓国を結ぶ海底トンネル構想を持っているが、最近の中国では、北朝鮮の「非核化」が早く解決すれば、日韓トンネルを北朝鮮経由で中国、ロシアに繋げてもいいが、それを先決条件のように待つ必要もなく、韓国の仁川辺りから黄海の下を通って山東省に出る「中韓海底トンネル」構想も並行して提起されている。日本と韓国、韓国と中国をつなぐ2本の海底トンネルの建設、という夢をめぐって日中韓三者の間で早急に真剣に議論し、検証・計画していくのを提案したい。北東アジアの未来を変えるのが必至のこの開発協力と2本の海底トンネルの開通は、古代のシルクロード以来の「千年のロマン」になるのではないか。

一方、新幹線（高速鉄道）の対外輸出をめぐって日中間では採算度外視の競争が繰り広げられてきた。中国はインドネシアで、日本はインドでそれぞれ受注に成功したものの、その後、追加投資などが次々と求められ、両国とも内心、ある種の「競争疲れ」を感じているはずだ、過剰の競争は結局第三者に「漁夫の利」を取られるだけで、日中双方とも敗者になる。しかし今、タイでは2本の新幹線の建設計画があり、日中両国はゼロサムゲームより、それぞれの長所を生かして共同建設を行う可能性が現れている。93歳のマハティール首相が政権を取ってから、中国がやりかけたシンガポールまでの高速鉄道の建設をいったん中止したが、逆転的な思考ですれば、日中両国は共同でマレーシア側にコストダウンした合理的なプランを提案し、それぞれの得意技を持ち合わせて協力し、三者とも勝者になるとのモデルケースを作ることはできないだろうか。

ともに汗を流し、ともに利益となり、またともに世界から評価されることを重ねて行けば、日中両国民とも相手に対する見方を大幅に変え、仲間意識が広がり、世界における日中両国の発言力も一気に高まるであろう。これこそ、世界に向けた日中共通のロマンになるはずだ。

　　（しゅ・けんえい／東洋学園大学グローバル・コミュニケーション学部教授）

# 19
# 21世紀新シルクロードへの旅立ち
パクスローマーナとパクスシニカの対峙を超えて

## 村石恵照

　かつて中国と欧州を結んだ交易路としてのユーラシアは、東西の物品の交易のみならず、精神文化として仏教が1世紀に、景教（キリスト教）が7世紀に中国に東漸した文明の流通路であった。

　その流通路は後にシルクロードと美しく命名されたが、その最東端に位置する日本国奈良の東大寺正倉院はシルクロードの終着点といわれる。収蔵されている九千点以上の宝物の中に、ペルシャやインドから長安を経由して将来された工芸の粋を極めた宝物が含まれているからである。

　広く国民の努力を結集しテクノクラートの帰化人たちも建造に参加して、華厳経の宇宙観を体現する東大寺は完成された。その後朝鮮半島新羅から七百余名が来朝、752年、南インド出身のボーディセーナ僧正が大仏開眼、その二年後中国僧鑑真が聖武太上天皇ら在家信者には菩薩戒を、出家者には具足戒を授戒して日本に仏教サンガ（修道組織）が確立された。

　同じ頃唐王朝では、日本の阿倍仲麻呂が玄宗皇帝に重臣として仕えていたことは周知のとおりである。

　インドネシア・ジャワ島にあるボロブドゥールの仏教遺跡（8～9世紀に建造）の彫刻の大部分は華厳経を題材にしているが、8世紀はインド・中央アジア・中国・朝鮮半島・日本・南方（ジャワ）にわたる「全アジアがこの華厳経の描く壮大なスケールの情景を思い浮かべて……同じ精神的理想を掲げて鼓動していた」（中村元『華厳経・楞伽経』）。

　現在、古代のシルクロードが新たな装いをもって、壮大な夢の構想として蘇生しつつある。中国の主導する地域経済協力としてのシルクロード経済圏（一帯）と21世紀海上シルクロード（一路）である。

　しかし中国の新シルクロード経済「構想」を、これまで世界の政治と文化の価値観を事実上支配してきたパクスローマーナは、パクスシニカによる世界的「戦略」とみなしているかもしれない。

　新シルクロード構想の実施に当たって中国文明は、二千五百年余の栄光の歴史の内部に蓄積された様々な瑕疵に直面するだろう。現代の中国は、西欧の価値観・思惟方法・行動様式・法治観念との認識のずれにもとづく様々な障害に対処しなけれ

ばならないだろう。しかし、この構想は、"銃と福音書が合体した真理で武装した征服者"（アーサー・ケストラー『蓮とロボット』1960年）として世界的に植民地を拡大してきたパクスローマーナ、なかんずく、その攻勢的情念が先鋭化したパクスアメリカーナの戦略とは全く異質である。

　パクスローマーナの拡大的情念の歴史に連なる西欧の指導的識者らは、ソロモンの栄華が名もない野の花の美の営みに及ばないことに改めて目覚めるべきではないのか。

　パクスシニカの冊封情念の伝統を受け継ぐ中国は文明的見地に立って、対立史観にもとづく戦略思想に翻弄されず金融至上経済の瑕疵を糺しつつ、パクスローマーナといかに統合的に21世紀の世界文明を築くかを構想すべきではないのか。

　現在は、未曾有の文明の大変動期である。

　日本人と中国人は、8世紀に開花した日中交流の時代を想起し、改めて儒教・仏教・老荘思想に通底している東洋の和の叡智を共に学び合うべきである。

　日本人は、明治150周年の近視眼を捨て、大仏開眼以来1266年を貫く和国の歴史を遠望する大局観を持て。

（むらいし・えしょう／光輪寺住職、武蔵野大学客員教授）

付録

# 一帯一路に関する専門用語のまとめ

（立命館大学大学院政策科学研究科周研究室　凌奕樹・都娟・朱家民）

1. 「一帯一路」構想
2. シルクロード経済ベルト
3. 21世紀海上シルクロード
4. 「五通」
5. 人類運命共同体
6. アジアインフラ投資銀行（AIIB）
7. シルクロード基金
8. 一帯一路国際協力サミットフォーラム
9. 中欧班列
10. 国家開発銀行
11. 新開発銀行（BRICS銀行）
12. 南南協力援助基金
13. 中国・ベラルーシ工業パーク
14. 新ユーラシア大陸ブリッジ経済回廊
15. 中国・パキスタン経済回廊
16. 中国・モンゴル・ロシア経済回廊
17. 中国・ミャンマー・バングラデシュ・インド経済回廊
18. 中国・中央アジア・西アジア経済回廊
19. 中国・インドシナ半島経済回廊
20. ユーラシア連合
21. ユンカープラン
22. 上海協力機構（SCO）
23. アジア協力信頼醸成措置会議（CICA）
24. ボアオ・アジア・フォーラム
25. シルクロードの精神

1．「一帯一路」構想（"一帯一路"倡议、the Belt and Road Initiative; the land and maritime Silk Road initiative）

　「一帯一路」構想は「シルクロード経済ベルト」と「21世紀の海上シルクロード」の略称である。2013年9月と10月に、中国の習近平（シー・ジンピン）国家主席が中央アジアと東南アジアを訪問した際に、関連諸国とともに「シルクロード経済ベルト」と「21世紀の海上シルクロード」を築くことを提案した。習主席の提案は「政策上の意思疎通、インフラの相互連結、貿易の円滑化、資金の調達、民心の相互疎通」の実現を主な内容とし、「共同協議、共同建設、共同享受」を原則として、沿線国とその国の人々に実益をもたらすということを目的としている。「一帯一路」は主に東アジアや東南アジア、南アジア、西アジア、中央アジア、中東欧などの国と地域が含まれる。「一帯一路」の建設は関連各方面の共通の利益に合致し、地域規模での協力及び世界規模での協力という流れに乗っている。2018年現在、中国は103の国家・国際組織と118件の協力協定を締結している。

2．シルクロード経済ベルト（丝绸之路经济带、the Silk Road Economic Belt）

　2013年9月7日に、習近平主席はカザフスタンのナザルバエフ大学での講演で、革新的な協力方式でともにシルクロード経済ベルトを建設し、点を面に、線をブロックに広げて、地域間のマクロ協力を徐々に作り上げていく、と提案した。シルクロード経済ベルトの東側はアジア・太平洋経済圏を牽引し、西側は発達したヨーロッパ経済圏とつながっていることから、「世界で最も長く、最も発展の潜在力のある経済大回廊」と見られている。

3．21世紀海上シルクロード（21世纪海上丝绸之路、21st-Century Maritime Silk Road）

　2013年10月3日に、習近平主席はインドネシア国会で演説した際に、「21世紀の海上シルクロード」を共同で築こうと述べた。21世紀の海上シルクロードの戦略的パートナーシップは単にASEANとのパートナーシップにとどまらず、点を線に、線を面に広げ、ASEAN、南アジア、西アジア、北アフリカ、ヨーロッパなどの大経済ブロックを貫く「市場チェーン」でもあり、南海（南シナ海）、太平洋、インド洋に向けて発展する戦略的経済協力ベルトである。

4．「五通」（五通：政策沟通、設施联通、貿易畅通、資金融通、民心相通、five types of connectivity: policy coordination, facilities connectivity, unimpeded trade, financial integration and people-to-people bonds）

　2013年9月7日、習近平主席はカザフスタンのナザルバエフ大学での講演で、初

めて「政策上の意思疎通、インフラの相互連結、貿易の円滑化、資金の融通、民心の相互疎通」の強化を提起し、「シルクロード経済ベルト」の共同建設という戦略的提案を行った。2015年3月28日、中国政府はボアオ・アジア・フォーラム2015年度年次総会で「シルクロード経済ベルトと21世紀の海上シルクロード共同建設促進のビジョンとアクション」を正式に公表し、「政策溝通、設施連通、貿易暢通、資金融通、民心相通（「五通」と略す）」を主な内容として、「一帯一路」沿線諸国と「政治上の相互信頼、経済上の融合、文化上の相互寛容」を基礎とした利益共同体、責任共同体、運命共同体を構築することを提起した。「一帯一路」の建設を全面的に進める中で、「五通」は互いに独立しており、各時期、各段階にそれぞれ重点があるが、それは五位一体のものでもあり、互いに促進する必要があり、いずれも切り離すことができない。

## 5．人類運命共同体（人类命运共同体、community of human common destiny）

人類運命共同体の旨として、自国の利益を確保する際に他国の利益にも配慮することにある。いわゆる自国の発展だけでなく各国が共に発展することを目指す。国は多くあるが、地球は一つしかないので、人類運命共同体の意識を持つべきである。

人類運命共同体における「命」と「運」は結合させなければならない。「命」とはアイデンティティー認識の問題を解決し、安心感と満足感の問題を解決するもので、「運」とは、発展の問題を解決し、態勢と未来の問題を解決するものである。

## 6．アジアインフラ投資銀行（AIIB）（亚洲基础设施投资银行、Asian Infrastructure Investment Bank）

アジアインフラ投資銀行はアジア諸国及び地域の政府がインフラ整備の際に必要とする資金の融資を目的として中国が設立構想を掲げた国際開発金融機関（国際開発銀行）である。AIIBが担う役割は、中国には「シルクロード経済ベルト」として活性化することを目指す「一帯一路」構想があり、この構想を実現するためのインフラ整備の金融支援というものである。AIIBは、2013年に習近平主席によって提唱され、57カ国を創設メンバーとして発足し、その後2017年3月にアジア開発銀行（ADB）の67カ国・地域を上回る70カ国・地域となり2018年5月に86カ国・地域になった。創設時の資本金は1000億ドル。日本・米国は現時点では加入していない。

## 7．シルクロード基金（丝路基金、Silk Road Fund）

2014年11月8日、習近平主席は、中国は400億ドルを出資してシルクロード基金を設立することを宣言した。2014年12月29日、シルクロード基金有限責任会社が北

京で登記され設立した。シルクロード基金は「一帯一路」沿線諸国のインフラ建設、資源開発、産業協力などの関連プロジェクトを投資・融資の面からサポートする。シルクロード基金と他の世界的、地域的多国間開発銀行との関係は取って代わるものではなく相互補完関係であり、現在の国際経済金融秩序の下で運営される。シルクロード基金は決して単なる経済援助ではなく、関連諸国との相互アクセスを通じてこれらの国に発展・革新の大きなチャンスをもたらす。シルクロード基金は外に開かれた基金であり、アジア地域内外の投資家の積極的参加を歓迎している。

## 8．一帯一路国際協力サミットフォーラム（"一帯一路"国际合作高峰论坛、the Belt and Road Forum for International Cooperation）

「一帯一路」国際協力サミットフォーラムは一帯一路のフレームワークの下で最高級の国際活動であり、建国以来中国が主催する、レベルが一番高く規模が一番大きな多国間の外交活動でもある。「一帯一路」国際協力サミットフォーラムは各国が共に相談でき、「一帯一路」を共に築き、一帯一路の成果を共に享受できる重要な国際的なプラットフォームである。第1回のテーマは「国際協力の強化、一帯一路をともに築く、ウィンウィンの発展を実現する」である。今回のサミットは、一帯一路の将来の協力の行方を明確にし、一帯一路建設の具体的な路線図を設計し、重点プロジェクトの一部を実行し始めた。140余りの国家、80余りの国際機構の1,600余りの代表が参加した。成果として「一帯一路国際協力サミットにおける円卓サミット連合報告書」と「一帯一路国際協力サミット成果リスト」を公表した。成果リストには「五通」の内容を含めた上、76余りのプロジェクト、270余りの具体的成果が挙げられた。

## 9．中欧班列（中欧班列、CHINA RAILWAY Express、CR express）

「中欧班列」は中国とヨーロッパを結ぶ定期貨物列車のことである。2011年、「中欧班列」の第1便が重慶を出発し、新疆ウイグル自治区のアラ峠を通過し国境を越えた。これは海運、空運に次いで鉄道がユーラシア大陸をつなぐ第3の輸送通路になったことを表している。その後、「一帯一路」構想を推進する中で、「中欧班列」は速いスピードで発展してきた。2015年3月に中国が公表した「シルクロード経済帯と21世紀海上シルクロードの共同構築を推進するビジョンとアクション」で、「中欧班列」の建設を国家発展の重点にすることが明記された。2016年6月8日から、中国の鉄道は正式に「中欧班列」の統一ブランドを使うようになった。現在、累計本数1万本以上、欧州15カ国43都市と繋がっている。

## 10．国家開発銀行（国家开发银行、China Development Bank, CDB）

国家開発銀行は世界における最大の開発系の金融機構であり、中国最大の対外投資融資協力銀行、信用銀行および債券銀行でもある。中華人民共和国における中国

輸出入（進出口）銀行、中国農業発展銀行とならぶ中国の3つの政策性銀行の一つである。国家開発銀行では、「三峡ダムプロジェクト」を始めとした国の重点建設プロジェクトへの貸付が主な業務。また、国が重点とする産業部門に進出している外資系企業への貸付も行っている。

## 11. 新開発銀行（BRICS銀行）（新开发银行、New Development Bank BRICS, NDB BRICS）

　ブラジル、ロシア、インド、中国、南アフリカの5カ国による国際金融機関の名称。本部は中国の上海市に所在する。新開発銀行、BRICS開発銀行ともいう。BRICS銀行は、AIIB（アジアインフラ投資銀行）と連携しながら、発展途上国や新興国へのインフラ整備の支援を行う。資本金は、BRICS各国が均等で出資し、およそ500億ドルを調達した。なお、BRICSは、BRICS銀行の設立と同時に、金融支援を行うための外貨準備基金も設立している。基金の規模は1000億ドルで、中国が410億ドルを拠出している。

## 12. 南南協力援助基金（南南合作援助基金、South-south cooperation Aid Fund）

　2015年9月26日、中国の習近平国家主席は米ニューヨークで開かれた国連サミットに出席し、発展途上国への支援に向けた「南南協力援助基金」を設立すると発表した。中国は手始めに20億ドル（約2400億円）を拠出する計画。このほか、2030年までに後発開発途上国への投資を120億ドル（約1兆4440億円）にすることを目標に掲げた。習主席は「我々は公平な発展を目指し、発展の機会を均等にすべきだ」と述べ、南北間の協力を維持しつつ、途上国同士の協力を深めるべきとの考えを強調した。

## 13. 中国・ベラルーシ工業パーク（中白工业园、China-Belarus Industry Park）

　中国ベラルーシ工業パークは、総面積が91.5平方キロメートルに上り、ベラルーシの首都ミンスクから20キロメートルに位置する。国際空港、鉄道、ベルリンとモスクワを結ぶ幹線道路と隣接している。

## 14. 新ユーラシア大陸ブリッジ経済回廊（新欧亚大陆桥经济走廊、New Eurasian Land Bridge）

　江蘇省連雲港を起点として、「一帯」構想の核心地（中心エリア）となる新疆ウイグル自治区のウルムチ、カザフスタン、ロシア、ドイツを経由してオランダのロッテルダムに至る延長10,800kmの「第2ユーラシアランドブリッジ」という構想をさす。

15. **中国・パキスタン経済回廊（中巴经济回廊、China-Pakistan Economic Corridor）**

2013年5月、李克強総理はパキスタンを訪問中、北はカシュガルから南はパキスタン・ダワダル港まで全長3,000kmの経済大動脈の建設計画を提案。中国とパキスタンの相互利用により、中国大陸と海洋を合わせた中パ回廊の遠大な計画を推進することになった。この計画では、中国にインド洋とアラビア海への出口ができる。道路、鉄道、石油パイプラインと光ファイバーのトンネルを含む貿易回廊で、「一帯一路」の重要な部分になっている。中パ両国は回廊に沿って交通網や電力設備を建設する。総工費460億ドル、2030年の完成を目指している。

16. **中国・モンゴル・ロシア経済回廊（中蒙俄经济走廊、China-Mongolia-Russia Economic Corridor）**

中国のシルクロード経済ベルトの一部であり、一帯一路構想とモンゴルの草原の道及びロシアのユーラシア横断鉄道とリンクする結果である。鉄道、高速道路の整備と連通により流通経路の便利化を図り、三国の流通の協力を深化する。また観光、メディア、環境、防災方面の協力を図る。

17. **中国・ミャンマー・バングラデシュ・インド経済回廊（孟中印缅经济走廊、Bangladesh-China-India-Myanmar Economic Corridor）**

中国・ミャンマー・バングラデシュ・インド経済回廊は「BCIM経済回廊」と略して、バングラデシュ、中国、インド、ミャンマーの4カ国の域内をつなぐことを言う。BCIM経済回廊は、中国西部の昆明、ミャンマー北部のマンダレー、インドのコルカタなどをつなぐという構想である。高速道路など輸送インフラを整備し、域内の貿易や投資の活発化を図る。

18. **中国・中央アジア・西アジア経済回廊（中国―中亚―西亚经济走廊、China-Central Asia-West Asia Economic Corridor）**

中国・中央アジア・西アジア経済回廊の建設では、イランやトルコ等、圏内の重要国との協力を強化し、トルコ東西高速鉄道等の圏内重点路線の建設と運営に積極的に関わる。

19. **中国・インドシナ半島経済回廊（中国―中南半岛经济走廊、China-Indochina Peninsula Economic Corridor）**

中国―インドシナ半島国際経済回廊は、中国の唱える「一帯一路」の沿線諸国が計画・建設した六大経済回廊の一つである。中国・インドシナ半島経済回廊では、タイやカンボジアとの協力を強化し、海陸並行で回廊建設を推進する必要がある。そのうち、中国―シンガポール経済回廊は最重要であり、中国広西チワン族自治区南寧市と雲南省昆明市をスタート地点とし、シンガポールをゴールとして、インド

シナ半島のベトナム、ラオス、カンボジア、タイ、マレーシアなどの国々を縦方向に貫き、中国がインドシナ半島に繋がる大陸橋であり、中国と ASEAN の協力による国際経済回廊でもある。

## 20、ユーラシア連合（欧亚联盟、Eurasian Economic Community）

2011年10月5日、ロシアのプーチン首相は「イズベスチヤ」にて発表した署名記事による「ユーラシア連合」の概念を提唱した。「ユーラシア」は現在のロシア、ベラルーシ、カザフスタン、タジキスタン、キルギスタンの旧ソ連5カ国から旧ソ連全土まで広げ、最終的にはアジア・太平洋地域にまで広げることを目指す。ユーラシア連合の重要な一環として、2015年よりユーラシア経済連合は始動した。「ユーラシア連合」と「一帯一路」の戦略的な統合の将来は広々としている。シルクロード経済ベルトはロシアが経済発展の重心をシベリア、極東地域へと移し、「ユーラシア連合」構築の上で大きな意義を持つ。

## 21．ユンカープラン（容克计划、Investment Plan for Europe）

EU 経済は、2008年のリーマンショック、2010年以降の欧州ソブリン債務危機により大幅に落ち込んだものの、ECB（欧州中央銀行）による量的金融緩和やユーロ安の効果もあり足元では緩やかに回復に向かっている。2014年11月に発足した新欧州委員会のジャン=クロード・ユンカー委員長は、こうした状況に対し投資喚起による雇用と成長促進を目指し、「欧州投資計画」（通称ユンカープラン）を打ち出した。ユンカー計画は主に3つの方面を含んでいる。1つ目は公共債務を増やさない限りの投資増加である。2つ目は主要分野（インフラ施設、教育、技術のイノベーションも含め）の投資への支持である。3つ目は業界及び金融と非金融の壁の解消である。2015年12月14日、欧州復興開発銀行（EBRD）の公表により中国を ERBD の株主の一員として受け入れ、中国を ERBD の正式メンバーとして認めた。

## 22．上海協力機構（SCO）（上海合作组织、the Shanghai Cooperation Organization）

上海協力機構（SCO）は中国、ロシア、カザフスタン、キルギスタン、タジキスタン、ウズベキスタンが2001年6月15日に上海で設立を宣言した恒久的政府間国際組織である。SCO は加盟国同士の友好と信頼を強め、加盟国が政治、経済、貿易、文化などの分野で効果的協力を行うのを奨励し、地域の平和と安定維持にともに尽力し、公正かつ合理的な国際政治・経済の新秩序の設立を推し進める。SCO は「相互信頼、互恵、平等、協議をモットーに、文明の多様性を尊重し、共同発展を図る」という「上海精神」を遵守し、外部に対しては非同盟、他の国と地域を標的としない、オープンな原則を遵守している。同機構の最高政策決定機構は加盟国元首理事会で、年に1回会議が開かれ、機構内のあらゆる重要問題を決定する。ま

た、政府首脳理事会も年1回開かれ、本機構枠組下の多国間協力と優先分野の戦略を議論する。SCOは、北京に設けた事務局とタシュケントに設けた地域反テロ機構実行委員会という2つの常設機構がある。2015年に、インドとイラン、モンゴル、パキスタンと共に正式加盟が決定された。

## 23. アジア協力信頼醸成措置会議（CICA）（亚信会议、Conference on Interaction and Confidence-Building Measures in Asia）

2002年6月、CICA第1回サミットがアルマトイで開かれた。CICAは国連憲章の主旨に基づき、各加盟国の平等、国家主権と領土保全の相互尊重、内政不干渉などの原則を守り、武力に反対し、平和的手段で国の間の争いを解決することを提唱する。軍事政治、新たな脅威とチャレンジ、経済、人文、生態5つの分野での信頼醸成措置の制定と実施により、加盟国の安全保障、経済、社会と文化における交流と協力を深める。2014年の上海でのサミットでは、CICAに加盟したアジア地域における26カ国が出席した。同サミットでは、習近平主席が「共同、総合、協力、持続可能」のアジア安全保障コンセプトを打ち出し、共同で建設し、共同で享受し、ウィンウィンのアジアの安全保障の道を歩むことを提唱した。

## 24. ボアオ・アジア・フォーラム（博鳌亚洲论坛、BoAo Forum for Asia）

スイスのダボスで開催されている世界の政治家・財界人・知識人が集まる国際会議（ダボス会議）を主催する世界経済フォーラムにならい、そのアジア版を目指して、中国政府の全面的支援を受けて構想された。2001年2月27日の設立の時点で、アジアの25カ国プラスオーストラリアの計26カ国が参加した。

## 25. シルクロードの精神（丝绸之路精神、the Spirit of the Silk Road; the Silk Road spirit）

シルクロードは人的、文化的な社会交流のプラットホームであり、多民族、多人種、多宗教、多文化がここで交じり合い融合した。千百年来、シルクロードは平和的協力、開放・包容、相互学習、相互参考、互恵、ウィンウィンという精神のたいまつを今に伝えてきた。

# 執筆者一覧 （執筆順）

進藤榮一（しんどう・えいいち）　筑波大学名誉教授、まえがき、序章、編者
周瑋生（しゅう・いせい）　立命館大学政策科学部教授、第15章、終章、編者
河合正弘（かわい・まさひろ）　東京大学公共政策大学院特任教授、環日本海経済研究所代表理事・所長、第1章
江原規由（えはら・のりよし）　国際貿易投資研究所研究主幹、第2章
朽木昭文（くちき・あきふみ）　日本大学生物資源科学部教授、第3章
田代秀敏（たしろ・ひでとし）　シグマ・キャピタル　チーフ・エコノミスト、第4章
大西康雄（おおにし・やすお）　ジェトロ・アジア経済研究所　上席主任調査研究員、第5章
矢吹晋（やぶき・すすむ）　横浜市立大学名誉教授、第6章
李瑞雪（り・ずいせつ）　法政大学経営学部教授、第7章
朱永浩（ずう・よんほ）　福島大学准教授、第8章
徐一睿（じょ・いちえい）　専修大学経済学部准教授、第9章
朱炎（しゅ・えん）　拓殖大学政経学部教授、第10章
唱新（ちゃん・しん）　福井県立大学経済学部教授、第11章
大塚夏彦（おおつか・なつひこ）　北海道大学北極域研究センター教授、第12章
金堅敏（じん・じゃんみん）　富士通総研主席研究員、第13章
後藤康浩（ごとう・やすひろ）　亜細亜大学都市創造学部教授、第14章
范云涛（はん・うんとう）　亜細亜大学アジア・国際経営戦略研究科教授、第16章
中川十郎（なかがわ・じゅうろう）　名古屋市立大学22世紀研究所特任教授、第17章
李志東（り・しとう）　長岡技術科学大学大学院情報・経営システム工学専攻教授、第18章
高橋洋（たかはし・ひろし）　都留文科大学地域社会学科教授、第19章
渋谷祐（しぶたに・ゆう）　中国研究所21世紀シルクロード研究会代表、第20章
大西広（おおにし・ひろし）　慶應義塾大学経済学部教授、第21章
岡田充（おかだ・たかし）　共同通信客員論説委員、第22章
井川紀道（いかわ・もとみち）　元世界銀行グループMIGA（多数国間投資保証機関）長官、東洋学園大学客員教授、第23章
竹内幸史（たけうち・ゆきふみ）　『国際開発ジャーナル』編集委員、第24章

山本武彦（やまもと・たけひこ）　早稲田大学名誉教授、第25章
鳩山友紀夫（はとやま・ゆきお）　元首相、コラム編1
西原春夫（にしはら・はるお）　早稲田大学元総長、コラム編2
谷口誠（たにぐち・まこと）　元国連大使、元岩手県立大学学長、一帯一路日本研究センター顧問、コラム編3
麻生渡（あそう・わたる）　元全国知事会会長、元福岡県知事、コラム編4
萩原伸次郎（はぎわら・しんじろう）　横浜国立大学名誉教授、コラム編5
岸輝雄（きし・てるお）　東京大学名誉教授、国立研究開発法人物質・材料研究機構元理事長、一帯一路日本研究センター顧問、コラム編6
沖村憲樹（おきむら・かずき）　国立研究開発法人科学技術振興機構元理事長、中国総合研究・さくらサイエンスセンター上席フェロー、コラム編7
川名浩一（かわな・こういち）　日揮株式会社副会長、コラム編8
三輪茂基（みわ・しげき）　ソフトバンクグループ（株）CEOプロジェクト室長兼SBエナジー（株）代表取締役社長、コラム編9
野沢太三（のざわ・だいぞう）　元法務大臣、日韓トンネル研究会会長、コラム編10
郭洋春（かく・やんちゅん）　立教大学総長、コラム編11
小原雅博（こはら・まさひろ）　東京大学大学院法学政治学研究科教授、元在上海総領事、コラム編12
鈴木宣弘（すずき・のぶひろ）　東京大学大学院農学生命科学研究科教授、コラム編13
黒瀬直宏（くろせ・なおひろ）　NPO法人アジア中小企業協力機構理事長、嘉悦大学大学院ビジネス創造研究科教授、コラム編14
坂本雅子（さかもと・まさこ）　名古屋経済大学名誉教授、コラム編15
原田博夫（はらだ・ひろお）　専修大学経済学部教授、コラム編16
松下和夫（まつした・かずお）　京都大学名誉教授、国際協力機構環境社会配慮ガイドライン異議申立審査役、コラム編17
朱建榮（しゅ・けんえい）　東洋学園大学グローバル・コミュニケーション学部教授、コラム編18
村石恵照（むらいし・えしょう）　光輪寺住職、武蔵野大学客員教授、コラム編19
凌奕樹（りょう・いじゅ）　立命館大学大学院政策科学研究科　周研究室　付録
都娟（と・けん）　立命館大学大学院政策科学研究科　周研究室　付録
朱家民（しゅ・かみん）　立命館大学大学院政策科学研究科　周研究室　付録

●編者紹介

**進藤榮一**（しんどう・えいいち）　筑波大学名誉教授、一般社団法人アジア連合大学院機構理事長。国際アジア共同体学会会長。
北海道生まれ。1963年京都大学法学部卒業。同大学大学院法学研究科博士課程修了。法学博士。筑波大学教授、ハーバード大学、プリンストン大学などの研究員、早稲田大学アジア研究機構客員教授などを歴任。専門はアメリカ外交、国際政治経済学。主な著書に、『アメリカ帝国の終焉』（講談社現代新書、2017年）、『アジア力の世紀』（岩波新書、2013年）、『東アジア共同体をどうつくるか』（ちくま新書、2007年）、『分割された領土』（岩波現代文庫、2002年）、『アメリカ　黄昏の帝国』（岩波新書、1994年）、『現代アメリカ外交序説』（創文社、1974年、吉田茂賞受賞）など多数。

**周瑋生**（しゅう・いせい）　立命館大学政策科学部教授
1982年浙江大学熱物理工学部卒業。1995年京都大学大学院物理工学専攻修了、工学博士。地球環境産業技術研究機構（RITE）主任研究員、立命館大学法学部准教授を経て、2002年から現職。RITE研究顧問、大阪大学特任教授、立命館孔子学院初代学院長、立命館サステイナビリティ学研究センター長などを歴任。専門は国際エネルギー・環境政策学。主な著書に、『地球を救うシナリオ―$CO_2$削減戦略』（共著、日刊工業新聞社、2000年）、『都市・農村連携と低炭素社会のエコデザイン』（共著、技報堂出版、2011年）、『サステイナビリティ学入門』（編著、法律文化社、2013年）などがある。

**一帯一路日本研究センター**（いったいいちろにほんけんきゅうせんたー）
「一帯一路」構想の研究の緊要性に鑑み、2017年11月に設立発足した日本初の先駆的戦略研究機関。国際アジア共同体学会創設以来の十数年に及ぶ豊かな研究成果と広汎なネットワークを基礎に、一帯一路構想のシンクタンクとして研究啓蒙活動を進めている。［最高顧問：福田康夫（元首相）、代表：進藤榮一。本部所在地 〒113-0034 東京都文京区湯島 4-6-12 B1603、Tel：03-5615-8499、Fax：03-6801-5997、HPアドレス：http://brijapan.org、メールアドレス info@gaia2020.org］

一帯一路（いったいいちろ）からユーラシア新世紀（しんせいき）の道（みち）

2018年12月25日　第1版第1刷発行

編　者──進藤榮一・周瑋生・一帯一路日本研究センター
発行者──串崎浩
発行所──株式会社日本評論社
　　　　　〒170-8474　東京都豊島区南大塚3-12-4　電話　03-3987-8621（販売）、8595（編集）
　　　　　振替　00100-3-16、https://www.nippyo.co.jp/
印　刷──精文堂印刷株式会社
製　本──株式会社難波製本
装　幀──林健造
検印省略　Ⓒ 一帯一路日本研究センター、2018
Printed in Japan、ISBN978-4-535-55933-2

**JCOPY**　〈(社)出版者著作権管理機構　委託出版物〉
本書の無断複写は著作権法上での例外を除き禁じられています。複写される場合は、そのつど事前に、(社)出版者著作権管理機構（電話 03-3513-6969、FAX 03-3513-6979、e-mail: info@jcopy.or.jp）の許諾を得てください。また、本書を代行業者等の第三者に依頼してスキャニング等の行為によりデジタル化することは、個人の家庭内の利用であっても、一切認められておりません。